卷地風來

右派小人物紀事

茆家昇──著

1991年初，作者茆家昇與妻子湯傳玲合影。

榮　光　臣　功

茲有茹家昇同志
在防汛救災工作中
成績顯著經評委會
評為壹等人民功臣
特發給獎狀以資獎
勵

鳳台縣人民政府
縣長李之春

公曆一九五……七日

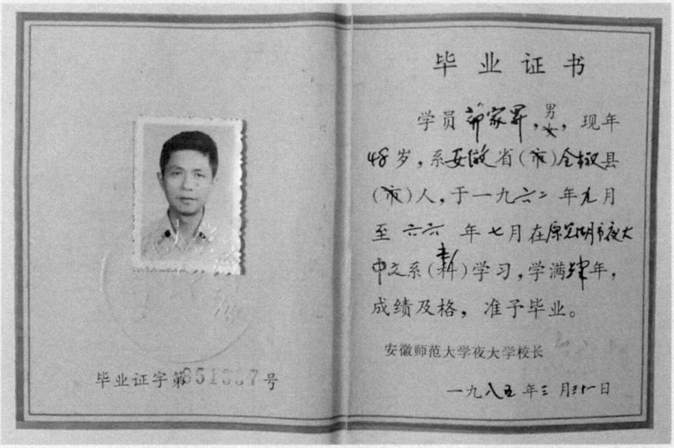

毕业证书

学员茹家昇，男，现年48岁，系安徽省（市）全椒县（市）人，于一九六二年九月至六六年七月在原合肥市夜大中文系（本科）学习，学满肆年，成绩及格，准予毕业。

安徽师范大学夜大学校长

一九八五年三月三一日

毕业证字第851[illegible]7号

上 | 1954年，作者獲抗洪一等功獎狀。
中 | 作者1966年畢業，但遲至1985年才獲得安徽師大夜大畢業證書。
下 | 1990年初，作者的工作證件照。

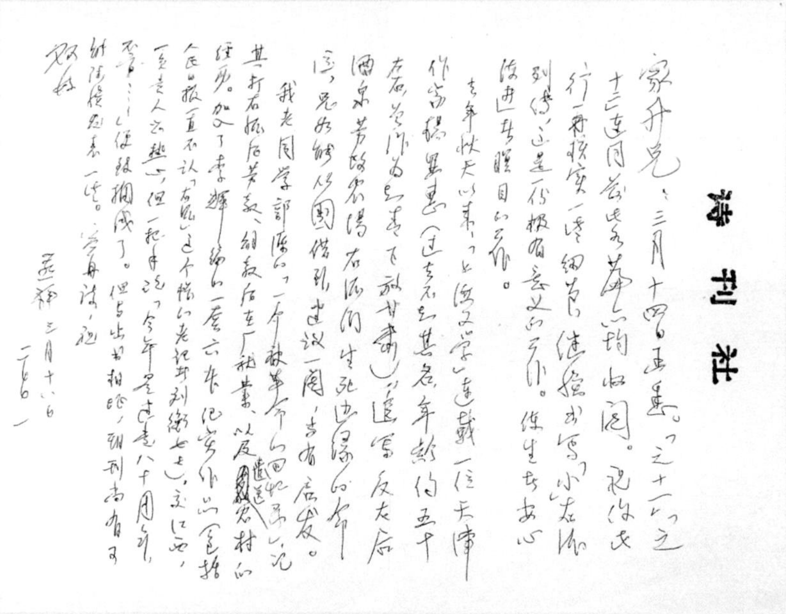

詩刊社

家升兄：

三月十四日函悉。「之十」、「之十一」、「之十二」连同前此各篇均收阅。我仍[illegible]行一再核实一些细节，使您写的「小右派」列传，这是一份极有意义的工作。您要安心从事此项目的工作。

去年秋天以来，「上海文学」连载一位天津作家杨显惠（过去不知其名，年龄约五十左右，当时尚未下放甘肃）的追写反右后酒泉夹边沟右派们生死边缘的命运，兄如能从图书馆找到一阅，当有启发。

我老同学[illegible]的「一个[illegible]的回忆」，记其打右派后劳教、劳教后在厂就业、以及遣送农村的经历。加上了李辉编的一套六本纪实作品（包括人民日报一直不认「右派」这个帽子的老记者刘衡七七），交江西一家[illegible]出版，但一把手说「今年是建党八十周年，不宜……」，便被搁浅了。但与出书相比，期刊尚有可能陆续发表一些。家升[illegible]，祝

好

燕祥 三月十八日
二〇〇一

上丨1995年，作者（右）在北京與邵燕祥（中）、徐城北（左）合影。
下丨2001年，邵燕祥先生來信鼓勵。

上｜作者茆家昇，攝於2017年。
左下｜2017年11月，作者重返門口塘，在趙家崗留影。
右下｜2017年11月，作者重訪門口塘留影。

上｜2001年，作者夫婦與門口塘難友陳炳南、江秋雲夫婦於廣州合影。

左中｜2017年，作者在宣城原軍天湖農場所在地採訪村民。

右中｜2019年，作者與楊金聲老師討論無為大飢荒。

下｜2019年，作者在宣城採訪大飢荒倖存者。

作者茆家昇近影（攝於2023年4月）

※以上圖片中，2017-2023年照片均為艾曉明拍攝。

原序　小右派的悲慘命運

邵燕祥

茆家昇兄寫的這本書，其特點是寫了一些「小」右派的悲慘命運。「右派分子」，一經定性，即成「反黨反社會主義」的罪人，每一「分子」，都只是劃歸「右派」群體的「五十五萬」……分之一，又何分什麼大小呢？這裡的「小」，是說他們不屬於毛澤東指控的「頭面人物」（如所謂「章羅同〔聯〕盟」，以及參加政協各黨派、團體的重要成員和各界聞人），不屬於「黨政群」機關和企、事業單位裡具有一定級別的幹部，也不屬於所謂「知識分子成堆」的高校中的師生，而是在中等文化水準以下，甚至是文盲或半文盲的基層群眾。他們於高層政治一無所知，也缺少對全國大局的關心，平時自己不訂報，也未必認真看單位裡訂的報刊。最典型的一例，就是有人以為「黨天下」的意思，猶如共產黨經常教育大家的，「解放區的天是明朗的天」，今日中國是「共產黨的天下」，天經地義，毋庸置疑；所以在回答是非題的「黨天下」邊上畫了「＋」號，不料這就無異肯定了儲安平有關「黨天下」的右派言論，也就等於在右派判決書上簽字畫押，鐵案難翻了。如果說，劃為右派的各類知識分子，好歹還算是明明白白地陷入冤案的話，那麼，這樣的一群從來無意於干政的人，則是懵懵懂懂地陷入政治案件，真是冤中之冤了。

這作為極端的例子，似乎事屬偶然，但各種各樣懵懵懂懂成為右派的人，不是一個小數，便有必然的因素在。

必然因素之一，是他們「沒有擺正與黨的關係」。什麼叫「沒有擺正與黨的關係」呢？在「章羅」等參與各級政權的「大」右派，是抱怨「有職無權」，意欲「分庭抗禮」，「輪流坐莊」，也就是「篡黨奪權」。在例如高校和科技文衛各界中的知識分子右派，是抱怨「外行領導內行」，意欲分享權力，也是與黨爭奪政治思想戰線上的領導權。而像茹家昇筆下的這些基層小角色，他們哪裡有那般的雄心壯志或狼子野心，他們千不該萬不該在一些這樣那樣的問題上，以為自己有理，便跟黨支部頂撞，不僅不聽話，還口出不遜。然而，須知「黨政軍民學，東西南北中，黨是領導一切的」，黨的領導不是抽象的，而是具體的，是通過黨組織逐級貫徹的。你不聽話，就是跟黨支部作對，就是「反對」黨支部，反對基層領導。而「反對本單位黨的領導就是反黨」這一條，在安徽省納入了劃分右派的標準。固然這是曾希聖的決定，但發明權並不在曾，而是行之多年的不成文法。在反右派鬥爭中又經中共中央文件重申，並且在全國各地都執行不誤。

與基層單位的黨組織或其幹部（支部書記、支部委員等等）有了矛盾，發生口角，提出些批評或僅僅是不同意見，怎麼就是「反對」呢？誰若是這樣提問，只能說他對中國的國情太不瞭解了。中國兩千多年來，政治上皇權專制，社會上等級森嚴，互相隸屬；下對上，民對官，官對皇帝，只能俯首帖耳，服服帖帖。而上對下的要求，無非是「只許規規矩矩，不許亂說亂動」——這句話，是毛澤東一九四九年建國前夕在《論人民民主專政》中宣布的對國內敵對階級和敵對分子的政策，後來，經過反右派鬥爭，推而廣之施之於「人民內部」了。這就是所謂反右鬥爭「擴大化」。多年來經常說的「反右擴大化」也罷，「階級鬥爭擴大化」也罷，準確地說，應該是「對敵鬥爭擴大化」，也就是「擴大打擊面」。對已在應予打擊之列的敵對分子實行專政，「只許規規矩矩，不許亂說亂動」。這按既定的「遊戲規則」來說是合法的，然而，在強調鬥爭、反對右傾的氣氛中很難局限於此。被視為不守「規矩」、「亂說亂動」的人，在平常已不順眼，一有政治運動的機會，便可劃為敵人。所以敵人總是越來越多，一個支部書記的私敵，便很容易經過運動的中介，轉化為整個共產黨的「公敵」；又由於共產黨是人民的天然代表，他們也就是「人民公敵」了。

「右派分子」，以至「地富反壞右」的帽子，跟「反黨」、「反社會主義」、「反毛澤東思想」、「反革命」、「反人民」等一樣，是一種政治標籤。雖然可以寫上法律文書，卻不是真正規範的現代法律用語。什麼叫「反黨」？什麼叫「反社會主義」？什麼叫「反人民」、「反革命」、「反毛澤東思想」？再說，據以做出上述認定的「罪行」標準，什麼叫「規規矩矩」？什麼叫「亂說亂動」？這種種罪名的伸縮性實在太大，給犯忌的言行加罪的隨意性也就更大。「右派分子」大家叫慣了，叫順嘴了，許多人忘記了而有些人壓根兒就不知道它的全稱，乃是「資產階級右派分子」。請大家看看這本書裡寫到的右派小人物，哪一個能跟「資產階級」掛上鉤？當年一些劃為所謂資產階級右派分子的知識者，曾以腦力勞動者的身分，提過這樣的問題；權威的解答是：你們是資產階級在政治上思想上的代表，當資產階級擁有的經濟上的資本被剝奪以後，只有資產階級知識分子還能以他們的知識和技術為資本，來跟共產黨較量；而右派分子則是資產階級在政治戰線和思想戰線上的代表。不粉碎資產階級右派的猖狂進攻，就要亡黨亡國了。本書作者在承認這一命題的前提下提出，既然知識界是反右派鬥爭的主戰場，這些小人物與知識分子不搭界，卻也被當作右派打了，許多人後來的下場比知識界的右派悲慘得多，這又是怎麼一回事？這樣的質疑完全可以理解。如果說前者算是搞錯了的話，後者被劃為右派則是錯中之錯了。

事實上，在反右派鬥爭這場運動中扣下來的政治帽子，不止於上述「右派」、「反黨」以及「右派集團」、「反黨集團」；如書中所述，就還有「中右分子」、「反社會主義分子」，以及「犯錯誤的」等名目。「中右分子」，本來多是反右過程中領導層內部排隊時所定（把群眾按政治態度分為左、中、右三檔，中間偏右的則稱中右），是所謂「推一推就推過去，拉一拉就拉過來」，右派是敵我矛盾，中右在敵我之間。事後說得好聽，似乎著眼於「挽救」，其實則是「候補」。全看本單位本系統劃右派分子的指標達到沒達到，沒達到就算上，夠數了就網開一面，視為「內（部）控（制）」對象，對本人一般並不宣布。有的在運動高潮中跟鐵定的右派一起批鬥過，後來沒有正式劃右派，「內控」吧；但下放時跟「正式」的「分子」一起趕下去了，「一視同仁」了。但到二十多年後改正右派結論時，查檔案說根本沒把他劃為右派。這樣享受全套右派待遇到頭來不得「改正」的不幸者也不少，那幸運的「中右分子」是一直混跡在革命群眾當中，到後來檔案公開，才知道自己長期被「控制使用」，終於找到這麼多年不提職不升級「不得煙兒抽」的真正原因。

要說當時沒有政策指導，是不對的。按當時的政策，在工人中不搞反右派，在中學生裡也不搞反右派。但下面比如說省裡有積極性時，不但會層層加碼，在數量上超標，而且一旦發揮創造性，就會弄出新花樣，再經上面批示推廣，原先的政策便從而「發展」了。如後來在工廠也依照抓右派的辦法，定了一批「反社會主義分子」，具體數字不詳，誰開的頭也不詳，所謂「反社會主義」的標準是什麼也不詳。以我們的政治（運動）經驗度之，也無非是批評過領導，提過些意見，頂多是發過幾句牢騷罷了；至於簡稱「反社會分子」也不妥，只是證明這樣叫的人對何謂社會、何謂社會主義全都鬧不清。中學裡，一般只抓教師中的右派，但至少在四川，一九五八年按省委書記李井泉的指示，大抓了一批「有這樣那樣問題」的學生；批鬥之後，取消了他們考大學的資格。這些人被簡稱為「這那生」，如茅盾文學獎獲獎長篇《許茂和他的女兒們》作者周克芹，就因此只得回老家上了農技校。他英年早逝，不知跟少年時代的坎坷遭遇有沒有關係。此後到一九六〇年代初在大中學校又流行過抓「反動學生」，他們是不叫右派的右派；其中就有郭沫若的小兒子郭世英。他的同案同學由公安局抓起來「法（？）辦」，看在他老子份上，對他從寬，下放到河南的農場「勞動鍛鍊」去了。

書中說還有「犯錯誤的」一類。過來人都知道，「犯錯誤」好像一個筐，什麼都能往裡面裝。政治氣候回暖一點時，右派分子也可以算是「犯錯誤的」（「犯『右派錯誤』」嘛），管理者這樣說表示懷柔，當事人自己也可以這樣檢查。氣候一變，右派分子如果不自承「犯罪」，而說是「犯了錯誤」，管理者和幫腔的人就會斥之為避重就輕，企圖翻案：「你難道僅僅是『犯錯誤』嗎？你是反黨，反人民，對黨和人民犯罪！」也許只為說了句什麼話，做錯件什麼事，個人歷史上有個什麼疑點沒弄清，有個八桿子打不著的親友的什麼問題你沒交代，或只是被告密者誣告了一下，甚至有不少人只是堅持了事實，說出了真理。但一來二去，在領導眼裡便成了「有問題」的人，進一步變成「犯錯誤」的人。混編之後，只有共名，什麼政策界限，什麼區別對待，都成空話，一鍋燴。從此與「正確」無緣，動輒得咎。

事後諸葛亮回頭看，在當時的各種「分子」、各種所謂「犯錯誤的」人當中，有不少人其實是「犯正確」而非「犯錯誤」的。

無論革命時期或和平時期，最大的錯誤是什麼？

《毛澤東選集》第一卷卷首文章，開篇就說：「誰是我們的敵人，誰是我們的朋友，這個問題是革命的首要問題。」把敵人當作朋友的事情，機率極微，而把朋友當作敵人，把人民群眾當作敵人的案例，比比皆是，成千上萬。打錯了個別的人，應屬在政治上犯錯誤——混淆敵我的錯誤吧；而如毛澤東所說，「如果把同志當作敵人來對待，就是使自己站在敵人的立場上去了」，打錯了以至殺錯了並非個別的人，自然是做了敵人想做而做不到的事。「貪汙和浪費是極大的犯罪」，不錯，而這樣的令親者痛而仇者快，豈不是至少跟「貪汙和浪費」同樣是「極大的犯罪」，甚至尤有過之——這不是對革命的犯罪，對人民的犯罪，對每一受害者及其家人的犯罪嗎？誰該為這些罪「埋單」？

時過境遷，物是人非。死者已矣，但生者有沒有從中汲取足夠的教訓？

不是沒有總結，經過十年浩劫的無產階級文化大革命後，數以億計的公眾反思了文革以至歷次政治運動的禍國殃民，連在文革中被打成「走資派」而飽受折騰的當權派，也身受政治運動之苦。於是朝野上下得出「不能讓文革悲劇重演」的共識，中共中央做出「不再搞政治運動」的保證。一時在部分報刊和出版物上也有過一些對政治運動的反思，指出它的先驗傾向，「有罪推定」，「一陣風」、「一刀切」的習慣作風，加上以軍事鬥爭的方式進行指導，一開始就「大兵團作戰」運動群眾，大轟大嗡；繼之「向縱深發展」即所謂「深挖」，層層推進。上面打出一個「胡風反革命集團」，就逐級抓「小胡風」、「小（反革命）集團」。上面打出「三家村」，下面就到處抓「小三家村」、「小鄧拓」等等。毛澤東估計某些大學裡右派占百分之三到百分之十，後來文件提出的控制數字是百分之五，如今規定交通事故死亡人數的指標是要控制不要超過，那時下面領會的「右派分子占百分之五」，則是必須打足這個數來……諸如此類，似乎荒謬絕倫，其實司空見慣。

但這些導致草菅「政治人命」後果的一套，並不是災難的根源。不搞運動了，還可發生不叫運動的運動，不搞「隔離反省」即私設公堂，卻可藉法律程序製造新的冤案。胡耀邦曾代表中共中央宣布：在一九八二年秋「十二大」前要完成對過去冤假錯案的平反工作；然而二十年來，新的冤假錯案又在不斷出現，且有愈演愈烈之勢。

看來，凌駕於憲法、法律之上的政治權力和行政權力，在決策和執行的層面上都缺少民主制度的制約。如社會批評家鄢烈山尖銳指出的：「一元化領導」成為「一人化領導」，即毛澤東常常批評的「一言堂」。上面一言九鼎，言出即法，下面唯唯諾諾，不敢說句「二話」。這不只是風氣，幾乎成為體制病，毛澤東自己也不能免。毛澤東在分析史達林大開殺戒時，說在英美法那些西方國家這樣的事不會發生；正是因為在那裡，誰也不可能一人說了算。經由民主程序做出的決定，如發現有錯，還可經由民主程序加以撤銷和改變。而在我們這裡，在一九四五年「七大」之前，中共中央就做出決定，由毛澤東、劉少奇、任弼時三人組成書記處，劉、任是毛的助手，毛澤東則有「最後決定權」；也就是一切最終是毛說了算。這個黨內的「規矩」經過「七大」、「八大」一直傳衍下來，毛澤東又傳授了「大權獨攬，小權分散」的口訣式領導藝術。所以，這種獨斷專行的工作方法也就不脛而走；這是從權力運作方面看。而從治黨治國方略來說，強調「統一思想，統一行動」（這兩者是「五個統一」的核心），視任何不同意見為異己，必然輿論一律。言路不開，自己說一不二，不許別人懷疑；如有懷疑，便是犯罪。絕對正確，自然拒絕批評，文過飾非，諉過於人，絕不會承認錯誤。一九五五年春夏，毛澤東在為胡風及其友人來往信件加寫的按語中，浮想聯翩，說這個是反動軍人，那個是美蔣特務，警方據此把一大批人逮捕。到了同年秋天，中央公安部經過調查，已經把這些誣指加以澄清，彙報到中央領導肅反的十人小組。討論的結果，小組成員羅瑞卿（公安部長）、陸定一（中宣部長）決定，此事不向毛澤東報告，壓了下來。縱然報告也未必會改變已成之局，但不敢上達，表明有一意孤行的領導，也就有百般逢迎的下屬。在這樣構成的權力核心圈治下，倒楣的只是圈外的一般幹部，更不用說底層的普通公民了。

「殷鑒不遠」，是一句好話，卻是不好聽的話。當時說「殷鑒不遠，在夏後之世」，意思是殷人滅夏，殷的子孫應以夏的滅亡為鑒戒。曾幾何時，殷又為周所滅，殷的敗亡又足為後人之鑒了。這個歷史的滄桑，使人不由得想到唐詩人杜牧在〈阿房宮賦〉末了說的：「秦人不暇自哀，而後人哀之，後人哀之而不鑒之，亦使後人而複哀後人也」。最近人們常常談到執政能力，從能力這個視角看去，毛澤東不能說不是一代傑出的政治人物；他的思維能力和組織實踐能力不可謂不強，且在建國前的武裝鬥爭和黨內鬥爭中都有突出的表現。但一九四九年後由他主導執政二十八年的結果，竟導致國內黨內離心離德，國民經濟瀕於崩潰，把一個爛攤子留給「第二代」以至更後的後人來收拾，畢竟不能認為是執政成功的範例。毛澤東的錯誤不僅僅是一人的錯誤，錯誤的責任也不能歸之於他一人；毛澤東有時把精神的力量尤其是個人的意志誇大到荒唐的程度，而他最後不能不受制於他親手參與的制度設定。

人們歎息毛澤東自己導演了自己的悲劇，在某種意義上也可以這麼說吧。而他的這一個人悲劇沉重後果的承擔者，則是十億中國人，是幾代群眾和幹部，是歷次運動的受害者。長遠來看，最大的受害者是無數淪於物質、精神、人格多重弱勢的群體。就如這本書中的主人公們，他們僅僅被反右派鬥爭這場龍捲風的偏鋒掃了一下，便已是遍體鱗傷，家破人亡。每個人作為運動中的打擊對象，只是「五十五萬」分之一；但作為一個個體所受的打擊則是百分之百。慣於軍事鬥爭，把傷亡人數只是當作數字看的常勝將軍，是不會體察「俎上肉」的痛感的。一次反右派鬥爭如此，還有針對廣大農民的合作化運動，針對基層幹部的「四清」運動，以至顛覆了全國人民正常生活的文化大革命呢。作為計劃經濟和普遍貧困的畸形反彈，新富新貴又同舊的權力者一道，圈地放逐農民，強制拆遷住戶，在歌舞昇平背後製造成千上萬訴告無門的上訪者、糾纏不清的新冤案。所有這些，追根溯源，許多是改革開放前三十年那難以言說的時代的後遺症，是歷次政治運動的遠期效應，更是體制性弊端的衍生現象。

毛澤東熟讀舊史，他深諳趙匡胤說的「臥榻之旁，豈容他人鼾睡」之理。趙皇帝要的「天下一家」，是版圖統一，政權在握；毛澤東則進而要實現思想統一，精神規範。這樣一來，臥榻之旁，不但不容他人鼾睡，更不能容人清醒了。

作者囑為序，拉雜寫來，聊當閒話吧。

二〇〇四年七月二十八日

前言

茆家昇

魯迅先生曾說過一句話，地獄裡最苦的鬼是無聲的。的確，我所接觸到的基層右派，幾乎沒有能用筆發言的人；正好比一群無聲的人。所以，從我被分配到門口塘這家右派農場起，我就想過，有一天我要為這群人說幾句話。

當然，我只是一個基層的醫務工作者，既不是專業作家，也不是新聞從業人員。對已定性的五十五萬多名右派分子，還有不在編的所謂反社會分子等雜牌軍，我無法作出廣泛的調查和深度分析。我只能從我所在的那家農場講起，視角和立場也只是基於我的親歷親聞，並且也只能是一鱗一爪。我期待有更多的人來寫這段歷史，使我們看清那場運動的全貌。正所謂關心歷史，就是關心我們自己。

一九五八年五月我到門口塘的時候，年僅二十一歲。我在羅家沖作業區，還見到一個十九歲的小右派。他長得又瘦又小，地道的一個孩子。我見他整天哭，哭來哭去就一句話，我不就畫錯了一個符號嗎，怎麼就犯了大罪呢？此情此景，真叫人肝腸寸斷。這些升斗小民和什麼兩種思想兩條道路的大決戰，究竟有什麼關係？

我腦海裡一直存在著這樣的疑問，因為現實和報紙上連篇累牘的宣傳差異太大了。我想不通一個國家為何要和基層百姓過不去，想不通這對國家有多少好處。即使得到了廉價乃至無報酬的勞動力和表面上思想統一，代價卻是民心離散，長遠的後果又將怎樣？

就安徽來說，此事不久就有了答案。一是中央有部署，反右運動要向縱深發展，這當然是要深入到基層單位了。二是安徽省一把手曾希聖歷來是寧左勿右，反右派時他在中央關於劃右派的六條標準之外，又還新增加了兩條標準：一是反對他強制推行的所謂農業「三改」就是右派，二是反對本單位的領導就是反黨。多了這兩條，安徽的右派還會少嗎？

我們農場這一大批右派，基本上是一九五八年春季之後才陸續戴上帽子的。其中一部分和我一樣，先是在一九五七年受批判，一拖半年多之後才處理。還有一大批人是一九五八年運動向縱深發展挖出來的。前一部分人挨鬥多次，有了思想準備，情緒要平靜一些；後一批人則是禍從天降，不知所措。這些人都是基層的普通員工，犯的幾乎都是反單位領導即反黨這一條，別的什麼也不知道。特別是一些不夠劃右派的什麼反社會主義分子，情緒波動極大，說起單位領導都是非常氣憤，甚至滿腔仇恨。

後來我瞭解得多了，發現這裡面情況也很複雜。固然有很多基層領導是老虎屁股摸不得，乘運動機會排斥異己；但有的領導自己也不知道什麼是整風反右，倒覺得可以借機精簡冗員。還有一些領導，個人品質不錯，主觀上也不想整人；但運動一天緊似一天，特別是劃右派或反社會主義分子的指標已經下達到基層，再不積極行動，就要自己去頂。這時，只好狠狠心了。

我就聽過一個基層領導訴苦，他說這事辦起來比國民黨派壯丁還難；那時還能和多男丁戶協商，拈鬮或是出錢買個光棍漢抵數。可是在搞運動時，這些辦法全用不上。既然抓誰也是冤，那只有運氣不好關係不好的人認倒楣了。你們說我哪裡錯了？你們要找我算賬，我找誰算去？還怪我那麼凶那麼狠，還說我編了他那麼多假話怪話反黨的話；他怎麼也不替我想想，不編些瞎話，他能夠上槓子嗎？不凶不狠怎麼叫搞運動？怎麼向上級交差？就是演戲也得假戲真做，而且演長了也就成了真的了。連被鬥的人自己最後不也承認了？誰想到二十多年後還會改正呢。

我在農場時，已經感覺到這種狀況很荒唐；但總還想這只是局部錯誤。全國那麼大，出現一些偏差，應該說不足為奇。攤到我們頭上只能哀嘆命苦，哪裡敢懷疑運動的正確性？

可是農場解散後回到社會上，我瞭解到類似的農場，在全專區有好幾處，全省就更多。特別是我調到一家地市級醫院後，發現在這種所謂知識分子集中的地方，情況還是差不多。總之從反右起，我所接觸到的右派和什麼反社會分子，除少數人外，基本上都是基層普通群眾。沒有人想過那些國家大事，也無從想起。

很多年來，我一直在思考這些問題：一場主要是思想意識形態的大辯論，為什麼要株連普通百姓？他們又是怎樣被株連的？這些人為的是哪些破事遭此滅頂之災？遭罪後在農場境況如何？摘帽後又在幹什麼？有多少人熬到了改正這一天，多少人未熬過去？熬過來的人現在日子過得咋樣？

我想，如果有一本題為政治運動史的書，裡面一定少不了反右派這一章；而寫這一章的人，不應該只看到右派群體裡那些著名的人物。要知道，還有無數的小人物罹難，忽略了他們就無法進入這場大悲劇的深處。不要相信什麼權威性的結論，而要眼睛向下，一直看到最貧苦的受難人群，正是他們的命運才真正反映出了一場運動造成的普遍後果。

因此，我開始寫這本書；重新修訂時，我也將個人自傳補充了進來。我想讀者也許願意先瞭解我自己當右派前後的經歷吧，所以我把《少年右派》這一部分作為開篇。

二〇〇三年五月二十九日於廣州

二〇二二年一月修訂於蕪湖

目次

紀事　蒙難尋蹤

目次 content

自傳

少年右派

第一章　生逢亂世

一、哀哀父母

我一九三七年出生，真正的生逢亂世，註定一生不得安寧。

我家祖籍安徽肥東縣馬集鎮茆東魯村。茆姓小門小戶，在中國姓氏排列中，居三百名之外，似乎唐代之後才有這個姓氏。近年修家譜成風，有同姓人對我說，據考證，茆姓源於姬姓，是周朝天子之後。我說那好呀，我們豈不都成了皇親貴冑。不過從小聽父親說，我們茆家從來就不是什麼名門旺族，沒有什麼祖蔭可庇，一切都得靠自己。

父親身體力行，他是獨子。其實我還有個姑媽，但那時女孩都是別人家人，只有男丁才能撐門立戶。我祖母去世很早，死在肥東老家。祖父守著父親，早早給父親成了家。有了我大哥、二哥和大姐之後，他們的母親，也在肥東老家故去了。祖父父親守著三個孩子艱難度日。及長，大姐嫁在肥東，大哥外出謀生。肥東鄉下地少人多，幾畝薄田，收成有限，一點紡織土布的小手藝，面臨激烈的競爭，生活愈發艱難。祖父和父親決定離開家園，尋找出路。

祖父帶著父親和我的二哥，還有幾件簡單的紡織用具，到全椒縣城落地謀生。那是上個世紀的二十年代初，國內局勢南北對峙，雖然依舊混亂，尚未波及到小縣城，地方上有十來年的相對穩定時期。祖父和父親克勤克儉，篳路藍縷，艱難創業。他們逐漸辦起了織布機坊、布行，有了布店，又開設了「中孚客棧」。

這時我們的母親，全椒人趙氏，已入茆門；生下了三哥、四哥、二姐、我和我妹妹。我家是男女單排行，同鄉們都很羨慕，誇我們家丁財兩旺。

說起全椒的合肥同鄉會，本是宗法制度在基層的遺緒，但對我們茆姓家族的生存與繁衍，確實起到了很重要的作用。首先，祖父和父親決定舉家東遷，如果全椒沒有已成立多年的廬州同鄉會，並得到他們的應諾，是不敢貿然行事的。以後我家多次遇到困難，也都是同鄉會出手相助。此事看來事出偶然，其實有很深的社會淵源。我在寫鄉村自治系列文章時有過論證，茲不贅述。

一九二七年國民黨北伐已經成功，東北王張學良易幟，中國統一。中華民國開始了十年黃金時期，國內局面相對穩定。我父親攜老撫幼，在全椒這塊陌生的土地上，算是立下了根。幾份實業在手，也算是縣城內的殷實人家。

我父親一生，走的是典型的士農工商之路。祖父茆尚倫，學識淵博，是肥東鄉間頗有名望的士紳。上世紀一九四八年修茆氏宗譜時，祖父是主持者與主要撰稿人。那時全椒與肥東尚未通車，我依稀記得肥東老家來了四、五個壯漢，用一根滑杆抬著祖父走的。從此祖父落葉歸根，死後也葬在原籍。據近年主持修宗譜的人說，祖父修的宗譜歷經數十年動亂，居然還在人間，是後人現如今修續宗譜的重要資料。

時局如能繼續穩定，布行一業居於新舊交匯、土洋並舉的時代，尚有相當的發展空間。茆氏「祥興布行」在當時頗有名望，這裡有肥東與全椒產的土布，又有南京上海客商在此銷售的洋布洋紗。它是布料的主要集散地之一，一時南北交融，生意興隆。父親曾在大門上自撰自書了一副楹聯：「祥記興雲經綸遠布　興茲實業錦繡成行」。上下聯頭尾嵌入「祥興布行」四字，倒也和當時實況相符。

說起行會業，只是中間商，並不能生產財富；它卻能活躍市場，溝通有無，成為市場經濟不可或缺的一部分。父親宵衣旰食，日夜辛勞，事業上有了一定的成功；本可小富即安，買房置地，過上平穩的日子。

但父親在祖父支持下，決定擴大經營，投資旅社業。那也是形勢所迫，因為行會發達，往來客商日益增多，尤其是南京上海無錫等地做洋布生意的，算是小縣城的貴客，也是主要消費者，必須有一家像樣一點的客棧。我後來聽母親說，為辦與不辦，在何處辦，祖父和父親酙酌了很長時間，最後決定不離開全椒最繁華的地段丁字街。買房困難，就先「當」下一片房屋。

這個「當」字，現在還不知用對了沒有。就是非買非租，用比租房高許多的價格，一當多年的使用權。這是一筆不小的投資，很快「中孚客棧」的招牌和臨街的幌子，就在鬧市丁字街上掛起來了。父親從此即以「茆中孚」名市，按輩分茆達信原名倒不用了。至於中孚二字，是否取恪守中庸之道和深孚眾望之義，就不知道了。那時我還未出生。

如果時局能繼續穩定十來年，憑我父兄輩的頑強進取精神和誠信待人的優良品質，還有祖輩傳承的文化基因，正如宗祠上所說的，「詩書繼世久，忠厚傳家長」；茆氏家族也許會和本地的吳姓、江姓、汪姓、任姓、劉姓等氏族大家一樣，成為當地的名門旺族，出幾位能載入史冊的大家。不敢妄想像天下文宗《儒林外史》作者吳敬梓先生那樣，能「一門三鼎甲，三代六尚書」光宗耀祖。走出幾位事業有成的後輩，應該不是奢求。

全椒畢竟是鍾靈毓秀的文化名城，有人曾問過安徽籍現代文藝復興之父胡適先生，安徽省誰的學養最深，貢獻最大？是您？是陳獨秀？是戴震？是桐城派諸賢？胡適說：當然是全椒的吳敬梓！胡適不是妄言，從文學角度看，中國只有三部小說可入世界文學之林，那就是《紅樓夢》、《聊齋志異》和《儒林外史》。

一個地方能出一位千古流芳的文學大師，自有它文化上深厚的底蘊和悠久的傳承。我在入讀初中時，對此已有了深切感受。那時全椒縣只有一所初級中學，三個年級六個班，在校生不過二百來人。誰能想到，就這二百來人，居然以後幾乎包攬了中國所有的名校。

寫〈滕王閣序〉的王勃曰：「天高地迥，覺宇宙之無窮；興盡悲來，知盈虛之有數」。我家如何在事業正興旺時敗落下去的？半個多世紀之後，回首思之，依然是無限感慨。

第一棒砸下來的是萬惡的日寇，我出生時，正趕上「七七事變」後抗日戰爭全面爆發。日寇鐵騎在橫掃平津之後，日夜兼程向南推進，妄圖一舉攻克國都南京，滅亡中國。滁縣全椒一帶，是首都的拱衛之地，日寇在猛攻之前，先狂轟濫炸，全椒城內一片恐慌。常言道小亂避於城，大亂避於鄉。父親決定帶全家包括襁褓中的我，回肥東老家避難，那時叫「跑反」。祖父不肯走，他丟不下他和父親幾十年含辛茹苦創下的一切，家業不能任人糟蹋，他要和這個家業共存亡！不幸的是，剛斥鉅資當下並經營不久的中孚客棧，被日寇飛機炸成廢墟。祖父的一條腿也被倒下的房梁砸傷，好在傷勢不重，不久就康復了。萬一癱瘓在床，又逢那樣的亂世，身為獨子的父親，如何能兩邊兼顧？

我家是名正言順的日寇侵華受害者，財產損失巨大，老人受傷。日本鬼子是侵略者是戰敗國，按戰爭法理應賠償，包括精神上的創傷。為何某當權者，輕飄飄的一句話就算了呢？你這麼說，想過受害者的心情嗎？徵求過我們作為受害者家屬的意見嗎？

那時時勢艱難，國家是真正的四分五裂。一國之中，有一九三〇年在江西瑞金建立的蘇維埃紅色政權，又還有一九三一年九一八事變日寇侵占東北後扶植的偽滿洲國。接下來，國民黨副總裁汪精衛從陪都重慶叛逃，投靠日本，在南京成立偽政權，其重臣是中共一大代表周佛海、陳公博。此外，蘇俄史達林還一手策劃了所謂外蒙獨立。

我出生於亡國滅種的危機之際，五十歲之前，又親歷三次浩劫。第一次跑小日本鬼子的反，那時還在襁褓之中，有父母兄姐呵護。後兩次則是青壯年時期，先是反右到大饑荒，不久是文革。哪一次強權碾來，我都是形同螻蟻。「時運不齊百，命途多舛」。苟且偷生也好，漏網之魚也好，總之是活下來了。說是「此身猶在堪驚」，確是實情。

回頭再說我們家在日寇鐵蹄下的艱難時世吧。

父母親帶我們逃難，雖然旅途艱辛，顛沛流離，總算有驚無險，回到了肥東故居。因為姑媽大姊的家都在那裡，回家就像走親戚一樣，日子還能過得下去。但一大家子人，每日無所事事，雖有點積蓄，也是坐吃山空，終非長久之計。何況老祖父還守在全椒，客棧又被炸。父親兩邊都得顧著，面臨生死大局，父親作為一家之主，決策極為謹慎，一步也不能走錯。當然這些都是母親以後對我說的，母親說那時全家都在焦慮之中，是留肥東還是回全椒，誰都知道事關重大，不敢妄言。

好在不久全椒那邊傳來消息，鬼子雖然還侵占著全椒縣城，除早期有一些傷亡破壞之外，隨著日寇大部隊南侵西去，全椒城內只殘留少數日軍，局勢暫時還算平穩。於是父親決定舉家回遷，從此即在敵占區艱難度日，直到一九四五年日本投降。

一九四五年，我已經八歲了。對日本鬼子在全椒城內所為，略有一點印象。只知道在襄河邊上，原夫子廟的大殿裡，住著非我族類的一群鬼子。平日很少見到他們，他們也從不單獨行動，出來時總是七、八個或十來個，排成一隊，戴著鋼盔，揹著長槍，穿著一踹嘭嘭響的大皮鞋，在街上耀武揚威。他們從東門走到西門，轉了一圈又龜縮到窩裡去了。揚威嗎？恐嚇嗎？次數多了，人們也就見怪不怪了。

後來那個唯一的姓白的翻譯透露出，那座規模不小的建築群裡，實際上只住著不到二十名的鬼子兵。他們時常武裝齊整地在街上走上一圈，為的是告訴全椒老百姓，他們又增兵了，叫你們摸不清底細。其實他們根本無兵可增，小日本就那麼一點兵，陣線拉得那麼長，早已顧頭不顧腚。占領區如果發生反抗事件，他們這二十來人，根本無力應付，也不可能從前線調兵回來。所以鬼子們只求平安，一時還不敢作惡太甚。以後知道很多小地方敵占區，大體都是這樣。

還有，全椒城較平安，尤其是商業還能運轉，與那位唯一的白翻譯真有些關係。白是全椒本地人，卻又是隨日軍進入全椒的。聽哥哥說，白在全椒做翻譯，這是個風險極大的行當。一般多由懂中文的日人當翻譯，由華人當的後果都不好。白翻譯好像是個例外，一九四五年日本投降後，白某不知所終。

光復後的全椒，本來又是一次輪回。對執政的國民黨來說，又是一次嚴峻的考核。但國民黨考輸了，甚至可以說早於軍事上全線潰敗之前，國民黨已經根基虛空了。這個問題很複雜，牽涉面很廣。在下缺乏深入研究，只能管中窺豹。

現在的中青年很少有人知道「接收大員」這個詞了，一九四五年光復後，那可是個權力無邊顯赫一時的身分，在淪陷區絕對是一言九鼎。

所謂「接收大員」，接收什麼？首先是政權，這是順理成章的事，毋須多說。接下來最重要的就是接收「敵產」了，誰家是「敵產」，怎麼敲定？八年了，開工廠的也好，做生意的也好，誰能和敵偽完全撇清關係？可是又有幾個人甘當漢奸，殘害國人？這之間變數太大了，最後就看「接收大員」的一錘定音了！

大員們這一錘下去，幾乎可以決定工商業者的生死存亡！

試想工商業者們，面臨如此生死關頭，該怎麼辦，還須細說嗎？在這樣巨大利益的誘惑下，權力又不受制約，有幾位接收大員能潔身自愛！說他們全爛了，也許有幾個冤枉的，如果隔一個殺一個，一定有大批貪官漏網。用現在的話來說，「接收大員」們就是個極大的權力尋租市場，和當下的房地產業差不多。

全椒當時情況是怎樣呢？也許是縣城太小，不過一萬來人，工業除了十來家小作坊，沒有一家像樣的工廠。商業店鋪倒有幾十家，基本上是自家經營的小商販。所以，全椒沒有發生沒收敵產和懲處漢奸的事。

聽三哥以後對我說，二戰後全椒局勢平穩，與當時任全椒縣長的潘禹三先生有關。潘是本地人，講一點鄉情，未做什麼出格害人的事。潘對全椒另一貢獻是禮送潰兵，一九四九年政權變更前夕，國軍徐蚌會戰兵敗南撤時，大批潰兵湧入全椒。老人都說過潰兵是最可怕的事，兵敗如山倒，這些人常常如喪家之犬，又無紀律約束，而胡作非為，甚至會燒殺淫擄。潘縣長深知內奧，動員商家拿出酒肉銀錢，在城外設接待站，好酒好菜說好話灑錢，禮送潰兵過境。敗兵們一心只想早日退到長江以南去，也不願在全椒停留，全椒城內因此得以平安。

一九四九年共軍進城，潘縣長同樣以禮相待，和平交權，境內依然平安。共軍待舊縣長也還好，關過幾年，釋放後即進縣政協了，還算平安到老。

一代政權的更迭，不殺前朝臣，本是慣例。但一九四九年後，多少舊臣在土改、鎮反、肅反等接踵而來的政治運動中被殺、關、管，人們已司空見慣。潘縣長的遭際，可能只是個案。但一位實權地方官的執政善惡賢愚，則直接關係到全縣百姓的處境，甚至生死存亡。

我家從肥東回到全椒，「中孚客棧」已被日寇炸成廢墟，那一大筆「當」款沒了。本來應該和房主共擔損失的，因為錢已付給房主了。爺爺和父親，看對方是寡婦孤兒，一句話兩清了，再無瓜葛。

客棧沒了，布行還能再開。於是家裡又開了織土布的機坊，老爺爺守著一個不大不小的布攤，又投資了西門唯一的浴室「泳沂泉」。藉著光復前後相對的穩定時期，我們家又重新站起來了。此後還借廬州會館的地基，蓋起了七間草屋。這在貧窮的動亂年代，也算是殷實人家了。

可是接下來意想不到的災難，接踵而至，乃至家道迅速中落，直到生活難以為繼。哥姐們和我不得不中斷學業，絕處求生。

如果說日寇侵略，是當頭一棒，這第二棒卻是真正的釜底抽薪了。我同父異母的二哥是個老實人，待人誠懇，吃苦耐勞，又信守承諾。本來隨祖父和父親來全椒創業，多次步行往返肥東全椒之間，挑貨推車，吃盡辛苦。聽母親說，我家跑反回肥東，後又返回，都是二哥全程背著我走過來的。二哥和我們弟妹都處得很好，他多次出事，給我們帶來大災難，父母都寬容了。我們做弟妹的，自然都不會和他傷感情，直到他八十六歲高齡去世前都是如此。

二哥是我們家創業的功臣，卻因為嗜賭成癖，幾乎毀了整個家。他十八歲至二十五歲七年間，五次欠了巨額賭債，一次比一次重！後來知道有人做局，誑騙其屢屢中招。家裡生意忙，二哥也辛苦。他手裡沒多少現金，小縣城又沒什麼娛樂，小賭怡情，自己未當什麼大事，誰想到會出那麼大婁子。賭臺上二哥現金輸光了，就打白條。聽母親說按米價算，每次總額都在數十萬元以上。這對小縣城裡一個做小本生意的家庭，簡直是滅頂之災。父親總是腆著臉，請求合肥同鄉會的商家擔保，借貸還債。接著是再一次艱苦創業，一點點積聚，又再一次傾家蕩產。民諺曰：「聚家猶如針挑土，毀家卻似浪推沙」，這正是我家當年的寫照。

二哥屢教不改，與我母親也有一定關係。每次出事，母親在父親表態前，都說他年輕不懂事，她把不敢回家的二哥找回來。因為她身邊只有二哥一人不是親生的，便格外寬容他。二哥和我們舅家也走得最近，自然也是對母親的敬重。母親晚年腦溢血昏迷住院，我們兄弟姐妹輪值侍奉；二哥那時已年過花甲滿頭白髮了，對母親盡心盡力，細緻耐心。醫院同事和同室病友，都誇我媽好福氣。我們知道，那是他在向母親懺悔。

一人出事，累及全家受難，最難的當然是父母。父親是一家之主，他挺直腰桿，八方周旋，是一個有擔當的硬漢。這也與幼承庭訓有關，他有儒家貧賤不能移的信念。

父親在外奔波勞碌，家裡的雜務全靠母親支撐。母親識字不多，卻能顧全大局，又有吃苦耐勞、永不言敗的品質。再困難的歲月，她總是說，努把力會好起來的。父母使我們這個多次面臨崩潰的家庭，一次次又艱難地站了起來。

我們兄弟姐妹，在困境重重的日子裡艱難地長大。但父親的雄心、耐力和硬漢精神，母親的臨危不亂、顧全大局的優秀品質，都是巨大的精神力量，他們深深地影響了我們家族幾代人。

給家裡帶來打擊的第三棒是一九四九年之後的公私合營，父親將自己僅有的織布機和紡紗機交公了，拿一點微薄工資艱難度日，這點全國基本一樣。

我最後一次和父親分別是在一九五七年春，那時他大病初癒，身體已是十分虛弱。其實這樣的虛弱，大部分原因是營養不足和精神上的潦倒。他幼年飽讀詩書，中青年艱苦創業，四方開拓，已成就一番事業。未想到晚境如此淒涼，心中一定有很多難言之隱。我心裡知道父親對我是寄託過很大希望的，我外出求學，成績一直優異，每一學期的成績單，是他最後的心理安慰。我自一九五二年離鄉後，一九五七年第一次回家過春節。父親特別高興，和我說了許多話，這是過去從來沒有過的。

有一句話，父親和我都是話到嘴邊，欲言又止。我要說的是，或許我不該盡全力供妹妹去外地讀高中，上大學。我那時月薪四十三元五角，每月都要寄十五元給妹妹。如果妹妹就地讀師範，我把這筆錢寄給父母，家裡日子要好過些。我知道如果我說了，父親一定會說，我們兄弟姐妹從小都愛讀書，成績也好，不次於鄰里任何同學，我們家再困難也不能沒一個大學生。如果這樣說開來，父親和我都會很悲傷。

我離家時，父親難得地送我到汽車站。望著他離去時衰弱的背影，我知道這是我和父親的訣別了。當年八月，父親病逝，享年六十四歲。

父親走了，但留下一句話，我永遠記住了：我們茆姓，小門小戶，沒有祖上可以庇蔭，一切只能靠自己。

父親走在我戴上右派帽子之前，這是我的另一種安慰。我在新建的黃山療養院工作，這裡說是為高級幹部服務，所有職工包括炊事員都是黨團員。但當時也得按上級分配的指標來劃右派，我就有幸「中彩」了。今天說來輕鬆，當時對我是大禍臨頭，頓時墜入無底深淵。但我冷靜地思索之後，想到自己也才剛滿二十歲，當上右派不過是說了幾句錯話的事；大不了被逐出黃山，到基層去。畢竟還有薄技在身，總還能活下去。所以在批鬥會上任憑別人栽贓誣陷，顛倒黑白，我都逆來順受，低頭認罪，決不頂牛。我這樣做的一個重要原因，就是想到此事決不能傳回家鄉。「哀哀父母，生我劬勞」，老父病重，妹妹剛進高中，家中只有三哥作為頂樑柱；他前幾年剛謀得一財務人員的公職，如果受我牽連，後果不堪設想。好在那時交通閉塞，我所擔心的事並沒有發生。

母親晚年隨妹妹一家在馬鞍山生活，妹妹是我家唯一的大學本科生，較早住進配套齊全的單元房。母親勞碌一生，晚年終於過上了比較安定的生活，八十周歲病逝。

二、懵懂少年

因家境困難，哥哥姐姐們都沒有受過正規教育。儘管我家祖先也是士紳之家，講究詩書繼世，終究因家道中落，使他們失去進取的機會，留下終生遺憾。

我的三哥讀過一年多私塾，隨即與祖父守布攤，後來學會織布。因打得一手好算盤，又能寫一筆行書，而且思路縝密，三哥得以在城建局財務股副股長這個公務員職位上退休終老。三哥租了全椒名儒汪岳尊的閒屋，有幸受到汪老指點，書法頗有成就，成為全椒書畫社重要成員。吳敬梓紀念館重修時，楹聯落款，三哥茆家熾有幸列名。

二姐隨母親做繁重的雜活，家裡辭了雇工，二姐自己就是個女工。她未進過學校門，但外甥卻學業有大成就：位居聯合國諮詢專家，全安徽省僅六人，他是其中之一。

四哥讀到初二，輟學去治理淮河的工地挑土方。好在他也有一手好書法，因此謀得一個放電影的職位。

我在家中算比較幸運的，同學說我少年聰慧，實不敢當，只是記性好一點而已。我六歲開蒙，讀過兩年私塾，從《三字經》讀到《論語》、《孟子》；也讀過唐詩宋詞、《古文觀止》裡一些易懂的篇目。談不上什麼國學根柢，到今天讀《資治通鑑》什麼的，還得帶字典。

兩年後轉入小學三年級，讀到《古文觀止》的孩子，幾乎又重新從識字開始。算術課也遠抵不上三哥，不能像他那樣打得一手好算盤。課未上，看一遍就知大概，幾乎無作業可做。一家人住在租來的房子裡，一張織布機、一架紡車終日轟轟隆隆，也無法做作業。不得不做的作業，我就混到對門陳家的一張方桌上，草草了事。陳家兄妹倆，哥哥與我四哥同齡，考中學時我四哥正取，陳家哥哥備取。四哥後來對我說，在初中，他們四個男生最要好，陳金堅、江樹陝、周炳、我哥。後來陳家哥哥考取華東師範大學，江樹陝也進了名校，可惜兩人皆被劃為右派。江不久自殺身亡，陳受盡摧殘後癱瘓在床；僥倖熬到改正，也是苟延度日。周與我哥都因家境貧寒，早早失學，卻平安活到八十多歲。

陳家小妹小我一歲，低我一班，時常用我讀過的課本。我喊她哥四哥，她喊我五哥。很多時候我們一起在方桌上做作業，我作業幾筆幾劃就交差了，她仔仔細細不放過一個疑點，從小就像個做學問的。果然她一九五六年考進了清華大學，可惜畢業後不久就趕上了內亂，又是大躍進又是文革。後來她在四川一科研單位工作，聽說十多年都未做過什麼正事，可惜了一位才女。

全椒中學出去的學生，一九五七年有多少人落難？具體數字我不知道，只知四哥那一班的就有兩位，我這班的至少有我和王蔭生。下面就說一點王蔭生和我的故事。

劃右派多年後，我曾給王蔭生寫過這樣一封信：我說在我輩同學中，固有一些佼佼者，唯有你和王靄，我和林金淦才旗鼓相當，餘皆不足道，包括那些已進入清華、北大和交大的。

林金淦是我發小，他隨在小學任教的叔父從鄉下來縣城讀書，一度與我同榻而臥，小學初中都是極要好的學伴。他後來考入同濟大學學土木工程，在校時是同濟詩詞學會會長。一九五七年同濟的招生廣告，就用了他的長詩「自豪啊，我將是人間的花匠」。我看到這份廣告，感慨萬端。他同濟畢業後，曾進入部屬國家設計團隊，實現了成為人間花匠的夢想。

二〇一二年，我倆在全椒中學建校一一〇周年時相遇。他說他這幾十年一直找我，並隨口念了幾句打油詩：「茆老五呀茆老五，找你找得好辛苦。六十年來無音信，不知你受了多少苦！」顯然他知道我反右時遭了大難，我除了感激，還能說什麼呢。

王靄、王蔭生都是傳奇人物，自小學即稱王，年年誰第一，是他倆互讓的。入初中他倆門門全優，南京大學出身的劉繼惠老師，誇獎王靄智慧超過年齡。她果不負眾望，一九五五年考入西安交大，畢業後分回上海交大，二十五歲即給本科生開課。她年輕個子矮，一張娃娃臉，坐在大學生座位上，也不算大，一時交大傳為美談。近年百度她一下，她是交大幾部我看不懂名目的著作的編者之一，也算是功成名就了。

王藹的隱蔽男友王蔭生也卓爾不群，一九五二年初中畢業，我們幾位家境貧窮的孩子去南京報考找出路。我是奔著華東水利專科學校的五年一貫制大專班去的，這個學校現在是河海大學；那時說是免學雜費，還可申請伙食補助。對於我來說，是當時進高校唯一的機會。王蔭生本來品學兼優，又是班長，入讀滁縣中學也會是尖子生，家境也寬裕。他去南京是奔著南京大學附屬中學去的，那是南京周邊幾個省學子們心中的聖地，相當於俄國作家普希金入讀的皇村中學。

可惜當年南京突然宣布，只招江蘇省籍的學生，不招外省學生。這下炸鍋了，那時初中畢業生可以說也是個寶貝疙瘩，已經算在全國五百萬知識分子之列了，又還有不讓一個初中生失學一說。我們這批被排斥的幾個省畢業生有上千人，一齊頂下來不走，派代表和南京教育局交涉。南京方面也感到政策突變，眾怒難犯。有關部門把我們集中到南京市九中，等待各省來人處理。

不久安徽省教育廳來人，把我們全椒人一齊安排到安徽醫學院附屬衛校，也包括王蔭生。說是免試入學，學費伙食費全免。儘管我對學醫毫無興趣，但伙食費全免，有個吃飯的地方，家裡少一張嘴，這是最誘人之處。再說中考已過，不去合肥，還能去哪兒。

我們準備去合肥就讀之前，還發生過一段小插曲。南大附中，可能就是當下的金陵中學，歷來有在鄰近省掐尖子學員的慣例，許多省市的尖子生，也都慕名而來。這次最終還是援例而行，突然宣布招外省班五十名，王蔭生有幸在三千多名應試學生中脫穎而出，榜上有名。本來王也邀我同去報名的，我也有這個實力；可家裡實在太窮了，連去滁縣讀書都供不起，更別說出省了。我只能衷心祝賀同學夢想成真。

可是風雲突變，在初中即和王蔭生有過節的班裡團支部書記盛育民，向附中舉報，說王蔭生是已被合肥衛校錄取的學生，附中錄取因此作廢。王受此打擊，無異於晴天霹靂，但他一直雄心不滅。一九五七年反右時，就因為一張我要讀書的大字報，被劃為右派。不過王學長是理性的人，能勇敢面對現實；他進衛校後即是我們班長。二十二年後右派改正，他很快表現出卓越的業務水準和組織能力，是在地市級防疫站站長位子上退休的。

我資質還好，但在中小學都不知道奮發圖強，有點迷迷糊糊的，沒有大志向。但因記憶力好，一些主要靠記的所謂副課，如歷史、地理、生物等，幾乎看看就記住了，從未用過功。還有就是讀書只憑興趣，感興趣的東西，能窮追不捨。比如在數學上有一點悟性與愛好，有一年暑假，一個多月只做一件事，就是解代數的「因式分解」，越解越深越有興趣。有位教育家說過，數學是思想的體操，好像我也因此變得聰明了一點。那年期終考試，我十分鐘就交卷了，當即掛在教室外算標準答案。後來王蔭生曾對我說，那時如果有數學競賽這檔事，茆老五或許可以去試試。

還有一個細節，我入衛校一年後暑期返鄉，在全椒中學遇見教數學的劉叔雁老師。劉老師不和我寒暄，就踢了我屁股一腳，說了一句話：「你要是我兒子，我賣褲子也要供你上大學！」說過掉頭就走了。

劉老師這一腳是不是踢醒了我，要我幹什麼，他未說我也鬧不清，但這件事卻一直忘不掉。

童戀是最純真的，王蔭生和我們一齊去合肥讀醫校後，很少談往事，我們知道他忘不了。一九五五年高考後有一天，王蔭生突然對我們說，王藹考取了西安交通大學，明天要到合肥來。那時交通閉塞，全椒到合肥連汽車也不通。去西安只能從南京乘火車，而王藹繞道合肥，自然是要來看王蔭生。王藹到合肥當晚，她與全椒九位同學一起聚了聚。第二天，二王單獨玩了一天。歸來後王蔭生告訴我們，王藹說等他，不問何年，也不問何高校。所以王蔭生因遭舉報而屈居中專，他也再難與王藹赴約。一九七九年王蔭生右派改正後，他專程去上海看過王藹。王藹說，她是過了三十歲才成家的。

三、學醫

一九五二年秋，我依然懞懞懂懂，帶著幾分好奇幾分委屈，與全椒共九位同學，走進合肥市北郊一個名曰小南園的地方，開始了我的學醫生涯。學校起初隸屬安徽醫學院，校牌在安徽醫學院五個大字之下，有四個小字：衛生學校。有些想冒充大學生的同學，把胸前校牌掛得低低的，那下面衛生學校四個小字，就被上衣口袋遮住，一時傳為笑柄。當時只有兩個醫士班，一個護士班，共一百多學生。到第二學年時，安慶的一個醫士班、宿縣的一個醫士班、巢湖的一個檢驗班，因師資不足，不得不停下來，這些學員全都合併到我校來。我們學校的名稱也正式脫離安徽醫學院，改名為合肥醫士學校，直到我畢業時也是這樣。

但學校的師資力量還是要依靠安徽醫學院，它是當時安徽全省唯一的醫學類高校，它的前身是東南醫學院，一九五〇年剛從上海內遷而來。這所學校原來是國內著名的眼科專家張錫琪辦的私人醫學院，其規模不大，以眼科為主。要擴充為全方位的醫學院，尚須大力充實教師隊伍；同時還要兼顧培養安徽全省醫療衛生人才。怎麼辦？校方有了一個現在看來是匪夷所思的決定：除了大學一些教師要到中專去兼課之外，還要抽調一些在校學生，暫時離職來醫校任專職教師，完成計劃後再回校完成學業。

正是這個機會，讓我認識了恩師孫瑞元教授。由於孫老師的指點，方知醫學事業，須要從業者花費畢生精力，努力進取，恪盡職守。這之前我只認為學好數理化，才是有志男兒的崇高追求。

孫瑞元教授是一位傳奇人物，他是中國定量藥理學的開拓者。為我們開藥理課時，他深厚的學養、妙語連珠的講解和翩翩的學者風度，都令同學們嘆服。那時孫老師也就二十來歲，因成績優異而畢業留校。教中專班僅此一次，我們也是三生有幸。

本來我也只是他眾多學生之一，成績好一點，有過幾次第一名的成績，這也很平常。後來有人告訴我，孫老師才是大學連續五年真正的第一。他還有中央大學數學系的學歷，這為他以後成為跨學科的頂級人才打下了堅實的基礎。

我忘不了孫老師一直厚待我，記得那年我突然患了急性蘭尾炎併發腹膜炎，住院手術。家裡路遠又窮，無人前來照顧。一個風雨之夜，孫老師忽然來了。說是幫我補課，其實十來分鐘點撥一下就完了。但他說了幾句影響我終生的話，大意是生命很短暫，也很漫長。對一個有理想有追求的人來說，會感到時不我待。每一個中年以後卓有成就的人，青少年時都不會是庸常之輩，未來的路要靠自己走，聰明不能被聰明誤了。孫老師這些話，對當時只有十六歲的我來說，似懂非懂，但我記住了重點。隨著年齡的增長，體會也更深一些。

學醫過程中第二件大事是在淮南礦工醫院實習，說來依然是三生有幸。一九五四年，國家在發展建設；安徽的醫療衛生事業，與鄰省比是全面落後。原以為只有省會合肥和蕪湖有幾家正規醫院，未想到在礦區淮南，確有一塊藏龍臥虎之地。淮南煤礦是華東地區極重要的能源基地，政府對恢復和擴大煤炭的生產極為重視。當然也很重視其配套設施，尤其是保障礦工生命健康的醫院建設。而辦好醫院的頭等大事是人才，因緣際會，礦山請到的第一位醫學專家是外科王積惇醫師。他一九四九年前畢業於湖南湘雅醫學院，該校和北京協和醫學院齊名，建國初期為國家培養了很多頂尖級人才，包括病毒學專家湯飛凡博士等。

王積惇醫生主持院務工作後，立即召來了湘雅醫學院多位畢業生，作為各主要科室業務骨幹。我走進這家醫院不久即聽到傳聞，有人說這裡是黃河以南長江以北最好的醫院之一。我在這裡實習了半年多時間，受到諸多名家親炙，至今記得他們的名字，其中有內科專家黃明州、兒科專家殷慧生、婦產科專家李芬、放射學專家程世榮等。他們中有的人還兼著安徽醫學院的教職，卻不去省會城市合肥，而在礦區抱團堅守，這才鑄就了礦工醫院多年的輝煌，更令我們實習同學深感榮幸。

醫學是個龐大的學科，光理論課就有五十多門。我在醫校讀的那點書，太膚淺了。在短短半年時間裡，我認真讀完了醫學院前後期所有課程的教材，完成了本科學業。也取得了優異的實習成績。當時安徽醫學院也有一個實習隊在此實習，恰好年級第一名邵平坡同學在此，我剛好也是醫校第一名吧，這就有了一點競爭的味道。記得有一個科室給我下了這樣評語，「該生能刻苦鑽研，前程遠大」。刻苦學習倒是事實，少年苦讀，受惠終生也是真實的。

至於說到前程嘛，只能苦笑了。本來實習結束，就該分配工作了，我已知道是分到這家礦工醫院的。如果那樣的話，醫院那麼忙，名師那麼多，對我印象又很好，我可以做個好醫生，或許還能逃過反右一劫。

可是沒想到，這時分配停了下來，校方先組織學生搞政治學習，反胡風，接著我們每一個人都捲入到肅反運動中。

第二章　「肅反」混戰

一九五五年展開的「肅反」運動，全稱是肅清反革命運動；這是我所經歷的第一場政治運動。這年我十八歲，是合肥醫校的應屆畢業生。中專畢業大都是這個年齡檔，大一點的也不過二十郎當歲，我們都還年輕。往前推六年，也就是家鄉解放時的一九四九年，同學們還都是十二三歲的鼻涕娃，可謂乳臭未乾。

肅反的目的是要肅清歷史反革命，和我們這些孩子有什麼關係？在一般人想像之中，要我們參加肅反不過是受一點正面教育，或是拿我們當「槍」使，去整年紀大的教職員工。哪裡想得到，這場運動竟是在我們之中展開了。這期間轟轟烈烈，一整半年多，還取得了「輝煌戰果」：挖出了一個「多國特務」，揭露了許多有「嚴重歷史問題」的人，更鍛煉培養了一批積極分子，為以後連年的政治運動造就了青年人才。

一年後結案，什麼「多國特務」，什麼歷史問題，都是子虛烏有。學生娃也都如期畢業分配工作，可是從此以後，大家再也不是舊時模樣了。一部分人在整人中嘗到甜頭，成了以後的政治高手；而當年挨整者，雖然未定性為歷史反革命，已經被視為異類。到了一九五七年，後者中的不少人順理成章地被擴大成右派，如王蔭生、楊懷才、程昌武、張大啟、陶放、王多濟、王多鑄等。其中，王多鑄反右時被省報點名，還用了一個惡狠狠的標題：〈王多鑄是條兇惡的豺狼〉，如今我不知他是否還在人間？班級的團支書劉某不願整人，落得精神失常。所有這些蒙難者，可以想見，此後命運必然悲慘，

這場肅反運動也影響了我，與後來反右不同的是，我當時並未挨整。而且，我還算個準積極分子，也疾言厲色地鬥過同學乃至同鄉好友。餘生每念及此，靈魂亦不得安寧。我大概是鬥人者中最早也是唯一向被鬥人道歉過的人，不止一次、在不同場所，我都曾向挨整的同學道歉。一九五七年在學習會上，我還公開表達了對合肥醫校肅反運動的不滿。所以，在我二十歲時，也成了全國最年輕的右派之一。

一、空塘捉魚

前面說過，一九四九年中共建政時，這些娃娃不過十二三歲，他們中會有什麼歷史反革命？搞運動的頭兒不會不知道，這只能是一場空塘捉魚的鬧劇。那他們為什麼要這樣做？

我們那一屆是合肥醫校開創以來的第三屆，也就從這一屆學校才走上正軌。那時招來的都是應屆初中畢業生，學制兩年半。我們一九五二年入學，一九五四年七月應該進入醫院臨床實習。這時卻趕上發大水，全校學生都參加了防汛救災。此去半年，同學們表現都很好，不少人還立了功。我至今依然保存著由災區鳳臺縣縣長簽署的一等功臣獎狀；那年我才十七歲。

一九五五年五至六月間，我們已經完成畢業考試，進入畢業鑒定階段。這時也就是寫一份三年來的小結，例行公事而已。大家關心的是自己能分配到什麼地方、什麼崗位去。那是解放初期，各地皆缺醫少藥，中專生也很搶手。分配以外的事，誰也不放在心上。突然有一天，領導布置要學習反胡風材料，學醫的中專生知道胡風是誰呀？什麼文藝理論、現實主義藝術方針，對我們簡直是與夏蟲語冰。用現在的語言來表達，真是一頭霧水。大家依然盼著早一天結束學習，好去工作崗位，有的困難家庭還指望孩子畢業後養家活口呢。

那時的我們太單純，完全不懂重頭戲還未開場呢，怎會草率收兵。學習反胡風材料只是輿論先導，肅反才是真正目的。怎麼肅呢？起先不過是鼓勵大家開展批評和自我批評之類，進而就是檢舉揭發了。這群中專學生實在揭發不出像樣的材料，有關領導發火了，派來了以省第三康復醫院秦政委為首的工作組。

秦政委不愧是高手，稱之為職業運動家也不過分。他確有一套實施方案，而且駕輕就熟。如果要問，這群解放時才十二三歲的學生，其中不可能有什麼中統、軍統、反動黨團骨幹或者歷史複雜的人，他能唱出什麼戲？問得好，塘裡有魚你抓到了魚算什麼本事？只有塘裡無魚你能抓到而且還抓了很多很大的魚，那才是本事嘛！

秦政委一到校，很多天未見他開口。這表明秦政委訓練有素，絕非下車伊始就指手劃腳的淺薄之徒。有人說他在做調查研究，也有人說他在排左中右名單，確定誰可依靠，誰可爭取，重點打擊什麼人。還聽說在確定鬥爭對象時，原來的校領導有人態度曖昧，這位領導強調，這些中專學生都還小，從年齡推算也夠不上歷史反革命的槓子。在校三年有人先進一點有人落後一點，但稱不上有反革命活動。他們還經歷了半年防汛救災的艱苦考驗，是不是以正面教育為主，讓他們畢業？學校也好招下一屆新生。安徽極度缺醫少藥，亟需新生力量充實醫療隊伍。秦政委立場鮮明地駁斥了這種右傾言論，說這是以教學壓革命，叫這位校領導靠邊站了。

大權獨攬的秦政委日夜辛勞，也從運動中得到了報酬。有人說由於他的領導魅力，也有人說他勾引和利用……一位女學生年幼無知，相信他在分配問題上開出的空頭支票，秦政委由此贏得芳心，或者說是霸占了一個比他女兒還要小許多的積極分子，並使她懷孕了。女學生聲名狼藉，秦政委後來調回原單位，此事不了了之。

我依然記得，肅反的第一步是關於當前形勢任務的動員報告。報告內容記不清了，反正挺嚇人的。嚇唬小孩還不容易？空氣馬上緊張起來。我們全椒幾位年長的同學穩重一點，沒有跟著起鬨。我就差一些了，雖然我夠不上成為骨幹，只能算個被爭取的對象；但我要坦白地說，我是很想當積極分子的。當時能進入領導核心的人，都是響噹噹的左派；他們給人的感覺是既神祕又趾高氣揚。我想當上積極分子，很現實一點的就是不會挨整，不會被打成反革命……

且不說成了反革命要被消滅，那種日夜批鬥也不是人過的日子。一時間人人自危，為了保全自己，就不惜昧著良心整別人了。這正是以秦政委為首的工作組精心策劃的：塘裡本來沒有一條魚，秦政委把全體學生扔進塘裡，每個人都要抓魚，你不是在抓別人就是被抓住。這時，你會選擇什麼？不知道這個背景，你就不能理解何以大家混戰一場。

我們這一年級有四個班，共有二百多學生，分為二十幾個學習小組。每個小組不過十來個人，卻都產生了肅反對象，並且開起了對他們的鬥爭會。小組之間，口號聲此起彼伏，小青年的面孔一張比一張嚴厲。到了和「敵人」短兵相接且「敵人」拒不交代——都白紙一樣的履歷，有什麼反革命歷史可以交代呢？於是，眾口一詞匯成巨大的批判聲浪，就像要掀翻屋頂一樣，一直傳到幾百米之外。那裡有座醫院，病人們都不知道學校裡發生了什麼事，紛紛前來看個究竟。

到底「肅」出來了什麼反革命，弄得全校學生如臨大敵，搞得校園裡氣氛恐怖呢？時隔久遠許多事記不起了，但有一點可以肯定，事後證明全是冤案。

我們這一小組鬥爭的對象是徐某某，她是一個清清秀秀的女孩子，看上去有點抑鬱。她成績很好，話語不多。她從浙江考來，和她一起進入衛校的還有她的表兄林東同學。林同學成績很好，也是個安分守己的學生。肅反之前他被推薦考大學，已經考取了安徽醫學院。眼看就要報到入學了，平地一聲雷，表兄妹倆都成了肅反對象，被鬥得死去活來。儘管夠不上反革命，林東同學還是被取消了進入大學資格，分配到一個邊遠的林場衛生所。徐某某的去向我忘了，總之也不會有好結局。

一開始我們誰也沒有想到，我們的鬥爭對象會是徐同學，這麼個文文靜靜的女孩子。但那是對組織上絕對相信絕對服從的年代，組織代表黨，對黨你能懷疑你敢懷疑嗎？叫鬥就鬥唄！鬥什麼呢，工作組不交底，同學們也不知道鬥啥；不過是例行公事式地喊口號，什麼徐某某要老實交代呀，坦白從寬抗拒從嚴，抗拒到底死路一條啦；敵人不投降就叫她滅亡之類的。天天喊喊得無聊透了，也不知能喊出什麼名堂來。說到底，我們不過是工作組的提線木偶。再看看徐某某，突然遭此橫禍侮辱，直嚇得全身戰慄，神色恐慌，悲痛到極點又一臉的茫然。我怎麼看怎麼想，也覺得她並不像一個反革命。有些年長的同學，私下裡已經懷疑鬥徐是不是鬥錯了。但是再看看坐鎮的工作組成員，他們一副穩操勝券的態度，你又不敢這樣想。工作組一定是有了充分依據，才決定鬥她的吧？那麼就快點亮亮底呀，法院審案子也沒有這樣審的呀。

別急，好戲總要開台的。果然，在連續多日車輪戰之後，鬥人的與被鬥的僵持到了深夜。坐鎮的工作組員突然開口問道：「姓徐的，你真的沒什麼交代的了？別以為你擺出這一副無辜的樣子，就能蒙混過關！老實告訴你，你的問題組織上掌握著很多很多，就看你交代不交代。今晚先點你一個問題，你先交代一下你前夫的問題，你們是真離婚還是假離婚？你前夫幹過哪些壞事？你們是怎樣保持聯繫的？你看看我手上是什麼？這是去浙江黃岩的車票，這是當地公安局的證明材料，你還敢不老實嗎？」這可真是爆炸性材料，原來徐某某是結過婚的，前夫還進過公安局，虧得她隱瞞得這麼久。這下子大家有熱鬧看了，怪不得她平日說話不多，原來她……，可以想見鬥爭烈火燒得更猛了。徐某某真的被鬥垮了，滿面含羞囁嚅了好一會才低聲說，她是父母包辦的婚姻，婚後發現那個人人品不好，已經離婚三年多了，那個人的情況她確實不知道。

這件事當時很熱鬧了一陣子，其實是工作組幹的無恥勾當，揭人隱私，侵犯婦女的婚姻自主權。徐某十八歲時，有過一段短暫的不幸婚姻；當她發現男人是個不良少年時，毅然與之分手。為了擺脫這段往事，她離開家鄉遠赴安徽求學。這些她在入學時的個人簡歷中已經如實填寫清楚，何錯之有？她受過感情傷害，從未傷害過任何人。秦政委既然主管一家省級康復醫院，又負責政治思想工作，應該懂得婚姻法。他卻拿出這個例子來挑動我們的好奇心，藉此作弄羞辱一位女性。我當時少不更事，也跟著起鬨。若干年之後我去合肥，曾在一個機關裡和徐某邂逅相逢。我很想借此機會向她表示歉意，可是她視我為陌路人一般側身而過，看也未看我一眼。我除了感到羞愧，還能說什麼呢？

二、多國特務

受到傷害更重的是一位叫王蘭的女同學，她的冤案真是天方夜譚式的，現在要說給一萬個人聽，也不會有一個人相信。王蘭是一位典型的鄉下小妞，家境貧寒。她衣著樸素，相貌平平。學習很用功，成績也只是中等。平日她說話不多，也很少參加班上集體活動，幾乎是一位很少被人注意的同學。哪裡能想到這麼一位從不惹事的鄉下女孩會被秦政委的慧眼看中，選為鬥爭對象，而且鬥出了豐碩成果；叫秦政委他們興奮了好長時期，同學們也嚇得一驚一乍的。大家紛紛議論說，肅反運動真偉大，秦政委真了不起，終於在中專學生裡挖出了一個多國特務。

王蘭怎麼被鬥成多國特務的過程我不知道，因為我不在她那一組，但結果是全校無人不知的。人們都說王蘭已經坦白交代，她不但是國民黨特務，還是英國特務、美國特務，甚至是西班牙特務。乖乖隆的咚，看不出這個鄉下女孩居然有這麼大能耐。好呀，你既然已經招認是多國特務，那麼就詳細地交代各項具體的特務活動吧！

王蘭在解放時也就十三四歲，父母都是不識字的農民。長到快二十歲，她連南京上海也未去過，更沒有洋親戚闊親戚，能成為多國特務嗎？王同學什麼也交代不出來，工作組就讓大家鬥她，狠狠地鬥，日夜鬥，輪番鬥。果然，王蘭交代了，她能交代出什麼？笑話，憑她那一點點的閱歷和想像力，她編也編不出外國的諜戰；只能交代作為一個年輕女人的故事了。她先交代說與幾位當紅的學生幹部有不正當的男女關係，並說他們就是她幹特務的聯絡人。好，這些當紅的人馬上被隔離審查了。眼見那幾位剛剛還不可一世的整人能手一下也成了階下囚，同學們明知是子虛烏有，也都暗暗高興：活該！自食惡果。

王蘭首戰「告捷」，工作組逼她繼續交代。她又交代說，在某市醫院實習時和某主任某科長乃至院長都有那種關係，他們也都是特務聯絡人。秦政委得知，立即把這些寶貝材料轉到這家醫院。好，那些人馬上也被停職檢查。王蘭一不做二不休，繼續往下寫往下寫……，最後，輪到職業革命家秦政委發慌了，他捧著這些燙手的材料不知所措：都轉出去？那要是說他用假材料製造社會動亂，可是罪名不輕。都壓下來？那要說他包庇特務，罪名更大。

秦政委進退維谷了，再鬥王蘭。王蘭會上一言不發，會後繼續寫特務材料……

秦政委氣炸了肺，口口聲聲說要嚴懲要嚴懲！怎麼懲？定一個特務罪、反革命罪，這不是他一個醫院的政委說了算數的。公檢法辦案得有事實依據，一個十幾歲足未出省的鄉下女孩能是多國特務嗎？西班牙文的字母她也未見過一個，怎麼立案？

我也不知道王蘭特務案是如何收場的，總之肅反肅了半年，我們這些中間派就被分配工作，離開了學校。留下的都是整人高手和繼續挨整的人，最後沒有定下任何反革命而收兵。但倒霉的學生，也要感謝運動對你們的挽救。

「多國特務」王蘭也分配了工作，不過，她去的是淮北最窮的一個縣。在她的結案材料裡，組織上寫了些什麼，王蘭是不知道的。人們只知道當地縣醫院的頭兒，看到檔案材料如獲至寶，馬上回家把自己的四十多歲的黃臉婆拋棄了。他以這些材料要挾王蘭，逼她嫁給這個和她父親年紀一樣大的男人。一九五〇年代中期，正規中專畢業的女醫生可是一寶啊，一個縣也沒有幾個人。以後關於王蘭這位苦人兒，我只聽到一個消息，還算是令人欣慰的那種，她肅反受到審查，以後僥倖未戴右派帽子。不知是不是這個和她父親年紀一樣大的男人，真的給了她呵護。王蘭同學，你過得還好？我真心願你晚年幸福。

三、落網之魚

我的同鄉同學好友王蔭生兄，也在肅反裡落網。本來，不問怎麼劃分左中右都不該劃到蔭生兄的頭上。他品學兼優，是我們班的班長。一九五四年大水防汛救災活動中，也是有功之臣。他要是投靠工作組，當個積極分子完全夠條件。但他是個讀書人，不屑於幹整人的勾當。

肅反這樣一通胡亂批鬥，王蔭生看不下去了，他較早識破了秦政委這些人的險惡用心。雖然不能公開反對，但他的冷眼旁觀也大大激怒了他們。終於在運動後期，工作組和積極分子們也對蔭生兄掃了一掃，能掃出什麼呢？無外乎說他驕傲自大，只專不紅，不靠近組織之類，都是些莫名其妙的東西，也算肅反的內容。歷經近半年的狂轟濫炸，大家都疲勞了，對蔭生兄的批鬥也草草收場。

王蔭生早慧聰穎，成績一貫優秀；十幾年來都是學生幹部，在班上也很有威望。要低著頭接受批鬥，還要違心地寫檢查，這對他是極大的心靈傷害。而我這個同鄉小學弟，也在會上隨大流說了幾句應場的話；想來我也是深感羞愧的。我們是從穿開襠褲起就在一起的小友，不是這運動我們的關係怎會產生裂隙？那年我十八歲了，總算想出了一點道理。從此我對所有整人的運動都有一種本能的厭惡，在漂亮言詞的外表下，我想起秦政委他們的虛偽與凶殘；還有同學之間失去的天真。

回想我和蔭生兄的友誼，那是從幼年就開始了的。幾歲時我們同時是盛老師私塾館的蒙童，以後在小學和中學都是同學。我們進入同一個醫校，又在同一家醫院實習。我倆都已自學完成大學本科課程，和其他實習生同台手術也毫不遜色，且都受到醫院的青睞。本來我們可以永遠攜手共進的，未想到遇上這場肅反，讓我們的人生和友誼都蒙上了陰影。

蔭生兄後來被分配到一個防疫部門，年年他都申請報考大學，年年都不准。一九五七年整風期間，他貼出一張大字報，題為「我要讀書」。就為這，他被定為右派。

由於這段經歷，我在一九五七年整風時提出意見：不該在中專學生中搞什麼肅反，傷害了一大批年輕有為的人。我特別提到蔭生兄、徐某某和王蘭等同學，我也就與蔭生兄同樣下場了。

幾年後，我遇到了同學中整人手段極高的張某某。他學習成績很差，但從政有方，已經在省裡混了個小官了。他對我說，所有以後被劃右派的同學，都在他意料之中；唯獨我是例外。我在他意料中會是什麼樣子？大概是個緊跟的人吧。按他這麼說，我算是從左派隊伍裡叛逆出去了！不勝榮幸。

二〇〇一年七月二十一日於廣州
二〇〇二年七月二十二日二稿於廣州

附：王蔭生學兄來信摘錄

拜讀大作，實在羞愧，老天誤我，我也誤了自己。無奈也只好安於現狀，與世無爭也無所求。但願能平安度過餘生也就足矣，少年故事也慢慢淡忘了。

一九九五年退休後，上老年大學學書法國畫，我學書畫的目的是多一點觀賞知識而已。人生舞臺，無非演員和觀眾；不能成為「明星」，也該做一名好觀眾……杞人不能憂天，也要做一個明白人。

你的文章是為了記錄一個時代，記錄這個時代的芸芸眾生。《儒林外史》寫的都是小人物，但它寓意深遠，富有哲理，所以成為不朽名著。我們都為有這位老鄉自豪……

我們這一代人，是最苦難的一代。最困難時曾想到自殺，只是想到苦難的母親才打消了這個念頭。但是，從另一角度看，我們這一代也是最豐富多彩的一代，這正是作家們取之不竭的資源，何況你就有最深的體驗，相信你會成功的。

蔭生二〇〇一年八月十六日

再談幾點：

一、你文章前言中談到的三點，現在看來比較尖銳。我的膽子很小，從那個時期以後，不敢留下文字東西。

二、我劃右派的經過：一九五七年聽了〈論人民內部矛盾〉的傳達報告後，懷著愛黨的一片熱情，我參加了僅有的一次鳴放會。談了二、三分鐘的話，給我定下四條罪名：一是攻擊肅反運動，也就是你文章中所寫的那些（同學中劉某被搞成精神病）。二是誣衊農村基層幹部。三是攻擊領導，說單位書記為了談戀愛，不讓對象下鄉，只派別人下鄉。四是誣衊解放軍，一次幾個人開玩笑說「參謀不帶長，放屁都不響」。一九六二年平反時，衛生廳長朱世漢都批准了，單位那個書記硬是頂著不辦，一直拖到一九七九年。

三、回憶建國以來，多少次整人運動，給國家和人民造成多大災難。我總在想，一個人的權力怎麼能達到如此高度，隨心所欲。為什麼那麼明顯的錯誤，就沒有人站出來反對……封建王朝還有那麼多不怕死的諫臣，這不能不是時代的悲哀。

四、前人喊了一個世紀的科學與民主，可是真正民主要來了，又那麼恐慌。

五、凡是帶有普遍性的社會問題，往往與制度有關，解決問題還是從制度著手。

在王蔭生學兄十六日來信的右上角，有這樣一句話：「徐冠香代問好」。四十多年後，我終於得到了同學的原諒，遙祝冠香同學全家幸福。

二〇〇一年九月十三日補記

第三章　所謂華年

魯迅〈送增田涉君歸國〉詩云：「扶桑正是秋光好，楓葉如丹照嫩寒。卻折垂楊送歸客，心隨東棹憶華年。」我最喜愛末一句，人生誰不戀青春，暮歲能不思華年？

然而我的青春華年卻是黯淡淒涼的，二十歲那年我就被「運動」糾纏，一切屬於青春的美好事物，都棄我而去。我只是掙扎著苟活，在九分絕望和一分希望之間浮游。正如我在一首悼詩中所寫的：「少年識盡愁滋味，七批八鬥，忍辱蒙羞，牛棚勞役度春秋」……

歲月無情，四十多年的日子也如白駒過隙。當年黃山上的翩翩少年，如今已是白頭老翁。和許多老人一樣，我也會枯坐在電視機前，視線無目的地隨著畫面轉悠，甚至也弄不清電視裡播的是什麼。但是，每當黃山的畫面出現，我都眼前一亮。尤其是旅遊節目詳細介紹黃山時，我更是目不轉睛，神情為之振作，思緒隨之翻飛。

反右之前的我，正是在黃山療養院工作。年少氣盛豪氣干雲，儼然以黃山主人自居。登天都絕頂時，我曾寫下過「六省高峰我獨先」這樣的詩句。然而，運動一來，我馬上成為黃山的罪人。我在山上挖過竹筍，摘過茶葉，揹過茅竹，也曾被放逐到北海建築工地，一個人住在破廟裡，與諸殘破神像為伍。別看現在黃山上人聲鼎沸，遊客摩肩接踵；上世紀五十年代的黃山上行人稀少。大雪封山時，漫長的山道上，只有我一個人彳亍而行，四周彌漫著無邊的淒涼與孤獨。我在這裡開始品嘗人生的苦酒，直到被逐出黃山。

一、初識名勝

一九五五年我從合肥醫校畢業，來到黃山。不久，就有了一點接近歷史的感覺。先是我們的宿舍，位於一座精緻的小樓，在樓前一站，就被鎮住了。它緊挨著療養院大樓一側，碧瓦琉璃，斗拱飛簷，雕梁畫棟，掩映在萬綠叢中。小樓背後，人字瀑飛流直瀉，樓前的桃花溪碧水潺潺。走近一看，門楣上有三字題詞：「正道居」，下有署名「段祺瑞」。這名字被人用石灰水抹了一下，但還是依稀可見。這不就是皖系軍閥頭子段執政的別墅？正是！再往裡走，我進了二樓我的房間，棗紅地板、粉紅的牆、寬敞的客廳、舒適的臥房，還有接人字瀑天然水的抽水馬桶。有人告訴我，這間房原來是「西安事變」之後關押張學良的住處。我聽後先是一驚，一下子貼近了這麼重要的歷史人物；接下來又有些不安。記得父親說過，一個普通人只該過普通人的生活，攪到一些大事情裡，不一定是好事。不過段祺瑞也好，張學良也好，畢竟都是歷史人物了，應該不會對現在的生活有什麼影響吧。

療養院初建時很閒，休養員不多，是我讀書的好時機。不過醫學很特別，越忙越能讀進去書，可以學以致用；閒下來反而不知讀什麼書好了。那就讀閒書吧，當時黃山圖書館藏書不多，在文學那一欄，我幾乎是挨著一本一本往下讀。書是讀了不少，不過既無目的，又無人指導，談不上多大收穫，就算是開卷有益吧。記得給我印象最深的是鄒韜奮先生的兩本書：《萍蹤寄語》和《患難餘生記》。鄒先生文筆流暢優美，引人入勝。特別是先生所記述的與沈鈞儒、李公樸、章乃器、王造時、史良、沙千里即七君子遭受的蘇州之獄，那是抗日期間全國乃至國際共同關注的大事；先生以親身經歷娓娓道來，讀起來親切感人。我讀後獲益匪淺，對七君子更是充滿了仰慕之情。

正當此時，我接到領導通知，要我到黃山觀瀑樓別墅拜望沈鈞儒老先生，並擔任沈老的保健醫生；我須隨沈老一行登山，去玉屏樓北海西海一帶觀光。原來擔負沈老保健醫生的是沈老長子沈謙博士，他心肌功能不太好，不便登山，我才被臨時委以重任。我既興奮又怵惕不安，這樣的重任本不是我一個十幾歲剛畢業的中專生能擔得起的。那年沈老已是八十二歲高齡，倘若有什麼閃失，怎麼得了？現在我想想還有些後怕。好在沈老當年身體很好，總算平安下山了。以後我和沈老一家人，包括長子沈謙博士、三子、畫家沈叔羊先生、女公子沈譜女士、祕書王建先生，相處得都很好。沈老和他們待我很親切，回北京前沈老還與我合影留念，並贈我一幅記事留言墨寶。據行家說，那是沈老贈人的絕筆，彌足珍貴，我一直保存至今。

和七君子家長沈衡老一家短短相處，對我一生至關重要。在我罹難後二十餘年的艱難歲月裡，這是一個重要的支撐力量。

我在這裡也認識了黃山療養院〇〇一住院號病員，他就是前合肥市市長江城同志，我們的以心相見的友誼從此開始，持續了幾十年。

江城同志是位傳奇人物，他一九三〇年代投筆從戎，是共產黨革命隊伍裡的一位儒將。後來他又是省報整版點名批判的黨內大右派。到文革後期，周恩來總理指名要將他結合到省革命委員會任委員，晚年他是聲名遠播的詩人。

江城同志一九五七年四月來黃山療養，如他自己詩中所述，「病餘贏得一身閑」……「來此三十六峰間」。他本無大病，只是戰爭期間戎馬倥傯，無暇讀書，以後當上了省會城市大市長，更是日理萬機。從市長位置轉任省勞動廳廳長兼黨組書記，他好不容易借一場小病，獲得了嚮往已久的黃山休養數月的機會。可以想見，有著詩人氣質的江城是如何的高興了。在療養院病房，但見他手不釋卷，終日吟哦，完全不像個身居要職的高級幹部。

我因為工作清閒，常去他房內閒聊。我看到他帶來許多線裝書，桌上也堆積著詩稿。他對我這個年輕人也很隨和，說我可以隨便翻翻那些詩稿，也可以說說自己的意見。我一個二十歲學醫的中專生，知道個啥呀？居然也大言不慚地胡扯一氣。好在江市長並不見怪，且和我道短論長。當然交談中我從他的指引與輔導獲益更多，他是我真正的文學引路人。

一個老革命、政府要員寫詩，一般人想像之中，不外乎是革命理想、戰鬥歲月之類。但江市長這一時期寫的詩都是個人感情抒懷，特別是對名山勝水的讚賞。我讀他的詩，也對共產黨人中知識分子類型的幹部多了一些瞭解。

那時讀過的詩作，時隔久遠，大都忘記了；還記得的有這樣幾首：「煙雨迷蒙四月天，桃花開盡柳吹綿。閑庭寂靜無人到，斜倚東風聽杜鵑。」這是寫他來黃山途中小憩的。「柳絲拂拂晚風涼，隔岸歌聲喜欲狂。小艇載來人倆倆，紅橋綠水對斜陽。」詩中追憶了他和夫人在逍遙津中蕩舟的情景。

看到這樣優美的田園詩，我也有些犯疑，想不到這是一位共產黨要員寫的。江市長則對我說，共產黨員也有七情六欲，也憧憬人間的美好事物。他說古詩中的美人芳草，都是廣義的象徵，屈原的〈離騷〉就是如此。這些話令我大開眼界。江市長寫的黃山詩還有很多，如〈詠西海〉：「徘徊西海門，奇峰各異態，流泉鳴澗底，鳥語煙雲外，深潭臨絕壁，疑有蛟龍在」。那時他正春風得意，及至遭難以後再來黃山，他寫了如〈黃山松〉這類詩，「深山不識誰賓主，但與風霜共歲時」，詩風一變，轉向沉鬱凝重。

二、風雲突變

一九五七年春，整風鳴放開始了。報上每天都有新消息，涉及到很多敏感話題。《文匯報》上登載了各種後來遭到批判的言論，還長篇連載了美國作家安娜・路易斯・斯特朗訪蘇的報告。記得其中有一節的標題是〈巨大的瘋狂〉，文中揭露了史達林三十年代搞肅反的瘋狂行為，大批黨政軍要員遭到殺戮，讀來真是觸目驚心。安徽省報上的消息，我記得的有關於曾希聖盲目推廣農業所謂三改的問題，還有就是對一九五五年到一九五六年肅反擴大化的批評。「三改」問題我不懂也沒興趣，說到肅反，我想起在合肥醫校時的親身經歷。我認為報上說的很有道理，不過也就是感覺而已。我沒有寫過什麼文章，也沒參加過任何鳴放會議。我又不是什麼名人，與民主黨派更不搭界。無論這場運動搞的是陰謀還是陽謀，我都不應是打擊的重點。

這時江市長和我談話的內容也大變了，他畢竟是位政治家。在重要的歷史關頭，哪裡還有多少閒情逸致吟詩弄文，他關注的重點也在時政大局。開始我就一些想不通的問題向他請教，主要是肅反是否有擴大化的問題。其實我是瞎操心，肅反擴大與否，是政黨政府的大事，不需要我這樣二十歲的年輕人去過問；何況我又沒有挨整。

記得江市長並未批評我多事，他倒是說了省裡肅反的一些實情，特別是劉秀山馬野林夫妻的冤案。他說早在一九四〇年，他和劉秀山就都是中共六合縣委的主要負責人。劉這個人有許多缺點，但作戰勇敢，劉大膽這個名字還是劉伯承元帥起的；這也不只是褒獎，還有指責他大膽誤事一面。但再怎麼說劉也不會是特務，打劉是特務，完全是曾希聖和當時公安廳長邢某的栽贓誣陷。省裡別的情況我不瞭解，馬野林案件可是熟悉的。因為合肥醫校那場荒唐的肅反運動，就是從聽馬野林坦白檢舉錄音開始的。我決不會想到當時說得有鼻子有眼的事，原來是子虛烏有的一場鬧劇。我就想不通，一個幾千萬人口大省的主要領導，為什麼要幹這種欺騙百姓的事？江市長還說到一九四二年延安整風，那時他是皖中某根據地負責人，被派去參加運動；也曾出現過一些莫須有的事。不過他對我只是淡淡提了幾句，我不懂歷史，未能深談。以後省報頭版點名批判他是黨內大右派，其中重要一條就是說他攻擊延安整風，可見在高級幹部中，江城是較早對延安時期所謂搶救運動表示異議的人。

江城在黃山和我談得較多的，還是對曾希聖盲目推行農業「三改」的意見。江說他出身農村，熟悉農業。很多地方根本不宜種雙季稻。他帶工作組多次到基層實地考察過，強行推廣「三改」，勞民傷財得不償失。他認為自己作為一個省會城市的市長，有責任為農民說話。這時的他不再寫詩了，而是一連數日伏案疾書。我知道他在做大事，此事關係到全省幾千萬農業人口今後何去何從。我不敢再去打擾他，當然他也不會和我這樣的年輕人細說。

大概是一九五七年八月中旬，江城回到合肥。不久，我在省報上看到他被打成右派的整版報導，重中之重就是反對農業「三改」。很多年後江市長告訴我，批判他的材料，主要依據就是他在黃山時寫給中共安徽省委常委的信。這封信很長，不只是一點意見，而是一份關於農業問題的調查報告。信是寄給當時分管農業的省委書記處書記曾慶梅的，曾書記不敢表態，又轉給了位置更高的書記李任之。據李任之在江城的平反會上對他說，他接到江的信感到事關重大，大概是曾希聖在推廣農業三改中遇到的最重要的不同聲音，他不敢壓下來，就送給了曾希聖。曾希聖看後大發雷霆，當即在信上批了四個大字：「右派言論」。安徽是反右重災區，有材料證實，曾希聖在中央關於劃右派標準之外，另又加了兩條：一是反對本單位領導，二就是反對「三改」。省報如此批江城也是以儆效尤。

江城被省報點名之後，我還能逃脫掉嗎？其實在這之前我也已經成了運動的靶心了。我歷來口沒遮攔，年輕時更是有啥說啥。在醫校肅反時我整了同學，是我的一塊心病。聽江市長說了些省裡肅反情況，我儘管沒有正式參加什麼鳴放會，也在許多人面前表明了觀點。我也複述過江城關於農業「三改」問題的見解。這樣，批我鬥我就「順理成章」了。

至於院方還拼湊了其他一些什麼材料，我也沒興趣分辨；這都是運動中整人的常規罷了。一九七九年給我右派改正時，檔案上這些亂七八糟的東西，我一概不管不問。我一個普通醫生，靠一點小手藝吃飯，不幸被一次運動纏上，從此我的命運就和國家聯繫到一起了。我很清楚，國家要是就這麼不斷地進步，我這等奉公守法之人，自然不會有什麼麻煩。我又不想入黨不想被提拔重用，要檔案裡那麼純潔輝煌幹什麼？我十七歲就在防汛中立功當上了一等人民功臣，二十歲還不照打我右派？古人說行止在己毀譽由人，到哪一天我駕鶴西遊了，那些檔案上的是是非非只能是日久化塵。萬一哪一天國家又颳起運動之風，我們這些老運動員，還不是一樣要引頸受戮嗎？

三、堪笑孺子

一九五七年秋，我接受了多次批鬥，也真誠地寫出了一篇又一篇檢討。我甚至可以說，自己的「認罪」態度是老實的。我剛二十歲，畢竟還是個孩子，哪裡有多少分辨是非的能力？儘管我還是認為江市長說的話在理，也還認為不應該在合肥醫校中專生裡搞什麼肅反；但是，在報上連篇累牘吹噓肅反和「三改」的重要和正確時，我確實也一度相信自己錯了。我還一邊檢討一邊心存僥倖，我不就說錯了幾句話嘛，又不是在正式鳴放會上說的，又未寫過文章，檢討後應該就沒什麼大事了。況且江市長這些觀點又不只是向我一個人說過，療養院裡許多醫務人員都是知道的，閒談中他們也表示贊同。再說，不就是一點見解嗎？就算是附和錯了，就有那麼大罪嗎？

事實證明我太幼稚了，太不瞭解人心的險惡，也不知道政治運動的威力。我們這個療養院只有二十來人，其中醫務人員十幾人，大家都是各中專學校剛畢業的年輕學生。儘管興趣追求不一樣，總還是機關同事，談不上什麼利害衝突，平日也一起說說笑笑。沒想到運動一來，大家都是翻臉不認人，一個個凶神惡煞似的，說的話寫的大字報還有那醜惡的漫畫，全都是那麼狠毒，必欲置人於死地。特別是一個化驗員，一天就寫過我六張大字報，他署了個什麼筆名「雲海」。寫到第六張了，大概怕領導不賞識他，也未忘了再加個劉的姓，都寫了些什麼呢？說來好笑，連看《紅樓夢》都是「罪證」。他還質問我大談《紅樓夢》是何居心？要把年輕人引向何方？真是笑掉大牙，我比你劉某人還小一些，我能引導你什麼？爾後很多年我一直在想，以劉某人為代表的那批人，為什麼那麼氣勢洶洶？哪來那麼大的幹勁？打倒我他們又能得到什麼好處呢？

當然，要說年輕人都是這樣也是不公平的。這裡我要向兩位同學同事表示深深的敬意。一是我合肥醫校同屆同學張吉才，他是我們這一屆二百多位同學中僅有的三位黨員之一；雖然年紀輕，卻品質優秀，剛正又倔強。他不僅沒有參加鬥我的大合唱，而且公開為我辯護，說我不是不三不四的人。為此他竟然被指控為包庇右派，應該劃為右派。他和我先後被發配到同一農場勞動改造，那時他已經成家並有了孩子。為我的事連累了他一家人，真使我愧疚無比，不知如何面對他。其實轉而再問，我又錯在哪兒呢？無辜地傷害了他一家，也是對我更深更重的傷害。好在最後定案時，他被劃了個中右，未戴右派帽子，還保留了黨籍。我得知這個結果，才略感寬慰。

另一位年長我幾歲的沈護士，極其純樸善良又真情待人。我和沈女士都剛分來療養院，以她的為人，當然不會加入鬥我的大合唱。為此她也受到了很多牽累。雖說最後未受什麼處理，我也應該向她表示真誠的歉意。沈護士人品高潔，我在醫院工作幾十年，同事中如她者極為少見。文革期間她所在的那家大醫院，到了「橫掃一切牛鬼蛇神」階段，軍宣隊工宣隊動員全院職工參與，那才熱鬧哩，醫院裡全是你揭我我揭你的大字報；真正是混戰一場。事後清理「戰場」，全院五百多人沒有被人貼大字報的，僅有二三人而已，沈護士就是其中之一。

一九五七年批鬥過幾次之後，我就被晾在一邊。院方既不做結論，也不給我定性。那時動不動就說什麼兩類矛盾，我自己也不知道是要被歸於敵我矛盾還是人民內部矛盾，我是屬於好人還是壞人。大概別人也同樣弄不清，為了標榜各自的階級覺悟高，都是用那種凶惡狠毒的目光監視著你的一舉一動。從挨鬥起一拖半年，機關裡幾乎沒人和我說過一句話。那是一段非常難熬的日子，我一個活生生的人，被人群孤立，視為異類，避不開躲不掉周遭眾人的鄙薄冷酷，更無處傾訴宣洩。這種處境比批鬥、勞役的折磨還要殘忍，分分鐘都能把一個強壯的漢子逼瘋。半年後我被戴上右派帽子逐出黃山時，反而有一種豁然輕鬆之感。而另一位被劃右派的林校畢業生，被當作廢物利用留在黃山，監督勞動。結果就在這樣的軟性折磨下精神崩潰了，他比我也不過大一歲。

回想這段經歷，我不能說只是因為認識了江城而被牽連。以我當時的經歷以及口沒遮攔的個性，在哪裡都難逃一劫。只是認識了江城之後，聽他條分縷析的剖解，我的思想觀點成熟了許多。要說我在其他地方被打右派，可能還是稀里糊塗的；而因為江城，開始懷疑曾希聖推行的極左路線，這樣當上了右派，多少也有些自覺自願的味道。說到底，一個二十歲基層科技人員不該有這樣的見解，因為涉及到國家的重大政治問題，年輕人不知深淺，對即將來臨的政治風暴完全沒有準備。爾後在幾十年的苦難生涯中，我也因此更多了一層思考的痛苦。

但是，結識江城對我又確實是難得的機遇。從被劃右派那天起，我就未後悔過。被押往農場改造的途中，我在屯溪小憩，還去了一趟舊書店。在那裡我看到了一套木版帶封套的四卷線裝書，正是王逸注的《楚辭》。我立即想起江城說過，這套《楚辭》是難得的善本，當即決定買下郵寄給他。多年以後江城對我說，他是在發配到宣郎廣農場勞動前收到這部書的，當時是又高興又不禁苦笑，他高興的是我罹難後還未忘了讀書，也笑我都什麼時候了，還有這份情致！記得是一九七二年，有機會重遊屯溪，想起往事，我還寫下一首小詩：「闊別山城十四秋，舊思渺渺隨風流。唯憶南冠買經史，堪笑孺子不知愁。」

從此開始了四年之久的勞役生涯，我們不通音訊，不知彼此死活。其實他當時在皖南的郎溪縣宣郎廣農場，我與他一山之隔。都在勞動改造，當然無法通信聯絡。

一九六二年中央七千人大會之後，安徽的霸王曾希聖倒臺了。新省委著手給我們平反，江市長首先平反了，隨即出任滁州行署專員。而我這樣的基層人員，本來平反結論已做好，只待宣布；突然最高指示一聲令下，平反戛然而止。我們依然當著摘帽右派苟延度日。

好在這並不妨礙我和江市長一家爾後幾十年的真誠相處，在我最困難的時候，他們給與了多方幫助和呵護。文革後期我所在的醫院又以右派翻案的罪名整我，那些專政隊員居然調查到了江城的家裡。江城一聽說此事，當即大發雷霆；他說，你們這些整人的人，小茆二十歲就挨整，他有什麼錯？都整了二十年了，還要整他。他要翻案說明他相信黨有錯必糾的政策，難道不應該嗎？辦案人還要說東道西，江城更火了，桌子一拍叫他們馬上滾。多年後，江城夫人馮阿姨說起此事，我們一起大笑。

不過這都是後話了。

第四章　生死門口塘

一、門口塘農場

門口塘農場全稱是「蕪湖專區門口塘農林牧場」，對外是下放幹部勞動鍛鍊的地方。它有點像文革後期的幹校，實際上是改造右派的場所。這裡全盛時期收容了近一千五百名右派。相對來說，送到門口塘來「勞動鍛鍊」都算是處理較輕的。來這裡的人還保留了幹部身分，有工資和口糧供應。只有一批被劃為極右的人，每月不發工資，僅發生活費十三元。

隨著大饑荒日益逼近，農場的口糧標準逐漸降低，到一九六〇年就搞「瓜菜代」了。和別處農場的右派處境相比，門口塘的情況略好一些，死人的比例也低些。有材料披露，當年被錯劃右派的，近半數被送去勞教勞改，這批人多數死於一九六〇年。

但是，從另一角度看，這裡的右派又是受冤屈最深、最不該被這場運動牽連的人。我們中間沒有民主黨派成員，沒有大學、科研機關或文藝團體的知名人士，從中找不到什麼作家、畫家，甚至名列三四流的演員。別說教授講師，連在校大學生也沒有一個；到一九六〇年初才進來五名大學教師。一句話，當初這裡全是名不見經傳的小人物。

所有到這裡的右派分子，主要來自蕪湖專區的基層單位。這裡有單位裡的小辦事員、商店裡的普通營業員，還有一些小學文化水平的鄉村教師。更有一些人甚至是文盲或者半文盲，天曉得抓右派怎麼會抓了這麼一批人？報上天天在說，右派都是來自知識分子成堆的地方，這一千五百名中有幾個是？開始我也曾想過，門口塘農場的情況可能是個別現象，後來卻聽說，僅在蕪湖專區這樣的農場就有好幾處，安徽全省就更多了；這都是曾希聖們的政績。

右派分子的這些情況都是我後來才瞭解到的，那時我已經離開了生產隊，到了總場的衛生所。我知道這些越多，思想上也越迷茫：這運動是怎麼了？國家怎麼了？幹嘛要這樣做？對國家又有什麼好處？難道真如某部長所說，要把我們這批人長期當勞動力使用嗎？當然我只是私下想想而已，短短兩個月的勞動改造，已經讓我受夠了。我自幼體弱，完全不能適應。要把我再從衛生所放到農業第一線，非累死不可。

一九五八年五月，我被發配到這家農場的二大隊。農場在山坡地，這裡又缺水源，因此不能種水稻，只能種些山芋、包穀等耐旱的莊稼。陽曆五月，還沒到大忙季節，頭天剛住下，次日一早就上工地給山芋鋤草。按說這不算重活，應該是任何成年人都能做的事。早上太陽剛剛升起，農人微躬著腰，握著小鋤頭，眼前幼苗一片碧綠，空氣清鮮，山風拂面，倒有些詩情野趣。可是陽光愈來愈猛烈，我已幹得渾身是汗，長長的山芋一壟壟總也鋤不到頭。眼看著別人都鋤到前頭去了，我還遠遠地落在後面。我心急了，不想頭一天就讓別人看出我的無能。我儘量加快速度，可又怕傷著山芋苗。越急越出事，鋤頭也脫把了。這本來也是小事，可我自小就手笨，怎麼弄也無法把鋤頭裝上去，心頭更是沮喪。這時一位中年人走過來，我更慌了，怕是要遭到訓斥。

我們生產隊的人員是混編的，除了右派之外，還有些下放的幹部和職工。聽說這些人或者是犯有別的錯誤，或者是從機關精簡下來的。但他們總還是自由人，不免會對我們呼三喝四。但這位中年人走到我身邊，只是輕聲慢語地說：「小夥子，未幹過農活吧？別著急，慢慢來。」他邊說邊動手，三下兩下就把鋤頭裝上了。接著他教我鋤地時兩腿該怎麼站，腰該怎麼彎，手怎麼拿鋤把怎麼用力。果然是行家，鋤頭在他手裡，像武術高手揮動的兵器一樣，不一會兒他就鋤到前面去了。我真是不知道怎麼感謝他才好。

他姓胡名德樹，是我們這個隊的副隊長。遇到他我感到幸運，但話說回來，我的處境也並沒有改變。每天都是天黑透了才收工，我們又餓又累，就像要癱了一樣。就這樣晚上也不讓我們閒著，隊裡照例要開會訓話。那個姓張的大隊長就沒有胡隊長那麼好說話了，他張口閉口都是老右老右的，而且特別善於找岔子，找到一點就把大家罵得狗血噴頭。我們這些清白無辜的人，天天挨訓挨罵，開始時感覺憤怒屈辱，漸漸也就痲木了。

我的當務之急是如何能過了勞動關活下來，開始時鋤鋤草我還能勉強應付，後來就越來越力不從心。右派來得多了，農場的地不夠；場方決定開荒，還給我們限定了任務。各個隊都是披星戴月，早出晚歸。在帶巴根草的山坡地上，要用六七斤重的大钁頭，高高掄起用力砍下，才能挖起帶著草兜的荒土。挖起來還不算，還得用钁頭砸碎它。這十分累人的重活，我根本幹不了。挖不了幾尺遠，我已是心慌氣短汗流浹背。真記不起一天天是怎樣熬過來的了，我只知道身體在一天天衰弱下去。我想，再這樣拖下去，用不了多久我就會力竭而死，成了他鄉的孤魂野鬼，那年我才二十一歲。

正當我快熬不下去時，場裡突然通知我到豐產突擊隊報到。我一聽心想壞了，普通生產隊我都幹不了，再去什麼突擊隊，不是要我死得快些嗎？哪裡想得到，這裡竟是我生的轉機。一進到豐產隊我就發現，這裡的隊長是我熟悉的胡隊長，頓時心頭一熱。不過一時也還猜不透，這位當初給我留下好印象的人，作為我的頂頭上司後會怎樣？只聽胡隊長說我們要實現農業大躍進，光憑幹勁是不行的，還要科學種田，所以他要來了幾位知識分子。他說這裡有學農的技術員，有學醫的，也有當過領導幹部的。希望大家多出好點子，用科學方法做出成績來。這些話客氣實在，他也沒提半個右字。

確實，胡隊長是位務實的人。那時生產隊日出而作，日落而息；胡隊長天剛亮就把我們喊起來，藉著朦朦晨曦，我們開始積肥挑肥。等到大隊人馬出工時，我們已經幹了很多事了，看上去真有一副突擊隊的派頭。晚上也是一樣，大隊人馬都收工了，我們還在豐產田裡幹活。我們出工效率高，屢屢受到作業區領導表揚。外隊的人還以為我們吃了大苦，其實是胡隊長煞費苦心。外面烈日炎炎時，我們已經收工了。對外說起來是我們這些知識分子在研究豐產方案，討論科學種田。胡隊長如此安排，大家也心照不宣。中午那麼大的太陽，地裡四五十度的高溫，那時出工除了熬人還能幹什麼？而且，保護好勞動力才有生產的本錢，人都拖垮了，能躍什麼進？結果也證明了胡隊長的明智，作業區僅有的三位農業技術員都在我們豐產隊，我們隊的糧食產量是最高的。回想一九五八年時各地都在胡吹瞎說，在這個小小的豐產隊，真有點沙漠裡綠州的味道。

就在這豐產隊裡，我遇到了我一生中最真摯的朋友李青同志。他當時雖也只有二十來歲，卻是農場右派中唯一的正縣級幹部。他是為屬下擔責任而受牽連的，他管轄下的五人小組辦公室，本來都是一些當紅的青年積極分子。不知為何，地委領導偏要整他們。李青如果迎合領導，在下屬中狠抓一批右派，不僅可以保全自己，說不定還能官升一級，但他不願意這麼做。那時的他未必就看出了反右的嚴重擴大化，他只是力圖保護同事而已。這下子地委某主要領導發火了，決定要先搬掉李青這塊攔路石。果然，領導用突然襲擊的方式，一夜之間貼了他滿屋大字報。他被打成極右分子，只發月生活費十三元，發配到農場勞動。

李青屬下也都在劫難逃，辦公室裡三十來人竟被抓了二十多名右派。他們大多數也都跟他一起到農場來了，以後這些人也都成了我的好友。李青在一九六二年得到平反，以後成為一家地級市的主要領導人，但與他同事的其他幹部卻沒有這麼幸運。

二、勞役苦厄

在豐產隊時，胡隊長待我們不錯，作業區董主任也算得上是位好人。但我們畢竟都是戴罪之身，只能任人驅使。大躍進的號角越吹越響，豐產隊也不再是避風港。那時門口塘農場和各地一樣，也開始大興土高爐，大辦鋼鐵。場裡要求所有人日夜奮戰，死守在第一線。一時間，我們超大強度地開山運石子，砍大樹作燃料，沒鼓風機硬用人力拉風箱……人就像牲畜一樣被使喚。過去用牛用馬也得讓它們吃飽休息好，可我們這些人連牛馬也不如。在日復一日原始又野蠻的勞役中，人人都是無處躲也無處逃，心裡極度恐慌，還不敢流露。尤其是口糧標準漸漸降低，任你是鐵打的漢子也經受不住。難友們的處境日益艱難，已經是在死亡線上掙扎了。

好在這之前我已經離開豐產隊，被調到總場衛生所當醫生，這算是救了我一命。有此幸運，依然得益於胡德樹隊長的鼎力幫助。那時農場右派愈來愈多，總場的兩三位下放醫生應付不了；為補充人手，場裡決定從生產隊裡抽表現較好的右派醫生到衛生所工作。所謂表現好壞，還不是隊長嘴裡一句話。依我在豐產隊的生產技能和完成定額來說，只能算在下游；但胡隊長、李青和方後高等難友們都以兄長般的情誼寬待我。沒有一個人因為自己還在忍受煎熬，而看不得我脫離苦海；也沒有任何人對我做什麼小動作。

所以我當了醫生之後，從未敢忘記我是他們的同類。在力所能及的情況下，我總要救治或幫助生病和勞累過度的難友們。為此我一再受到幹部醫生和總場領導的訓斥，就這我也沒有後悔過。特別是在一九六〇年，饑荒將人逼入絕境，幾乎是大限臨頭。我爭取到了幹部醫生的支持，我們向場部特別是向來農場檢查工作的地委有關領導，反映了長期飢餓而致場裡人員浮腫乾瘦的真實情況。有關領導大概也怕餓死人太多不好交代，終於在糧食標準上有所鬆動；還特別撥了一點黃豆與紅糖下來。憑我們醫生開具的病假單，患浮腫病的難友可以領到每天三兩合計一周的救命食品，也就是這種用黃豆與紅糖製成的東西，民間稱之為「狀元紅」。

為開這救命的病假單，我和兩位幹部醫生還曾發生矛盾。雖說農場也有下放幹部，但受苦最深體力消耗最大的當然還是右派們。他們中很多人得了浮腫病乾瘦症，就會來找我這樣同為右派的醫生。我只是根據實情發出病假單，可是單子開多了，麻煩就來了。有說我包庇右派的，有說我刁難下放幹部的，還有說我屁股坐歪了的。我知道後只能裝聾作啞，不想辯也辯不清。兩位幹部醫生也少不了給我批評和勸告，還算沒有太多的刁難。後來大概是迫於總場的壓力，我還是無法繼續留在場部衛生所。一九六〇年開春後，我被流放到一個邊遠的小作業區醫務室。

這個小作業區叫趙家崗，醫務所裡就我一個人。我平時給人看病，也要參加勞動。醫務室是總場衛生所的下派機構，我依然可以藉領藥和會診等事宜跑跑總場，所以體力消耗還不算太大。

農場沒有修水庫的任務，而在附近的新杭水庫，我們得知死了很多民工。修水庫那是硬活，挑土的人要把沉重的土筐從庫底挑到壩頂，少一步不得到位。這不像在地裡做活，深淺快慢沒個定數，總要好糊弄些。還有，人們體力的衰竭與當時的宣傳鼓動也有很大關係。雖說農民下地有時也有打著紅旗插著標語牌的，畢竟那是少數，形不成威懾的力量。而在水庫工地，到處都是紅旗招展，口號震天，社隊之間還要搞勞動競賽。人上了水庫工地，就像工人進入自動化的流水線，口號像看不見的程序催促人們加快勞動節奏，也加速透支著農民的體力。工地上庫底愈挖愈深，壩頂也愈堆越高，擔土上壩的人一天比一天艱難。各地都在修這樣的水庫，沒有科學設計沒有鋼筋水泥加固，絕大部分水壩都毀於來年春汛的大雨。結果，可以生長糧食的沃土全被汛水席捲而去，留下寸草不長的骨土。我在農村生活多年，在很多地方看到過這種挖空了的山窪窪，好像留在大地上的傷疤裂痕。

為修這種土水庫，無數父老鄉親喪生，他們幾乎全是餓死的。種田本來是半年辛苦半年閒的，閒時可以養精蓄銳，而到開秧門和割稻摜稻大忙時，農人更還要吃得特別好特別飽。據說一般一天吃五餐，不然就幹不動。偶爾有挑水庫這樣重活，更得是兵馬未動糧草先行。可是當時是什麼局面呢？人們已經長期實行所謂低標準、瓜菜代，儲糧都被挖地三尺搜刮一空。再讓這些餓著肚子的農民兄弟上水庫，不靠糧食支援，僅靠宣傳鼓動，不是把他們往絕路上趕嗎？

我跟作業區的難友們一起外出積肥，所以到新杭水庫的工地上去過幾次。水庫上民工多，隨地大小便的人也多；我們就去拾野屎。在工地上到處轉悠，以我一個醫生的眼光，觸目所見，除了少數管理人員，幾乎沒有一個健康人。民工們或者瘦得像一根竹竿，或者腫得像個蒲包。走起路來都是歪歪倒倒的，人人一臉菜色，目光呆滯。儘管到處是紅旗飛舞鑼鼓喧天，實地幹活的人早已充耳不聞，都只是在那裡磨蹭。土筐裡也只盛著兩三鍬土，一個個步履蹣跚地往壩頂上走，走不了幾步就氣喘吁吁，兩眼發直。有人就這麼中途倒下，永遠也起不來了。常常是哪裡有人驚慌地圍成一圈，哪裡就有人「路倒」了。

所謂路倒者，就是走著走著突然倒下，昏迷不醒。此時如不及時搶救，很快就死了。按說我還是個醫生，對這類早期只是低血糖休克的普通病人，我能救而且也的確救過。可是在工地上，每次遇到這種情景，我只能掉頭走開。因為這時的我只是一個挑著糞筐的拾糞者，我拿什麼給他們治病救命？即使我帶著藥箱，給他們救了一時之急，我能有大批糧食保證他們的後續治療嗎？我不敢上前還因為我懦弱犬儒，我不敢直面普通百姓無辜的死，更沒有勇氣對此再作深一層的探究。說來慚愧，那時的我只剩下一點低等動物的願望，那就是千萬別攤上我，我能活下來是多麼幸運。

以後我們在鄰近一個礦山找到了新的肥源，我也就沒有再去新杭水庫工地了。但是周邊的農村依然不斷傳來餓死人的消息，除了感傷，我們還能說什麼呢？

三、坑人的絕招

如果說我們面對四周農民的無辜死亡，多少還有些作壁上觀，那麼農場裡嚴酷的現實就與每一個人休戚相關了。經過一九五八、一九五九兩年的折磨，特別是大辦鋼鐵、大辦豬場等荒唐行徑之後，我的那些難友們體力都已消耗殆盡。本來冬春之際農活不忙，應該休整一下；可這個作業區的負責人是趙主任，在他手下，你休想有片刻安寧。

趙某名趙德龍，原來是某基層供銷社的倉庫保管員。因為文化程度太低，被精簡下放到農場來。而他身強力壯，農業內行，不久就當上了作業區主任。別看這只是幾十個人的小作業區，可是正區級編制。姓趙的不止一次對我說，以後他回縣裡，不想在城裡當什麼部長局長，只要回原地當個公社頭頭就行了。我懂得他說的意思，他只有小學文化，城裡官是難當的，鄉下要好混多了，而且是真正的光宗耀祖。可以想見，一個被供銷社精簡下來的勤雜人員，到農場轉個圈就成了區鄉的頭頭，世上哪有這麼便宜的事？而天上掉下來的餡餅又實實在在地落到他嘴裡了，這是一次多麼難得的機遇。他要是頭腦清醒一點，應該想到作業區的所謂成績，全是受難右派們吃大苦幹出來的，別看我們都是蒙冤受屈的，但這些冤屈與姓趙的無關。大家只想苦撐苦熬到能摘掉帽子，日子過得好一點。而且，來自基層的右派，絕大部分是開罪了本單位領導惹的禍；吃一塹長一智，我們對姓趙的不敢有半點違抗。姓趙的哪怕有一點人性，哪怕想到一點我們都是血肉之軀，不要太苛待，不要把大家往死路上逼，大家還是會忍氣吞聲為他賣命的。

可是他不懂，他就像故事裡編的周扒皮一樣，天不亮就把人們轟起來。地裡實在沒事做，就讓大家鏟草皮積肥。這個活可是累人，別看地皮上只有稀稀的幾根茅草，它們全都連著地下的大根兜。只鏟表皮的草是鏟不斷的，必須連根挖，而巴根草盤根錯節，想要斬草除根又談何容易！而這些主要是根鬚的纖維狀物，哪裡有什麼肥效？挖來挖去只是造成了對植被的嚴重破壞。被鏟過草皮的山地坡地很快就沙化了，幾場雨把土沖走，再也沒有植物生長。

世上確是什麼樣人都有，有人本性就是極其凶殘歹毒的。這個姓趙的應該是個典型，如果他只是文化程度低些，管得比別人嚴些，人們大不了背後發發牢騷哀嘆命苦罷了，誰讓自己中了陽謀圈套、成了二等公民呢？既然是來勞動改造的，就未想能過上好日子。可實在想不通的是，他對我們這些素昧平生的人，哪來的那麼大的仇恨！趙主任整天板著張大馬臉，兩眼凶光逼人，似乎我們都是十惡不赦的江洋大盜，開口閉口都是「他媽的你們這些老右」，有事沒事都是不罵人不開口。

趙主任又自有他文盲加流氓式的獨特罵人語言，他罵了你，你如果低著頭，他就說：「整天勾著頭和卵子算賬，哪天栽死你們這些狗日的！」如果你敢抬頭看他一下，他馬上盯著你罵道：「看你兩隻眼睜著像驢卵子一樣，看我幹什麼，想造反呀！小心哪天把你這雙驢卵子挖出來餵狗吃！」

要說開始時他可能受了報紙宣傳，真把我們都當成了壞人，所以這麼凶狠，那還有幾分道理；爾後見我們都是安分守己的正經人，他該有些收斂才是，為何愈來愈凶呢？我曾想過，這也可能是人性惡的表現之一，凌駕於他人之上可以任意侮辱和奴役他人，大概是件很舒服很受用的事。而且一旦食髓知味之後，就放不下來了；不罵不欺凌人，他的日子就沒法過。

我和趙主任相處近兩年，除了聽他罵人，幾乎就未正經說過話。以後他的罪行開始敗露時，就更是做賊心虛地整天拍臺了。他說你們這些右派狗雜種，想跟我共產黨員碰，瞎了你們的狗眼！非要把你們一個個砸得稀巴爛不可！他就這麼一路罵下去，沒曾想他也有一天成了勞改犯，最終竟然是餓死在勞改農場。

說句實際話，當時我們這批人，哪一個不是挨過七批八鬥？血口噴人、誣陷辱罵，誰不是耳朵都聽得起了老繭？哪還會在意一個半文盲的惡言惡語。如果趙某人不是凶狠得離譜，我也不會在他死去近半個世紀且又家破人亡之後，還要憤憤不平地再控訴他。他實在是做得太絕了，什麼勞動強度大時間長，姑且不說，就說一件他坑人的絕招吧。

那是一九六〇年初，糧食定量已經降到二十二斤。我們將一天七兩的定量分成三餐，三餐吃的還都是山芋糊、山芋葉子。很多人已經餓得浮腫走不動了，還被逼著去幹重活。在這種困境下，要想活下來，只有偷隊裡的一點碎山芋，再拾一點白菜葉子蘿蔔頭子糊糊肚子。

姓趙的這一家，每天依然吃得油光光，卻在我們的生死關頭卡緊了大家的脖子。他要嚴管隊裡的山芋，不讓大家碰一點。怎麼管？他發明了一個絕招，就是查看各隊茅坑裡的大便。他種田出身，內行，知道吃山芋糊拉什麼樣的屎，吃山芋渣拉什麼樣的屎，吃熟山芋、生山芋又各拉什麼樣的屎。每天，姓趙的都到各隊廁所裡轉悠，一旦發現貨不對板，他就把全隊人罵得狗血噴頭。如果確定了是哪個人拉了可疑的大便，就更是拳腳交加。難友們也有辦法，知道自己肚裡貨不對路時，就跑遠一點的地方拉，拉過後用腳踢幾腳土蓋上，像靈巧的波斯貓一樣。不過這一定不能讓幹部發現了，因為吃家飯屙野屎的罪名更重，好在那時大便不太臭，不易發現。

三隊我們有一位難友周志艮，當時已經餓得奄奄一息。一天，他不知從哪兒弄到點生山芋頭子，洗也未洗連皮都吃掉了，結果被姓趙的逮住，當晚就開批鬥會。會上，姓趙的把周志艮痛罵了一頓還嫌不解氣，當場對著周志艮臨胸一拳，接著右腳抬得老高，對周的肚子猛踹一腳。周當場就栽倒在地上，痛得滿地打滾。姓趙的這時不但不有所畏懼，還惡狠狠地說周在耍花招。他一步上前又補了一腳，這下周哼了幾聲就不動了。眼見一位難友被活活打死，我們所有人都嚇壞了；一個個大氣都不敢出，很多人全身直哆嗦。趙德龍這時毫無悔意，直說周在裝死。等到確信周已經死了，他還大聲叫罵道：死個把違法亂紀的右派，就像死了條狗一樣，拖出去埋掉就是了。他警告大家不准亂說亂動，否則就和周同樣下場。

周志艮是來自無為農村的一個小學教師，僅僅因為一小塊山芋，就送了一條命，這件事對我的刺激太大了。兔死狐悲，我不能不想到自己的命運。在周之後，下一個會是誰？什麼時候輪到我？我還能逃脫嗎？我從農場看看四周農村，再從農村回過眼看看我們農場，到處都是飢餓與死亡。唯有報紙上每天都是大好消息、豐產捷報，糧食還要出口，支援亞非拉革命。我的心裡充滿了疑問，但在趙主任的高壓管制下，惶惶不可終日，也不敢深想這些問題。

四、危險的思考

死難接踵而至，在這之前一個月，一位姓陳的難友已死於非命。說起來他是給雷打死的，其實也是餓死的。

大概是一九六〇年底，報上就開始宣傳說，我國遇到三年特大自然災害，是旱是澇是蟲？語焉不詳。而在我們長江之南大片水鄉，那三年可是千真萬確的風調雨順。當地農民形容一九五九年的天氣是「搖車不動」，此話怎講？在一般年辰，種水田的農民雨水多時要把田裡的水往塘裡抽，乾旱時則要再把塘裡水抽到田裡。水車是農家常備之物，如果哪一年能「搖車不動」，農民要燒高香的。一九五九年倒是遇上了搖車不動了，可是百姓全去大煉鋼鐵去了，田裡沒人管了，結果稗子瘋長，稻穀無收。我就吃過稗子麵，就那樣我也還曾想過，是否江南水鄉未旱，別處有旱情？以後見到有人統計那三年的天氣情況，全國都沒有大的自然災害。

面對嚴酷的現實，我感覺肯定是農業政策的哪個環節出了問題，鑄成大錯。明知這樣想是危險的，而且也無濟於事；但我還是止不住地思考著甚至將想法說了出來。就因為這一點，差點給我惹出大麻煩。

一九六〇年上半年，趙家崗作業區的分場又新來了五名右派，聽說都是一所大學的教師，也都很年輕，不過二十五六歲吧。和我們這批一九五八年進場的「老」右派比，他們都太「嫩」了。儘管他們的學歷和知識比全場的右派們都高，但毫無用處。此時此地最迫切的需要，是怎樣才能適應環境能活下來。

所謂適應環境，真不是簡單幾句話說得清楚的，有些事是只能意會不能言傳；有些事你得栽幾個跟頭才有所體會；還有些事你體會到了，或是說你「覺悟」到了，可不僅不能說，甚至不能往下想。有時你做了你主觀願望上極不願做的事，還得學會為自己開脫，學會忘記。一個人原有的教養、信念與現實是那樣格格不入，卻仍然必須服從現實，認同那些扭曲的觀念乃至於付諸實踐，這對知識分子特別是對那五位年輕的大學教師來說，無疑是痛苦的。

五十年代的大學畢業生是很稀罕的，大學教師更是難得。他們剛來時，給人的感覺也是鶴立雞群。我們並不知道，他們為什麼被劃為右派；當然我們也毋須知道。無外乎是報上說的老一套，大家彼此彼此。我自己也是走出校門就落入陷阱，對他們就有一種惺惺相惜的心情。不僅如此，而且，年輕時代的我仰慕有學問的人，所以，對他們也更多一份關注。

五位新人都被編入了生產隊，一個個破衣爛衫參加勞動。一天辛苦下來，也只能到食堂買幾兩山芋糊充饑。隔三差五，還要接受訓斥，聽任歹人趙主任把難友們臭罵一通。他們和其他難友來往少，彼此之間關係也不密切。我們推想，不久以後，他們也就適應了，大家也會熟悉起來。

果然，幾個月後，他們走出了疏離狀態，也像個幹農活的樣子了。雖然體力上差一點，畢竟還年輕，再說他們有文化知識，即使從事原始的農業勞動，也會派上些用處。飢餓的折磨最有效，他們也學會了千方百計弄吃的。從這點看，「改造」成績是很大的。至於他們內心裡想些什麼，別人就不知道了。

這個作業區不大，幹活的有幾十人；醫務室就我一個人。每個人都得和我打交道，五位老師不久也成了我的朋友。遇到陰雨休閒的時候，他們也常會到我這間小診所來坐坐聊聊。開始時大家還有所戒備，聊多了總會彼此吐露些心聲。一樣的命運、一樣的處境，是很容易溝通的。

我因此也瞭解了他們的情況，原來他們任教的學校，只是一座中等城市的師範學院。不過，學校雖然在小地方，抓的右派也不比名校少。教師中有些成就的，學生中成績拔尖的，幾乎一網打盡。

他們之中那位叫吳榔的老師，可算是位極忠厚的人。吳老師是農家子弟，家境貧寒，靠助學金讀到大學畢業。他對農業很在行，人長得瘦弱，倒是最先適應者。他對我說，幹農業也要講技術講茬口安排的，可惜這個姓趙的主任只知道蠻幹。其實我們都還拿著工資，這裡是低成本經營，如果管理得好，會有很好的收益。哪能這麼餓還逼人幹活，最笨最兇狠的地主也不會這樣。

吳榔老師學什麼的不清楚，聽說他整風時一句右派言論也沒有，只是不願昧著良心批鬥自己敬愛的導師，受了連坐。

和我們接觸最多的是一位叫葛複中的老師，他是學中文的，熱情開朗，樂於助人。他對我們幾位文學愛好者幫助很大，經常給我們指導點撥。後來我摘帽回到蕪湖後，也是在葛老師和他的同事的幫助下，才考進了他們所在大學的夜大中文系的。

他們中間一位姓朱的老師，年齡稍大些，性格也比較內向。聽說他學生時代即有作品發表，一九八〇年代初，我看到《新華文摘》轉載了他的有關文學理論的長篇文章。

那位叫光海的老師，也常到我這間小診室來，有一件事我至今不忘。一九六一年了，農場境況有所改善。每月我們有兩天假，還有兩次加餐，一人二兩五骨頭肉。肉的來路是農場豬場那些餓病將死的豬，這些豬只剩下一張皮一堆骨頭和幾根筋，就這也是寶；人們早就翹首以待了。

有一天加餐，又值休息日。吃飯時，光海老師捧著一碗紅燒肉與一碗飯，特地到我這小診室裡邊吃邊聊，有點悠哉遊哉的味道。開始他是吃一塊肉，吐一塊骨頭；而且也不是隨地亂吐，而是像一個彬彬有禮的人，很小心地吐到桌面上。不過那肉也太少了，幾乎全是骨頭；一剎那工夫碗裡的肉全沒了，桌面上倒是多了一堆骨頭。光海老師把它們撥回碗裡，居然還是和原先一樣多。光海老師胃口大開，啃那麼一點皮實在不過癮，再看看那一碗骨頭，怎麼也捨不得倒了。須知，這一倒可就半月也不知肉味了。

這時，他先撿起一塊骨頭，嘗試著嚼了一嚼，嚼得碎！他高興了。這些豬活著時也才長到四五十斤，骨頭還嫩著哩。於是他倒了一碗開水，就著這碗肉骨頭，耐心地把它們全吃下去了，一點渣兒也沒剩。他當時的表情真是很快樂，而我看到這一幕，只感到心裡很苦。

我們那時閒聊，也很少聊到什麼陰謀陽謀、蒙冤平反的事；更不會議論到什麼國家大政方針了。可是五位老師中，那位姓黃的老師就不一般了。他瘦弱矮小，體力勞動對他是太殘酷了。他的憤懣煩躁和憂心忡忡，可能皆與他的身體不堪重負有關。他讀過很多書，談起話來也有思想深度。我和他交談時自己也未設防。我心想，大家都是難友了，還顧忌什麼呢？

黃老師到我這裡來說話時，可不是閒聊解悶，他真有些憂國憂民的思考，說的盡是些敏感話題。他的意思，誰聽來也是心知肚明。如說親眼見到生產糧食的農民，硬是被搜光食糧一批批餓死，這種農業政策是對是錯還不清楚嗎？黃老師學問比我高，年齡比我大，當然不是來向我討教的。我們交談的內容已經是在質疑乃至抨擊當時的農業政策了。我認為，一個自詡有知識的人，面對大批普通百姓的慘死，視而不見甚至無動於衷，那他的知識還有什麼意義！這一點我們的心也是通的，又四下無人，說著說著就過了當時的線。

幾天後我的鐵桿好友沈廷禧兄對我說，你以後別理那姓黃的，此人不是東西，他說你思想很危險。

聽了沈兄的話，我愕然了。原來這個人只是憋得難受，到我這個醫務室來宣洩一下；我不在場時，他對我又有這般評價。好在我人緣不錯，趙主任當時也已被繩之以法；要不然黃的這番傳言真不知要給我招來什麼大禍。

未隔幾天，這位姓黃的居然又到我這裡來了。還是那副神態，還是那些話題。但我再也不敢和他亂侃了。我也不願點破他，只是虛與委蛇。他大概有所覺察，以後再也未來了。這件事曾讓我懊惱過很多年，為自己輕信於人，也為他的雙重面目。不過現在想想，倒是覺得大可不必了。他畢竟只是在難友間說說，又未當告密小人。患了運動恐懼症的人都是這樣，明明自己對現實心存不滿，又還戒備著他人也有不滿，會牽連到自己。說到底，還是擔心禍從口出，怕再度挨整。這就是受迫害而被扭曲的內心狀態，我應該諒解才是。

一九六一年，由於整個政治環境的變化，地委財貿部頭兒也發現了門口塘農場飢餓的嚴重性，在糧食供應方面有所鬆動，我們的境況才漸漸好起來。一九六二年二月中央七千人大會後，門口塘農場被解散。此後，大批難友摘掉了右派帽子，回到蕪湖地區直屬的財貿系統，有的人恢復原職，也有的人重新分配工作。我也離開了農場，回到蕪湖上班了。

第五章　文革沉浮

一、「右派翻案」

雖說摘帽右派還是右派，不過摘了總比未摘好。現實一點的是，摘帽後我就不再幹重體力勞動了。我回到了城市裡，依然有一份工作。表面上看，就算過上正常人的日子了。如果所在單位的頭頭是些比較開明的人，日子還要好過一點。比如我那時所在的蕪湖地區商業局醫務所，這裡的局長殷樹勛、副局長虞仲奇、王禎祥等，他們都是比較開明的人，對下屬八大公司的右派也都很客氣，工作安排得還算人盡其材。

我們這些摘帽右派，經過了煉獄般的門口塘四年，也算是劫後餘生。好不容易回歸了正常生活，都很珍惜機會，工作尤其認真。誠如作家汪曾祺所說，大概都想通過自身的努力，來證實生命的價值。

在右派難友們中間，我的待遇應該說更好一些。我們這個小診所裡只有四個人，就我一個摘帽右派，領導卻指定我做負責人，有以我的印章開設的獨立的銀行帳戶，局領導也從不干預我的業務工作。

醫務所攤子不大，工作還是做得有聲有色。不僅因為我的全力投入，還因為和一個醫藥二級站同屬商業局管轄，真是要啥藥有啥藥。許多名貴藥品大醫院也沒有，我這裡都有。工作雖然是比較順心，但我朝朝暮暮都還在夢想著有一天能回到大醫院去。

業餘時間我也未閒著，我同時報名去讀安徽師範大學夜校的中文系和外語系兩個專業。只是以後調到了大醫院，因工作忙，不得已放棄了外語。我修完了中文系本科學業，並開始在報上發表了一點小文章；我從報社的肯定裡也得到了鼓勵。

回蕪湖工作不久，熱心善良的陳蔚文大姐作冰，我認識了地區直屬財貿系統頗負才名的D女士，從此開始了漫漫八年的情感歷程。這其間不無溫馨，也有浪漫，終至於無奈，耗盡心力而告結束。她最後給我的結論是，我愛你但不能和你結婚。

當初，在戀愛談得正熱時，我曾對難友邵覲型、俞啟國等人說，我談這場戀愛，有點像種試驗田。我倒要看看，一個摘帽右派究竟能不能得到真正的愛情。因為我除了戴過右派帽子這一條，其他方面應該說與對方是很般配的。就是被劃右派，她也已看過我的平反結論，知道我啥問題也沒有。劃右派不是我的錯，平反結論上級都簽過字了卻又不認帳，這更不是我的錯！我依然心高氣傲，認為自己有權利選擇愛人，也有權利獲得愛情。我不必像個侏儒一樣，自慚形穢畏縮不前。我昂首挺胸地去追求我的幸福去了。

花前月下、江邊湖畔和曲裡拐彎的巷道里弄，都曾留下過我們青春的倩影。我為她寫過許多自鳴得意的情愛小詩，一切情景也都無異於其他的青年情侶。但是我在心裡卻說，時間太長了，我倆只是普通小人物，男婚女嫁也是尋常之事，有什麼必要拖得這麼曠日持久呢？我明白，說到底還是那個右派問題，它就像一座大山橫亙在我們之間。既然知道她承受不了，我何必叫她作難呢？我那什麼種試驗田的說法，也有點損；我們到底還是未能走到一起。現在回顧起來，她明知我有右派問題，還能邁出勇敢的一步，也是難能可貴吧。以後八年，雖然不免尷尬懊惱，畢竟也有許多溫馨時刻。這些對身處逆境的我，都是值得懷念的。我們這個戀愛悲劇只是時代大悲劇裡一個微不足道的細節，卻也證實了一個規律：婚姻是一種政治行為，尤其是在政治掛帥的日子裡。

戀愛無果，日子還得往下過。在商業局大院裡，住著門口塘農場回來的許多難友，大家同病相憐，也經常一起閒談。談得最多的是希望早一天宣布平反。一些人有過一官半職，他們就還想回到黨內，仕途有所發展。我們本來都已做過平反結論，當然希望結論還能生效。就為這說我們是鬧翻案也可以，本來就沒有犯案，誰不想掀開壓在自己身上的大石頭？

我們幾個在夜大讀中文系的同學，談話內容要廣一些，也涉及到對時局的看法。我的言辭更激烈，也的確抨擊過大躍進以來的錯誤政策。其實一起交談者都有切身經歷，連我們自己也差一點成了他鄉之鬼，要說談話完全不涉及這些，那是自欺欺人。

當時我們都清楚，這些議論是犯禁的。經歷了階級鬥爭的狂風暴雨，已有前車之鑒。為這些空論再弄個罪加一等，那就太傻了。但是，因為都是密友，再說假話也沒意思。

具體說吧，那時我和張景影同一宿舍，我們倆都是門口塘農場年齡最小的右派，又都是文學愛好者。我們同在夜大學中文系讀書，在最困難的年代都是相互支撐著熬過來的；這有我們相互之間的贈詩為證。

問題在於，這位張同學和我的觀點並無不同。但文革一開始，他還沒有受到壓力，卻率先反戈一擊了。為了避免自己再次被打倒，他糾合了一個姓方的糊塗人跳了出來，打算揭發我們的言論。難友陳炳南、徐毅等人勸阻他們別幹傻事，不要自投羅網，但他們不聽，對我們幾個人一齊發起攻擊。姓張的這麼做不知想過沒有，一是如果我以牙還牙他怎麼辦，他跟我說了什麼？我的好記性可是出了名的。二是狡兔死走狗烹，你把我們一網打盡，自己還能逃脫嗎？即使你逃脫了，那麼多人都栽在你手裡，你能洗乾淨手上的鮮血？三是如果你計劃落空，你怎麼面對門口塘大批難友，今後又如何做人？這三點除了第一點我一個字也未曾說出，其餘兩點全都不幸而言中。有關領導（好人殷樹勛局長已調走）見到張與方二人跳出來，真是高興極了，連忙制定了一個徹底打倒右派翻案集團的詳細方案。他們上報地委，並立即組織火力，要展開對陳炳南、徐毅的猛烈鬥爭。下一步當然是一個個捉了，都捉完了就該捉張與方這兩個小「舒蕪」了。

事後聽說，在文革初期，某些領導正因為自己的這事那事而緊張著，忽然知道有人跳出來了，那個快樂勁兒簡直沒法說。歷次政治運動最令人興奮者，莫過於如此了，既有巨大成果，又能保全自己，還不擔主動整人的惡名。不料運動接下來開始批判資產階級反動路線，我們所謂右派翻案這件事就被放一邊去了。捉我們的事一旦停下來，張與方二人的日子就不好過了。最後姓張的憂鬱而終，姓方的也沒人再和他來往。

二、造反鬧劇

文革興起後，在我原來工作的商業局系統裡，各個單位都有一陣捉右派捉得熱火朝天，大批判的主要內容就是有人包庇思想反動的茆家昇。而這個叫茆家昇的我，竟然也在搞大批判專欄，不過是在同城的另一家大醫院。這真是個悖論，既然我已經調出商業局，又是那裡的罪魁禍首，為何不直接到我現在工作的醫院來捉我，卻要在商業局裡揪鬥所謂包庇我的人呢？這不是搞錯了鬥爭對象嗎？

就說姓張的和姓方的兩位「英雄」，在夜大學中文系混過了幾年，寫大字報整人也稱得上高手，為何不送幾張到我們醫院來把我搞臭？確實，從我得知張方二人跳出來拿我做文章時，我就一直在等著欣賞他倆的傑作，可惜我失望了。不僅沒有他倆的，連其他左派先鋒們的大字報也沒有。這又是為什麼？我想過很多，我推測情況是這樣，雖然我也經常說些叫人心驚肉跳的話，可要成為正式「罪證」，還真沒人能拿得出有根有據的材料來。再說我平日雖然大大咧咧的，卻也並不是顆軟柿子。兵來將擋，兔子急了也咬人。某些人可能也有點怯陣。我也從好的方面想過：即使揭發我所謂最反動的材料，還不就是所謂攻擊大躍進人民公社，說一九六〇年餓死了很多人嗎？可是我說錯了嗎？不是事實嗎？其他人心裡就沒這本帳嗎？那麼多餓死的人和被連年運動打倒的人，他們和這些左派急先鋒們沒有一點關係嗎？

還有，我自信平日口碑不錯，也給大家做過不少好事；這可能也是放我一馬的原因。在我原來工作的商業系統內，許多職工和家屬都曾是我的病員。衛生所雖然不大，可我對每個人服務都是到位的。我住在一座舊大樓的角落裡，夜深人靜之後，只要木板樓梯一有響動，我就知道是來找我的。常常找我的人剛到門前，我就已經開燈開門了。因為我知道，深夜找醫生，這絕非小事。能處理的我馬上處理，處理不了的我就告訴他們該怎麼辦。遇到危重病人，我還陪同上大醫院。記得有一次司機黃其國出差了，他的孩子突發高燒，抽搐昏迷。我一看就判斷出，很可能是乙型腦炎。我陪著黃的妻子小崔，一家家大醫院跑，看哪家能接收。那時沒有計程車，我抱著病孩全身大汗，醫院急診室人員還以為我是家屬，其實我只是為一個普通工人家庭盡力。在門診所四年，我未慢待過任何一個普通職工，我就不信有人會為了所謂革命運動，會追一個已經調走的醫生，追到這家醫院來揪鬥我。的確，商業局揪右派這件事後來不了了之，也許是運動轉移了鬥爭方向，又或者是善有善報吧。

這些話現在說起來很輕鬆，當時我整日整夜都是提心吊膽，其狀如驚弓之鳥。白天我一邊胡思亂想，一邊裝著沒事一樣在新貼的大字報前轉悠。一顆心時時刻刻都在緊張地噗通亂跳，生怕看到批判我的大字報。我知道在這樣的大運動裡，身為右派是在劫難逃，被揪出來也是遲早的事。出乎本能我總是想，越遲越好。一般來說，政治運動到後期就成了強弩之末，殺傷力要小得多。而早期要攤上誰，不死也會脫層皮。

白天好混，夜晚才難熬，我常常在噩夢中驚醒；不是夢見被大會批鬥，就是夢見在門口塘農場挨餓。什麼叫心靈的煎熬？沒有親身經歷者，永遠體會不到。在那種狀態下，只有一件事值得慶幸，我三十出頭了還是單身，少了許多家庭牽掛。

冷靜下來，我仔細地分析了形勢和自己的處境。我自詡讀過一點書，腦子不算笨，又是經歷過多次運動的人。我決定要用知識和經驗來保護自己，起碼我要爭取活下去。我到這家大醫院剛半年多，和誰都沒瓜葛。既然商業局原單位那邊沒送大字報過來揭發我的「罪行」，這裡的人一時還不會對我說三道四。在大家的印象中，我是一個用功讀書的年輕醫生。

是的，地區醫院調令一到手，我就拋開文學書，埋頭讀醫學書了。我是為生存而讀，也為承諾而讀。我在門口塘的難友李青主任，他為我的調動出了大力；他和汪華科長都勸我不要再寫文學文章了。我很明白，寫作風險大，還是做個好醫生安全。離開小診所時，門口塘難友陳炳南、徐毅等也都聚集到我的小房間，他們幫我分析過形勢。地區醫院是大醫院，臨床醫生基本上是本科生，又都是前後屆同學。我一個中專生，又是摘帽右派，月薪才三十幾元，工作經驗侷限於農場和醫務室……一句話，全是劣勢，弄得不好很快會被淘汰出局。他們望我好自為之，不要錯過了這次也許是唯一的一次機遇。聆聽著難友的肺腑之言，我除了默默點頭還能空談什麼呢！我也是堂堂七尺漢子，也曾有過很多夢想。我只是到一個地區醫院當一個普通醫生，又不是去攻克什麼科學難題；我就那麼無能嗎？真的只是銀樣蠟槍頭嗎？我在心裡默默對自己說：少說廢話幹點正事吧。

從跨進地區醫院大門第一天起，我就開始刻苦讀書，真正是宵衣旰食。讀醫學書有兩個要點，第一是結合臨床實際，遇到什麼關係到基礎理論的重要病例，得要從前期的解剖生理啃起，一直啃到後期所有臨床相關事宜。基本啃通了，對這個病和這一系統的相關疾病，才有初步發言權。這還不夠，第二，還必須瞭解有關這類疾病的最新研究成果。那就得跑圖書館，查資料，翻雜誌。

那時還沒有論文造假一說，醫學期刊雜誌上的文章是可靠的，論文後面都要如實地標明參考文獻，你可以根據這些參考文獻一直追下去。材料基本查完之後，不敢說你已經獨上高樓，望盡天涯路了，起碼你算個明白醫生，瞭解了這類疾病的道理，臨床治療不會出大偏差。如果掌握的資料多，原始記錄完整，又能找到新的切入點，那也可以寫學術論文了。我那時可說是真正兩耳不聞窗外事，一心只讀醫學書。讀書對我不僅是生存的需要，也是一種逃避；逃避那些異樣的目光和閒言碎語。

未想到的是，讀書也真的讀來了機遇。到三病區不久，我在內科小圖書室裡看到，這裡堆著幾大摞原始病案。後來得知，這些都是普通內科負責人李日新、陳淑時夫妻搜集的膽道蛔蟲病病案材料，一共有三百六十八份。當時陳淑時醫師隨醫療隊下鄉了，李醫師工作也忙。他們知道我好讀書，文筆還不錯，就要我先看看材料。他們說，如果有可能的話，讓我先寫個初稿。

李醫師和陳醫師是武漢同濟醫科大學一九五五屆高材生，他們都是從中央機關放下來的，當時也都是主治醫師了。在醫院內科，他們是主要的技術骨幹，已經在國家級醫學雜誌上發表過多篇學術論文。由內科主任張又及和他倆聯名在《中華內科雜誌》上發表的臨床分析論文，對一千多例惡性瘧疾病案做了研究，這是迄今為止關於惡性瘧疾研究中的病案數據最多的分析。文章被多家書刊引用過，有極高的科學價值。兩位大醫師在研究領域都已取得成就，而我剛進醫院，理論實踐幾乎都是空白。李醫師讓我參與他們的課題，這已不單是一點信任，也是對我的看重了。我抓住這個機會，仔細讀完了這三百六十八份病案，並作出了必要的統計和摘錄。接著我去圖書館查閱了所有可以找到的相關文獻，記筆記，做卡片。準備工作就緒之後，我向李醫師彙報說，我們搜集的病案算比較多的，但是和已發表的上千例以上資料比，我們在數量上和時間上都落後了。如果只做簡單的宏觀分析，價值不大，論文被採用的機會也少。但我們可以找出新的切入點，比如對這種病的誤診漏診分析研究，還有高熱劇痛和合併妊娠時如何驅蟲的研究等。至於文章的規模和投稿期刊檔次，暫且不定，等初稿寫成時再說。李醫師虛懷若谷，完全同意我的意見。

我說幹就幹，半個月之後，我從三個不同角度寫成了三篇論文。雖然談不上什麼重大的理論成果，卻都是言之有物。我的分析基於實實在在的病歷記錄，既有成功的經驗，也有失敗的教訓。我認為，如實道來，研究具體問題，這正是基層醫院應該做的。因為從某種角度看，醫學也是實踐科學和經驗科學。

李醫師看了很滿意，該定稿署名了。我想排序應該是李日新、陳淑時、茆家昇；工作是他們做的，資料是他們搜集的，我主要是個記錄者，能叨陪末座已是幸事。可是李醫師拿過筆來，三個人名字各領銜一篇。我不同意，李醫師用一貫溫和的語調說，就這麼定了！

在三病區，我在李醫師的指導下一邊工作，一邊學習做研究。我對醫學的熱愛和嚮往被喚醒，這是我最大的收穫。我也體會到，在大醫院做個好醫生，重要的還在於工作態度和診療水平。因為你誠實辛勤的勞動和有效的救治，給病人帶來健康與幸福，這就是最實在的人生。我真的很想就這樣平平安安地過下去，右派平反不平反，也就無所謂了。

我執筆的三篇論文後來都陸續發表了，由我領銜的那篇，還被收入專著出版。以後又由李醫師牽頭由我執筆，我們合作完成了有全國部分醫生參加討論的文章。有意思的是，這些文章寫在文革之前，卻發表在文革之後。因為文革期間所有的醫學刊物停刊，紙張都拿去印毛主席著作去了。有材料記載，文革期間，僅《毛主席語錄》一書就印了四十一億多冊。當時中國人口才不過七億人。

我也還記得，在這一時期，我曾收到《中華內科雜誌》一封退稿信，退稿的理由堪稱空前絕後：

由於我社執行了劉少奇反革命修正主義路線，干擾了偉大領袖毛主席著作的出版，決定自即日起，我社所辦一切期刊全部停刊，集中力量出版毛主席著作。原稿退還。

人民衛生出版社

這封信簽署的具體日期我已經記不清了，肯定是在文革高潮中。那時革命烈火遍地燃燒，到處都是打倒之聲，誰還關心寫文章的事呢。

三、造反鬧劇

文革時期我已從三病區被調到六病區，在這裡再次遭遇挫折。隨著大批判運動向縱深發展，大小單位的矛盾就更突出了。在六病區的上級醫師，其學養功底和臨床處理能力，和三病區的李醫生不在一個層次。這本來也沒什麼，他再怎麼差，總比我強得多。但我發現他對病人態度不好，表面客氣心裡敷衍，敷衍的原因是他對病情吃不透，又不願老老實實去做研究，所以常常說些大話搪塞。這樣的醫生我在別處也見過，不足為奇。如果不是運動發展到要揪人的階段，我和他也能平安相處。可是馬上又要揪鬥新的牛鬼蛇神了，他自忖有小錯誤，技術口碑也不好。雖說是個老黨員，在醫院裡對他有意見的人很多。大概他也聽到一點風聲，怕是自己要成為挨整對象，所以一心要找到替罪羊。

找誰呢？我這隻死老虎就在面前。他高興了，開始在大小會上敲打我。那意思很明顯，我是個活靶子，任何時候都可以把我拎出來。我聽了他的說法煩悶極了，簡直比直接挨鬥更難受。我心想你這又是何苦呢，你在醫院裡的是是非非和我全沒關係；如果運動到了那一步，我們這些死老虎要被拖出來示眾，我也不能怪你。問題是你要拿我作替罪羊，掩蓋你自己的諸多不是，這就太不公平了。我們這些二等公民，真的沒有說話權利了嗎？

我自信到這家醫院工作以來，沒有任何過錯，為什麼我要引頸受戮？我決定抗爭一下，也檢測一下民心對我個人言行的反映。經過一番考慮，我在醫院二號門前貼了一張只有幾十個字的大字報。我只問我那上級醫師一個問題：資本主義國家真的沒有結核病了嗎？

我問這話也是事出有因，西方在防治結核病方面，當然比我國先進，但遠沒有達到消滅結核病的地步。我常跑圖書館，也看過一些翻譯的資料，我知道他並未讀過多少書，只是吹噓一下而已。說心裡話我也是看不慣這種學風，並無什麼觀念的分歧，本不值得寫什麼大字報的。正常情況下當面說一說或是不表態都是可以的。我選這個問題寫成大字報，因為這本不算什麼事。如果這個人平日口碑甚好，人們是不會對這句話感興趣的，這又不是什麼三反（*反黨、反社會主義、反毛澤東思想）問題。

我決未想到這幾十個字的一張紙，反響那麼大。先是那位醫生回應了我一篇洋洋數千言的長篇討伐文章：〈右派分子茆家昇想幹什麼？〉真是義正辭嚴，立場堅定，上綱上線了。在我的想像中，這場論爭的結論是明擺著的，一方是老共產黨員、主治醫師和科室負責人，另一方是非黨員、年輕醫生和摘帽右派；高下立見，誰又會為我說話呢？結果真的出人意料，先是醫院所辦的護士學校兩個班的學生，幾乎是一邊倒地站出來批判那位上級醫師。以後醫院裡的職工也有人說話了，居然沒什麼人說我有什麼不是，倒是貼了那位醫生許多大字報，這一來他的日子很不好過了。

以後工作組進駐醫院，大小單位的領導都遭到批判，他也成了被批判的重點；我倒僥倖，逃脫了第一波風浪。聽說這位醫師曾在家裡向毛主席像下跪，一再表示他是忠於老人家的，絕沒有絲毫反黨思想。我聽到這個消息，心中又很是不安。這並非是矯情，我確實未想到我那幾十個字的大字報，會造成這樣的後果。儘管他反擊我的大字報，從內容到語氣都嚴厲得多，但後果卻是他先挨整了，成了文革的首批受害者。以後在批鬥他的會上，我再未發過言。到批判資產階級反動路線時，我第一個在全院大會上說，首先應該給這位醫生平反，我和他的爭論是走資派挑動群眾鬥群眾的結果。這位醫生後來沒事了，但我也知道我倆之間還會有麻煩的，這個預計得到了證實。但為他呼籲平反這件事，我對此並不後悔。

工作組進駐醫院之後，鬥人鬥得更凶了，毋須多說，各地都差不多。以後批判資產階級反動路線時，各地又鬥工作組，也是一個模式。這都是按偉大領袖的戰略部署辦事，也毋須多說。只是這時最大的事，是我院和各地一樣，紛紛成立了造反組織，而且我也參加了，頭一件事就是鬥工作組。我居然又積極了一回，倒值得一說。因為工作組並未整我，我反擊他們是為醫院群眾說話。

記得工作組頭頭姓夏，是位能說會寫的某局領導，大能人一個。地委考慮醫院裡知識分子成堆，戲不好唱，需要有位幹將，所以挑了他來。夏某人果然不辱使命，把我們醫院的階級鬥爭搞得轟轟烈烈、如火如荼。他儼然成為了醫院的主宰，一時間人人自危，恨他也恨得要死，可也拿他沒辦法。

這位夏組長得意忘形，想要在自己的仕途上賭一把，不料卻露出了馬腳。事情是這樣的：醫院有位女性副院長，乃現任行署專員的夫人。專員當時是靠邊站了，也就是說失去了權勢。但誰能說得清他哪一天不會東山再起呢？他那位副院長夫人，來自大上海，人又長得漂亮；長髮波浪墨鏡朱唇，洋氣十足。文革中當然也被批判，不過只是說她什麼資產階級生活方式，並無大事。她來院時間不長，大家不太關注她。忽然間有新聞傳出，原來她是出過大事的；傳著傳著事情就明朗了：她十六歲跟專員結的婚，婚後不久她弟弟犯罪被抓了進去；她利用自己的色相換來了弟弟的自由。

這在醫院裡是個大新聞，又聽說已經下過結論處理過了。按說這種涉及到高級幹部的重大人事機密，怎麼會傳出來的呢？不清楚是不是工作組透露的，但夏組長在她的問題上確實作了充分的表演。一方面他大事渲染，積極策劃，把批鬥這位副院長的事推向高潮；另一方面，他私下對副院長說，鬥她是別的工作組成員幹的，他並不同意，叫她不要擔心，他會千方百計保她過關。夏組長自以為左右逢源，把一場政治遊戲玩得天衣無縫。哪裡想到風雲突變，工作組被認為是來執行劉少奇、鄧小平路線的代表。夏昨天還在發號施令，今天就站在了批鬥臺上。記得批鬥夏某的時候，醫院裡職工是少有的興奮。除了少數整人為業的極左派，人們的看法都空前一致。他在副院長問題上的兩面三刀，令人十分鄙視。我則是當著全院職工和他的面，歷數他這種卑鄙伎倆。這位大能人終於搬起石頭砸了自己的腳。

我說有少數極左派是以整人為業，並非泛泛而論。在批判工作組的全院大會上，一個姓宗的和一個姓宋的，居然當場記下黑名單，準備秋後算帳。有人把姓宋的小本子奪過來送上主席臺，那天正好造反派成員輪流坐莊，輪到我來主持會議；我接過小本子一看，那可真叫觸目驚心。上面一條條記著，何時何地某某某說了什麼什麼反動話，什麼人喊了打倒工作組的口號；有的名字下面還劃了黑槓子，有的話旁邊打了驚嘆號，有的記錄旁還有批語。真乃鐵證如山，不怕你到時賴帳。

記黑名單之一的宋女士，我過去只聞其名，今天果然開了眼界。因為早在那家改造右派的農場裡我就知道，我的摯友陳江夫婦及其他許多右派難友，都是在她的毒招下吃了虧。她到底有多大能耐呢？其實她無德無才也無貌，只是仗著丈夫是處級「高幹」，她就是處座夫人了。她這次混到醫院來，本來是犯了經濟上錯誤，到中藥房來勞動的，可她也決不錯過運動整人的機會，所以又故技重演。我想也算是冤家路窄了，借這個機會叫你亮亮相。我先把那小本本上的內容，一條一條讀給大家聽，真是讀一條臺下一陣騷動，我還未讀完，臺下已經是群情激憤了，誰不關心自己的政治命運呢？一旦在運動中被清算，那可是家破人亡、妻離子散的結局。姓宋的這麼做，是打算找機會整倒一批人。我問臺下眾人該怎麼辦？全場一致要求她上臺去，向革命群眾請罪。

她大概也知道眾怒難犯，乖乖上臺來低頭站著。這時群眾還嫌不解恨，要求她下跪謝罪。這下高幹的夫人可作難了，要跪吧實在是顏面丟盡，不跪吧又頂不下去。我想起她從反右以來害人多端，還想往後繼續整我們，一時也是怒火中燒。在群眾的吼聲後我也大聲喝道：「跪下！跪下！」她看無路可逃，只好乖乖地跪下了。我知道這一刻她心裡一定恨得咬牙切齒，而最恨的就是我。她決不會想到，她親手打了那麼多右派，居然有一天會被一個右派責令下跪！

這件事過去三十多年了，曾經有很長一段時間，我都感到難以釐清這裡的是非。在十年浩劫的各種暴力事件裡，我參與鬥宋罰跪一事，或許是一件小事，但對她本人而言，肯定也是傷害。就算她整過很多人，可是以這種方式回敬她，未必能讓她心悅誠服。按說我一個摘帽右派，本不該參加造反派跟著起鬨；我又為什麼那麼積極地衝鋒陷陣？還有，貼六病區上級醫師的大字報，批判工作組的組長……追究自己的動機，現在終於可以坦白地說，我是想先發制人，保護自己。

暮年回首，對文革中的這一段經歷，我總有十二分的惱恨。恨什麼？首先是恨自己。恨自己那時像個小丑一樣，戴著造反派的紅袖章，寫大字報，散傳單，鬥工作組，鬥極左派，十足一個造反的小混混。我知道有些人對我是不屑的，他們一定在心中恥笑：一個摘帽右派，不稱稱自己的份量，跟著瞎起鬨，不是自投羅網嗎？可是在那時候，誰又知道我內心的痛苦？我願意這樣嗎？我真想不到這樣做的後果嗎？又有誰知道，我也是為了爭取生存才不得已而為之呢？

文革中，在當時動盪混亂的局勢下，我時刻提醒自己要保持高度的敏感，力爭多一點主動。說這是因勢利導也行，說是豁出去了也行；反正就是想把命運掌握在自己手裡，這樣總勝過隱忍退讓、任人宰割。我的一位好友丁醫生，反右後一直小心謹慎，遇事從不敢發言表態；結果怎樣呢？文革一開始就被鬥死了。在這家醫院，我孤立無助，沒有一個人為我說話。如果我抱殘守缺唯唯諾諾，早就被鬥得七死八活了。我之所以跳出來造反，一句話，求生存的動機是第一位的。眾人蔑視也罷，冷眼也罷，要狠狠報復我也罷，當時心一橫，全不管了。我對自己說，一定要昂著頭生活，過一天算一天。如今來看，我也不知道這算不算靈魂的扭曲。

除了恨我自己還恨誰呢？那就是恨這接連不斷的整人運動了。階級鬥爭就是這些運動的靈魂，它看不見摸不著卻無處不在；它君臨天下無孔不入，沒有一個人、一個地方能逃脫它的管束與鉗制。運動來了，一切都得按運動的規律辦事，這個規律是什麼？就是人整人或被人整。整人的千方百計要獲取獵物，勝利者加官進爵；而被整的千方百計要逃脫自保，迫不得已也會反噬一口；最好是能跳到整人者一邊去。全國都圍著整人與挨整這個大磨盤轉，此外還能幹什麼事？連工廠都停工了，學校都停課了，醫院也停診了。上班就是搞大批判，我只能當個造反小丑混日子。如果沒有文革，我還有一份自己喜愛的工作，還有信任我的病員。我還能讀書，有一小方自己的小天地。可是這些空間都沒有了，我的生活還有什麼意義呢？

鬥過工作組之後，醫院內外都開始打派仗了。什麼屁派、革派之爭如火如荼，直到大打出手兵戎相見。七月十三日，蕪湖發生大規模武鬥，死傷多人，我們醫院也成了武鬥據點。好在武鬥之前我已經離開了，趁著醫院停診，我去了合肥，住到了江城同志家裡。本來我去合肥是想避難，逃出武鬥風潮，也想趁此機會拜望黃山結識的老友；未想到由此經歷了安徽文革中一個特殊事件。

四、高幹造反

安徽省高級幹部群體參與「造反」的事件，在文革十年浩劫中可能也是一段時期裡的特殊事件。背景複雜，參與者眾，我又曾近距離觀察過，值得一記。

江城當時是「安徽省暨合肥市幹部造反司令部」的主要負責人，幹部造反特別是高級幹部走上造反的前臺，可能是安徽特有的現象。為什麼會有這檔子事？根子還是當時在有霸王之稱的省委主要負責人曾希聖。曾希聖在安徽統治十幾年，獨斷專行。一九五七年打右派打得多，一九五八年反右傾反得多，農業衛星也放得多；大饑荒中安徽老百姓餓死得更多，有材料記載高達五百萬人。特別是廬山會議後的反右傾，省委書記處書記李世農、張愷帆為首的大批高中級幹部罹難，波及全省基層群眾，造成安徽幹部隊伍的嚴重混亂。

一九六二年中央七千人大會後，曾霸王倒臺了，李世農、張愷帆、劉秀山和江城等大批被打倒的縣以上幹部得到平反。中央派來李葆華等幾位幹部，主持安徽省委工作。據可靠消息，新省委書記明確表態省委領導實行三三制，即中央來的、原曾希聖班子裡的、平反的幹部各占三分之一。這在當時是出於穩定形勢的需要，不過也為日後留下了麻煩。那就是整人的幹部和被整的幹部一起工作，總是那麼彆扭。平常的日子勉強相安無事，運動一來個個人神經馬上緊張起來。兩撥人相互察顏觀色，警覺戒備；同時都在尋找有利於自己的資料，特別是在毛主席著作裡尋章摘句，以此作為保護自己和打倒對方的尚方寶劍。文革中隨著運動的深入，大家就或明或暗捲入了到了派性鬥爭裡。說到底，還是因為這些鬥爭的成敗必然關係到各自的切身利益。

幹部造反的直接導火線是省委書記處書記、副省長張愷帆。一九六六年五月七日，張愷帆寫出聲明，標題為：〈關於防止以揭發翻案風為名掀起新的翻案風的聲明〉，社會上稱之為張老愷的〈五七聲明〉。當時的情況是這樣的：原來整人的一派，此處姑且簡稱為左派，他們抓住了毛主席〈炮打司令部——我的一張大字報〉裡的一句話：「聯繫到一九五九年的右傾和一九六二年的翻案風，還不發人深省嗎？」這些左派公開聲明，要揭露新省委颳的右傾翻案風。他們的目的很清楚，就是要為曾希聖招魂，把已經平反了的幹部重新打倒。

這下子問題嚴重了，所有被整的人，我姑且稱之為右派吧，怎麼可能聽任那些追隨曾希聖的人這樣做呢？這不是借文革之機胡作非為嗎？張愷帆是安徽被整的幹部中眾望所歸的代表人物，他因此就公開站出來寫了這個聲明，要人們警惕某些別有用心的人，借批判翻案風之名，為當年他們執行極左路線的錯誤翻案。因為曾希聖多年主政，安徽就是歷次政治運動的重災區。安徽的幹部幾乎不是整人一派就是挨整一派，所以張省長的〈五七聲明〉也就關係到每一個人。圍繞著張省長的大字報，首先是省直系統與省會合肥市的幹部，呼啦一下就分成了支持與反對的兩大派。江城同志領導的「省暨市幹部造反司令部」，正是在這種形勢下成立的。

正是在這個時刻，我來到江城家裡。在蕪湖醫院時我參加造反，是出於自保，也是隨大流；這一時期，我則是自覺自願地參與了江城的造反司令部的工作。從個人經歷來說，這也關係到我自己的命運。前面我也說過，一九六二年右派摘帽時，我也是做過摘帽結論的。後來因最高領袖一句話，上級只批准給領導幹部平反，在基層群眾那裡都停下來了。但不管平反者還是未平反者，心都是相通的；文革中也很容易秉持同一認識和立場。

再往大處說，那些整人者欺上壓下，排斥異己，給安徽帶來重大災難。我相信以張愷帆為首的大批幹部和群眾的觀點，是代表了百姓利益的。於公於私，我都會加入到他們的行列裡。我認為，要讓那些一貫整人的極左派們，聽到我們這些受壓抑者的吶喊。

江城同志和我黃山一別，多年音訊杳然。後來我才得知他已平反，並出任滁縣行署專員。我也回到蕪湖，我們重新有了聯繫。文革前他已調省委機關，擔任省建委主任。一九六七年在合肥，我們再次相逢，都有許多感慨；不過各自行過坎坷，也沒有十多年前談詩論文的雅興了。

所謂省暨市幹部造反司令部，並沒有固定成員，來往者基本上就是和江城觀點相同或相近的各級幹部。他們在一起磋商對文革形勢的見解，然後用大字報、傳單的形式發動群眾集會、遊行，或進行街頭演講，向社會表明思想觀點。他們也沒有固定的辦公地點，這些活動基本上是在江城同志家裡進行。我正在那裡閒住，觀點相近，所以也參與了一些活動。

記得我曾以江城名義給中共中央、國務院和中央文革寫過一份公開信，長達萬言，張貼在合肥鬧市中心四牌樓的牆壁上。信中表明了我們這一派對安徽革命形勢的看法，一時觀者如潮；引來了對這封信的一評二評乃至三評。現在想來覺得好笑，就那麼喊口號、貼大字報、發表演說便成了革命者？就能把不同觀點的人打倒？而那時幾乎全國的人，都著了迷一般。說是學生幼稚或者基層群眾不明真相可以理解，為什麼像江城這樣的高級幹部，還有比江城的資歷更深職位更高的幹部，也都一樣狂熱呢？

說到底，這一切還是緣於對最高權力擁有者極大的恐怖。文革之前的多次運動已開先例，誰要落入運動的陷阱，就是萬劫不復。所以文革一來，誰都得使出全身解數，千方百計躲過政治運動的千鈞棒。這點我在江城家閒住時感受最深了，他家的客廳裡經常聚集著來訪者，客人幾乎全是在歷次運動中挨整的人，還有一些同情和支持者。對自己遭受不公正待遇的根本原因，他們都心知肚明，可沒有一個人敢說出來。大家都清楚在這敏感話題上，不能越雷池半步，否則將罪加一等。就是這樣的人，還要一再表明自己對黨、對領袖的忠心，有人甚至還想從最高權力那兒分一杯羹，作為生存發展的資本。

我從他們的話裡看到內心的緊張，因為打倒過他們的那些人，正虎視眈眈地站在對面，一刻也未放鬆過對這些曾是他們獵物者的監視與警惕。整人的人對自己的作惡和後果，是很少會省悟的。他們要牢牢守護好既得利益，還希望獲取更多！那必須依靠最高權力者手裡的千鈞棒，這也是極左派們必然的選擇。不過，高層和領袖的千鈞棒也是一柄雙刃劍，運動連年時，昨天一些人還紅得發紫，今天就被打倒了。一邊整人一邊挨整的現象屢見不鮮，所以極左派對領袖的權力也是高度恐懼的。如此看來，當時兩派都拿毛主席語錄打仗就不為怪了，切身利益才是永久的動力。

我參與了江城那個司令部的種種活動，也是出於切身利益。我有的不是對權力的欲望，但就安徽情況來說，我希望在反右、反右傾運動中被打倒的幹部掌權。往大處說，安徽的百姓們日子要好過一點，具體到我個人，也許可以早日獲得自由，拋掉頭上的鐵帽。我知道希望渺茫，甚至不可能。連續不斷的運動只會使左派更左，哪裡會有右派的好日子。但我還是相信，抗爭一番總比任人宰割好，何況道義和民心還是在我們這一邊的。

那時整個社會上已經淪入無政府狀態，工廠停工，學校停課，機關幹部也無公可辦。如此才會有那麼大規模的混戰。江青文攻武衛的指示一下達，各地武鬥就開始了。江城畢竟是書生，所謂造反也就是表達一下對時局的看法，反擊極左派重新整人。看到兩派群眾居然動刀動槍了，他感到問題嚴重，憑一個老革命的良知，他認為運動不能這樣搞下去了。

這裡我也無須為他洗刷參加了造反派的經歷，但有兩段重要史實不應被遺忘：一是武鬥風聲正緊時，江城和「省暨市司」的主要成員沒有參加武鬥，還準備赴京向中央彙報，希望平息安徽的混亂形勢。進京未果，不久就宣布司令部停止活動，後來也宣告解散了；二是運動後期革命委員會成立時，安徽P派參加造反的幹部如劉秀山、程明遠等，下場都極慘。有的幹部被抓進鐵籠裡站著遊街，有的被硬拔掉頭髮鬍子；還有的被判了刑。這些幹部本來也是受過冤屈的人，造反初期和江城他們言行相近，只是後來走遠了，得到不同結局。江城因為較早停止了活動，他還是安徽省革命委員會結合的十位領導幹部之一。雖然G派造反派竭力反對這件事，據說後來是周總理有話：「江城當個委員還是可以的吧！」這才得以通過。

五、北京解圍

再說當年江城進京未果，但以此為契機，中央高層對安徽局勢作出了指示。說起這件事，我還有親身經歷。合肥開始武鬥時，江城的司令部不參與，我已無事可做。這時蕪湖醫院仍未開診，趁這空擋，我隻身到北京閒逛去了。這是我生平第一次參觀首都北京。

我先找到蕪湖P派造反組織「蕪湖聯總」在北京的住地，弄到了一張地鋪，這裡又保證了我每天有六個饅頭的供應。接著我買了張二手月票，開始在北京逛來逛去了。我幾乎玩遍了北京的名勝古跡，真是享了文革的一次大福。除了遊覽，我也到處看大字報，當時全國各地各派都將大字報貼到了北京；在首都我也買到了各種小報、小冊子，還真收集到不少好東西。

例如，我買了一本外交部系統造反派編印的小冊子《陳毅黑話集》，看了之後真是熱血沸騰。這哪裡是什麼黑話？全都是金玉良言，擲地有聲。陳老總一身正氣的人格形象躍然紙上，其中有許多精彩段落，令人忍俊不禁。這種所謂供批判用的反面材料，比正面表彰的文章更有說服力，它也引起我對文革和造反本身的思索。我還買到一本名曰《討瞿》的書，在這本討伐早期共產黨員、革命家瞿秋白的書裡，我讀到瞿秋白就義前寫的〈多餘的話〉全文，從而也知道了一點革命的複雜性。

忽然有一天，江城屬下一個叫劉長華的人找到我，只見他行色匆匆衣履不整，看上去非常焦急的樣子。他說江城一行六人準備來京，向中央反映安徽情況；途經蚌埠，被蚌埠工總夏大富等人扣押起來了。劉長華自己是泅渡淮河跑掉的，他趕到北京找我，說要緊急營救江城一行，遲了怕有危險。

我一聽也急了，可怎麼救呢？給周總理發電報吧，虧我們想得出，還有這個膽子，不知天高地厚。我們真的到了位於西單的中國郵電總局，這裡居然可以發郵遞電報，任你寫多少字，只收一封平信的郵資。我倆先向總理報告江城等人蚌埠被扣，請求中央指示放人。接著，我們簡要說了安徽當前的形勢和江城等人的意見和要求。說是簡要，也寫了幾千字。電報發出之後，我們依然不安，心想總理那麼忙，能看到我們兩個小人物發的電報嗎？

我們不放心，兩人又一同到了京西賓館，要求面見安徽省軍管會副主任廖成美將軍。填好登記表交給傳達之後，我也不敢相信會起作用；未想到不一會兒廖將軍的祕書冷同志出來接見了我們。冷祕書問清情況後對我們說，他會負責，立即向將軍彙報，並和總理辦公室聯繫。他要我們第二天中午再去聽消息。

到了第二天中午，我們過去了。冷祕書對我們說，總理辦公室已經收到我們的電報，他們請示總理後給蚌埠工總打了電話，江城一行人因此已經獲釋。中央指示說，安徽情況中央已經瞭解，江城他們可不必來京。現在江城他們已安全到滁縣休息了。我們得知此情，這才松了口氣，我內心對敬愛的周總理充滿了崇敬之情。

在北京混了兩個多月，那真是多事之秋。我看到北京城裡鬥劉少奇，鬥陳毅，鬥譚震林，鬥蕭華；又看到中央文革裡王力、關鋒、戚本禹的垮臺。我還在工人體育場各省造反派幾萬人大會上，遠遠見到了周總理。看到總理憔悴消瘦的身影，我還真的感到心酸了。我們這些外地造反派，個個都有光榮任務，革命口號喊得震天價響，人人聲稱自己是毛主席的好戰士，又有幾個人真的在幹革命？好多人還不是在漂亮口號的掩飾下遊山玩水，包括我自己在內。我感到社會不應該再這麼持續混亂下去了，我們還是聽總理的話，回原單位去抓革命促生產吧！

我先回到合肥，也把自己在北京的見聞和想法告訴了江城、鮑剛等老幹部。而江城他們從蚌埠被釋放回來後，已經停止了活動。接著，他們正式向外界宣布司令部解散。由於中央的直接干預，武鬥消歇下來，蕪湖那邊醫院已經開始接診。我也離開了合肥，回到醫院上班了。

文革中在合肥和北京這一段經歷，我以後很少談起。我只是以江城友人身分，在幫他做點我該做的事，也是我自覺自願的。這些事的功過是非，現在再談已沒有意義。只是在十年浩劫中，安徽省曾經有過高級幹部走到前臺，參加造反活動一事，這在全國可能也是獨一無二的。雖說我瞭解的只是一部分，我認為也有記錄下來的必要，可以給後人研究文革提供一點資料。為什麼呢？因為現在一提造反派，給人們印象總是打砸搶；這些人都是無惡不作的暴徒。如果有幹部造反，那一定是像上海馬天水之流，投靠四人幫充當爪牙，謀取私利。還有的幹部參加造反，無非就是些文化水平不高容易受到蠱惑的工農幹部。我要說，這幾類人確實有，但造反派幹部不全是如此，起碼我知道的江城等人就不是。

江城和張愷帆等人應該算是那個時期的貶官或曰「貳臣」的代表人物，在封建王朝，歷代貶官大體上都是為蒼生說過話的，他們也不例外。江城一九五七年因反曾希聖農業三改而罹難於前，張愷帆一九五九年因在無為放糧，解散食堂，廬山會議上被最高領袖點名而罹難於後；他們都是為百姓疾苦而呼籲的共產黨幹部。一九六二年中央七千人大會後，他們得到平反，但此後一直受到壓制，不被重用。文革期間，為了大批受難者不致再次蒙冤，他們拍案而起，絕非一時衝動。他們在文革中的言行，從某種意義上看是代表了正義的聲音，不能以被汙名了的「造反派」一標籤一概而論。

我在江城家裡見過不少人，幹部裡有省長、副省長、廳局長等高官，也有普通幹部；來訪者還有一些是造反派（P派）的學生頭頭。我很關注他們之間的談話，但感覺只有學生才談什麼路線形勢的大道理，而幹部尤其是領導幹部們最關心的還是自身命運乃至省市機關的狀況。因為大家是在閒談，所以沒有什麼顧忌，倒說出了不少問題的實質。比如說安徽幹部隊伍的混亂和辦事的低效率，根子是在曾希聖的專制獨裁和黨同伐異。他們認為，解決安徽問題主要還是要靠發揚民主作風，廣開言路，早日結束幹部派系之間的明爭暗鬥，為百姓幹點實事。這些本應是常識，但他們平日真還沒有機會表達，倒是藉著「造反」才能一起說說。

在合肥蹉跎一年，我和江城一家相處甚洽，還結識了許多新朋友，爾後幾十年我和他們都是守望相助的。

六、揪入牛棚

離開合肥後，我回到蕪湖地區醫院上班。不久，文革的又一個戰役「清隊」（清理階級隊伍）開始。感覺醫院又要藉機整人了，我還是那個原則，晚一天被揪出來總比早一天好。為了逃避運動，我主動要求下鄉參加巡迴醫療。

我去的是一個極度缺醫少藥的邊遠地區，這裡的公社衛生院設備簡陋，瀕臨垮臺，可病人很多。我們去後立即開展工作，迅速打開了局面。後來這裡不僅收治本公社的病員，連鄰近鄉鎮的病員、尤其是危重病人，也都集中過來了。在這裡，我是名符其實的全科醫生；婦產科醫生離開後，我還得做婦產科手術。工作緊張，甚至晚上也有病人過來，我真是日夜操勞了。

當我在這裡忙得不可開交時，突然有一天，蕪湖醫院的兩個醫生從天而降。一個是小兒科醫生戴敬，一個是皮膚科醫生戚鐵柱。只見他們倆頭戴笆斗帽，手拿水火棍（一種紅白相間的棍子，是群眾專政的標配），說是奉醫院軍宣隊和工宣隊之命，要把我從鄉下揪回去批鬥。我現在的罪名是：「沒有改造好的右派分子企圖翻案」。一路上他倆就像電影《林沖》裡的解差董超、薛霸一樣，提著水火棍跟在我這個現代林沖的身後，就差給我頭頸上戴枷了。這樣子我覺得有點悲壯，也有點滑稽。我心裡並不十分恐懼，因為這是意料之中的事，而且還算來得比較遲了。像我這樣的所謂老運動員，文革中又上躥下跳；如果清隊一開始就拿我當活靶子，那我就會多吃許多苦。也有人說早就要揪我了，實在是我的工作成績有點超常了，院裡個別掌權者有點溫情主義，對我的揪鬥才延擱了一些時日。的確，我離開後，醫院裡派了兩個人下鄉，一位是外科主要技術骨幹，再加一位畢業數年的內科醫生，這才頂下了我承擔的全部工作。

也多虧了這一拖，就到了一九六八年初。鬥人的和被鬥的都已經疲勞，對我的鬥爭多少有點走過場的味道。鬥了幾次我就被關進醫院「牛棚」裡去了。雖然最終我未能逃脫批鬥掛牌低頭認罪，也一次又一次地寫檢查過關，畢竟躲過了清隊開始時的殘酷階段。在所謂「牛棚」，我被反鎖在小房裡，關了兩個多月；大小便都要報告，還得有人跟著上廁所。每天不是監督勞動就是挨批挨訓，完全失去自由。關監獄還要辦批捕手續，由公檢法來執行，而機關裡的牛棚關人太簡單了，啥手續也不要，說關你就關你，你不服能咋辦？

從牛棚放回科室後，我給一位愛讀書的謝護士遞了一張小紙條，上面是一首我寫的〈自悼〉（集句）：

一帽蓋定壯圖空，（郭沫若：〈悼北伐將士〉。易一棺字）
年華如水水流東。（瞿秋白：〈自悼〉。）
月明霜冷人何處，（何香凝：〈悼廖仲凱〉。）
始悟人間直道窮。（魯迅：〈悼范愛農〉。增始悟二字）

集得有點不倫不類，卻也表達了我在獄中真實的心情。

這年我已經三十多歲了，還是單身王老五。如果我已經成了家再有了孩子，會給他們帶來多大痛苦！單身有苦惱，也有自在。

當然這只是在挨鬥和關牛棚時的想法，一旦重新開始生活和工作，我還是特別渴望能有一個家，有自己真愛的妻子和孩子。我是一個生理上心理上都完全正常的人，自然想過上正常人的日子。只是在婚姻大事上，我也不願將就。十幾年來，我見過許多難友草率的婚姻，我理解他們，但不願仿效。我那場耗日持久的戀愛，當時依然是若即若離，不過已經是即少離多了。人海茫茫，不知我命運的小船可以停泊的港灣在哪裡？

清隊工作還未結束，新的革命任務又傳達下來。那時衛生戰線的革命目標之一是「砸爛城市老爺衛生部」，在震天動地的口號聲中，軍代表傳一元一聲令下，我們這家有近五百張病床的中等城市醫院，頓時一片死寂。全院五百多職工分批定點下放，我屬於第一批下放者。在皖南山區的一個公社醫院，我當了十年的鄉村醫生。

第六章　姻緣聚散

一九六九年五月，我到了這家公社衛生院。這裡交通閉塞，缺醫少藥的情況特別嚴重。我在重執聽診筒的同時，又拿起了手術刀。在這裡，我是全科醫生，我竭盡全力，把一個公社衛生院的工作推向極致，做了很多鄉村醫院本來做不了的事。鄰近公社每年都有一批人死於有機磷農藥中毒，而我所在的公社沒有死一個人。後來我上調回城，這裡所有搶救危重病人的工作，包括各種要進入到腹腔的外科、婦科手術均告結束；恢復了之前那個普通公社醫院的治療水平。所以有人說是我一個人在那兒撐起了一方天，雖然過譽了，也不全是虛飾之詞。

可也是在這裡，我落入人生的低谷。我不得不忍受最貧困的生活，精神上承受了巨大的壓力，甚至經歷了前所未有的恐懼。我在這裡找到了愛情，建立了自己的小家庭，也是在這裡最終失去了她。這是我永遠的心痛，要不是想要將自己經歷的苦難完整地記錄下來，也對自己的子孫有個明白的交代，我實在不願舊事重提。我不希望傷害任何人，這也正是我遲遲不願動筆的原因。

一、相愛成罪

到這個小鎮後，我住在公社衛生院下面一個只有三、四個人的醫療點上。那個點相當於一個大隊的衛生室，當天我就認識了一位姑娘。

這是一位來自城市的知識青年——文革期間大學停止招生，所有的初中和高中畢業生都被動員下鄉，到農村勞動，美名其曰「接受貧下中農的再教育」，這些學生被統稱為「知青」。

這位女知青所住的知青點與我是一牆之隔，這個點上有兩個女孩，另一位是本鄉的知青回來參加勞動的，她則是來自大城市合肥。她父親是安徽省作協的主要領導者之一，寫過如《還魂草》等名重一時的小說。他在文革前就挨批挨整，接著被下放到農村一年，說是「掛職鍛鍊」，實質上也是變相流放。對一位盛年作家來說，離開鬧市到這個風景還算優美的小山村閒住，本來也不一定是壞事，問題出在家庭難以安排。幾年前，他們夫妻離異，四個孩子中的兩個小的隨了母親，而兩個年長的小姐妹則隨父親生活。姐妹倆年齡相差一歲，那時還在讀初中。接著他續弦了，女方也有一個年齡相仿的孩子。平日他在家時，還可周旋應付；一旦他長久離開，繼母與女兒們可能發生矛盾。想必也是無奈，他讓兩個十幾歲的女孩隨他一起下放，在公社中學讀書。幾年過去，他自己掛職期滿，回到省裡；可兩個女兒卻留在農村了。

他這樣安排確實也是自己有難處，若干年後我和他面臨了同樣的處境，箇中滋味不足與外人道。

再說作家的那兩個女兒，她們初中畢業，文革開始，學校就停課了。她倆也跟著同學們一起串連造反，東遊西逛地混了幾年。一九六八年底，姐妹倆作為首批知青，分別下放在父親掛職的附近兩個公社。

到農村後姐妹倆的處境就不一樣了，妹妹小時候曾被送去蘇北射陽鄉下，由祖父母帶大，她熟悉農村的情況，生活自理與勞動的能力都很強。而姐姐一直在大城市生活，這方面能力就比較弱。這本屬平常，城市知青在鄉下都有一個適應過程，只是她個性敏感，兒時生活環境優越，父母離異後境況突變，幼小的心靈受到傷害。父親續弦後繼母帶來自己的孩子，對她的關注不復從前，也讓她感到失落。長期生活在這偏遠的小山村，前途無望，勞動負擔也重。一個年僅二十歲的體弱女孩，面對這些重負，實在力不勝任。

也許在父親看來，孩子已經成年，可以自立了。但他不知道，他有一次過門不入，讓女兒感情上受到沉重打擊。這位父親從合肥乘客車去皖南某縣看望她的繼母，女兒住處的門前不足三米處就是汽車站；汽車到此也確實停下了。女孩說，那會兒她正在門前，坐在車上的父親也一定看到她了，他居然未下車，也未說一句話；甚至是望也未望一眼，就坐車走了。女兒下放時是父親來安排的，小鎮上人都認得他，誰也未想到他會過門不入，連車也未下。她因父親的不聞不問而傷心，也不知今後還能否回到城市。在這種茫然的心境裡，她也沒有動力去出工幹活，連吃飯也是有一頓沒一頓的。衣服換下後也堆在那裡不管，可以說對生活完全失去了信心，過一天算一天了。

她這樣渾渾噩噩地過了半年以後，我成了她的鄰居，十年的姻緣也從此開始了。

按說，她的家庭悲劇、被冷落的處境和生活、勞動的困難，似乎和我沒關係。反右以來十幾年，我經歷和目睹的苦難已經太多了。可偏偏這柔弱的少女成了我的近鄰，可以說是剛落腳就認識了。不久我就為她心動了，為她的哀怨無助，也為她的聰慧美麗。尤其是她那國人少有的淡橙色的眸子，裡面有太多的憂傷。我們都是被社會拋棄的人，命運使我們在這寂靜的小山村偶然相遇，我們有著共同的文學愛好，也同樣地憤世嫉俗……這一切都使我離不開她。可以說我們是一對真正的曠男怨女了，又都年輕，能不衍生出一些故事嗎？這裡有情有愛也有欲，在我來說，也還有一點憐惜、道義和責任吧。其實，僅一個愛字就夠了，要不然文君私奔張生跳牆，怎會是千古佳話？我們感情充沛，又都是在文學的海洋裡浸淫過的血肉之軀，什麼市俗的門當戶對，什麼時間與環境的不合適，都走開吧，我們有愛的權利！

就這樣，我們明目張膽也有點稀里糊塗地相愛了。一系列的傳聞也開始發酵，有說這是摘帽右派與黑幫子女臭味相投，有說這兩個都是「老下」（*從城市下放到農村的人）不幹活，在一起鬼混。還有說我攀高枝，甚至說我服侍不了嬌小姐自討苦吃。也有知情人說，她父母已經離婚，都不管她，她在農村撐不下去，需要有人援手。

作為朋友，我倆確是惺惺相惜，情投意合。但在外人看來，我們並不般配。女方出自名門，父親是省委書記點了名的文藝黑線作家；我們雙方的年齡、性格也有很大差距。世俗的非議和彼此的差距，我們雙方都有感覺，可是我們還是共同跨過了那道紅線，就算是情不自禁吧。不是有人說，唯有錯位的婚姻才會演繹出纏綿悱惻的故事嗎？回首往事，現在我要說，如果我是旁觀者，或許這是不可多得的創作素材；可是作為當事人，我們受到的傷害太大，哪裡會有以傷痛娛人的心情？我只能說說當時的親身感受，因為許多事和錯劃右派有關，至於只屬於家庭的瑣事，就不說了。每個人都有不該說的事，不該說的就永遠別說。

我們同居的事被公開之後，首先遭遇的是政治壓力。那時男女雙方共同生活必須首先領取結婚證，非婚同居就會被當做生活作風問題，甚至是流氓罪。可是當時我們要求過結婚登記，也寫了結婚申請書，而縣裡的知青辦公室就是不同意。其中還有一個原因是，縣裡分管政法與知青的第二書記從中作梗。他們先是把我倆分別晾在一邊，弄得我們十分尷尬。我們多次催促，有關部門就是不辦。我們未成年嗎？有病嗎？有過婚史嗎？近親嗎？都不是！摘帽右派不准結婚？下放知青不准結婚？我們違犯了憲法和婚姻法的哪一條？也都不是！那為什麼不准婚姻登記？不為什麼，根據上級指示就是不給辦。

有人會說不辦就不辦，結婚證不過是一紙契約，沒什麼大不了的。一起共同生活幾十年、乃至兒孫滿堂的人，未辦結婚登記的多著呢。還能把你們怎樣？是的，然而，現在的人想不到，他們拒絕為我們辦婚姻登記，正是為了把我往死裡整，而且其用心險惡，手段卑鄙。

我這邊，公社先把我調到外地的水庫工地上，不讓我和她繼續接觸。然後他們給女方施加壓力，幹部說我是摘帽右派，破壞上山下鄉的革命運動。他們說她受了矇騙，要她檢舉我，還承諾給她安排工作。這一招不能說不高，可惜未能得逞。她果斷地回絕了誘供，並明確回答說，我們是真心相愛，而且有愛的權利！

這些一心整人的人，碰壁之後並不死心。他們把她調到一個勞動強度最大的生產隊，妄圖拖垮她。與此同時，居然也有司法人員來到水庫工地，找我做什麼筆錄，好像我已經有案在身了；這令我十分憤慨。

從我所在的城市和原單位，也傳來各種口風，無外乎是我又犯了什麼大錯，要被怎樣處置。眾口可鑠金，積毀能銷骨，一場大禍已經在等待我了。

那一階段，也正是我工作最繁忙的日子。我從水庫工地回來後，趕上公社痢疾大流行，病號特別多，連公社醫院的醫護人員也都病倒了。接連多日裡，我幾乎是日夜工作，又當醫生，又當護士，有時還要兼職發藥和收費。那時沒有一次性注射器和輸液管，我常常是一邊看病一邊打針，一邊還得洗針煮針消毒。偶爾還得主刀，做外科婦科手術，一時真正是全五行，八面出擊了。

從工作任務和發揮才能來說，那是我的黃金歲月。我拿著最低的工資，月薪才三十四元，只是醫士職稱，卻在超負荷工作；無論是技術難度還是勞動強度都沒有讓我卻步。有些危重病人如中毒性菌痢、暴發性流腦、休克性肺炎等，在城市大醫院裡死亡率也很高，我都在這簡陋的鄉村醫院搶救成功。在鄰近公社，每年都有許多社員死於有機磷農藥中毒，而我所在公社沒有死一個人，包括幾位已經呼吸停止的病員，我都搶救成功了。這一切對一個普通醫生來說，真是最大的安慰了。

但是，我如此辛勤勞動，也取得了突出的成績，卻連結婚成家的權利都要被剝奪，天理何在？究竟是誰在和我過不去？公社幹部、大隊頭兒，大都是我的朋友，我給他們幹了許多實事，他們是不該也不會以怨報德的，那還會有誰呢？

謎團很快就解開了，原來，背後操縱這一切的，正是我在文革中得罪的高幹夫人。在批鬥會上，她當場記下黑名單，被群眾揪上臺，我當眾要求她跪下認罪。這次可算是冤家路窄，她的丈夫調到這個縣任二把手，具體負責政法和知青上山下鄉工作。她終於有機會報復我了，當得知一位女知青要嫁給我時，她到處說，右派破壞上山下鄉，老賬新賬要一起算。經她這麼一炒作，似乎我的事已經成了鐵案，就等著嚴辦了。

她造的輿論，當然會有人轉告我。我知道後心情十分不是味兒，有幾分厭惡、幾分憤懣，也有幾分恐懼。

我恐懼什麼？還是因為右派嗎？有一些關聯，但不是主要原因。原因在於，當時據說有一個中央十一號文件，文件上寫的什麼我未見到，聽說是打擊那些利用手中權力迫害侮辱女知識青年的人。現在可以從網上查到，一九七〇年五月十二日，中央發出了一個二十六號文件。這就是以中共中央名義轉發的國家計委軍代表關於〈進一步做好知識青年下鄉工作的報告〉。據「華夏知青」網頁介紹，「為什麼是國家計委的報告？因為當時知青工作已歸口國家計委管理。為什麼是軍代表行文？因為當時國家計委處於軍管狀態」，其中有這麼一條：

凡是強姦下鄉女青年的，都要依法嚴懲，對女青年進行逼婚、誘婚的，要堅決進行批判鬥爭。幹部利用職權，為非作歹的，要撤職查辦；包庇慫恿違法犯罪分子的，要給予嚴格的紀律處分。

我的婚姻居然和這個文件扯上關係了，然而，我不過是一個下放醫生，手中有什麼權？怎可能「利用職權，為非作歹」？我們是兩情相悅，又怎麼談得上逼婚、誘婚？我哪裡迫害侮辱了她？

然而，從整人者的角度來看，我們確實是大逆不道了。兩人居然不請示領導，不開單位介紹信，甚至還沒有辦理結婚登記，就男女同居懷孕生子了。女方正好是知青，男方還是個摘帽右派；這豈不是階級鬥爭新動向嗎？如不嚴厲打擊，怎能顯示無產階級專政的強大威力？

想要整我的這一對權貴夫妻，他們的心腸我是略知一二的。女的不用說了，男的也是縣裡黨政要員，有一年帶隊下鄉搞四清運動，把一個賣油條的農民打成反革命。可憐農民賣一根油條，也才不過賺一分錢。以後落實政策時，一位工作組員提出應為農民平反；他卻說，那時黨的政策就是如此，他是執行政策，這沒有錯，完全不必平反。想想看，我當時的命運就掌握在這樣的人手裡，能有好結果嗎？

得知這個情況，我們一齊下放的兩位老醫生對我說，那個女幹部正住在縣裡，你考慮一下，是否到縣裡登門求求情。過去的事畢竟過去了，上門說幾句軟話，可能會起點作用；老拖著總不是事。

我感謝兩位老醫生的好意，但我已下定決心，寧願坐牢也不去求情。這不是我是否對錯，關鍵是他們能對我動惻隱之心嗎？再說我見到他們，先把自己臭罵一通？說他們整右派都是為國為民？說左派英明右派當誅？說我們沒有權利相愛……掌權的老爺太太們，你們想怎麼辦就怎麼辦吧，我就在你們眼皮下面等著！

我那時也真是想到了絕處，如果一定要下地獄，就讓我下吧！反右以來我見到多少難友的無辜死亡，有的只為一小塊帶泥的山芋頭，有的什麼也不為。我要是倒下了，總還是倒在爭取個人自由的路上。右派怎麼了？右派也是人，也是血肉之軀，也要為自己爭取幸福。哪怕要以生命作殉，我也決不後悔！

很長一段時期，我都在靜待厄運來臨。我的心情十分複雜，難以描述，我只是更深切地體會到專制的可怖和自由的寶貴！

這件事是什麼時候有了轉機的，我一直未弄清楚。有人說因為我還是原醫院的在編人員，醫院不同意處分我。有人說是地區管上山下鄉的負責人，反對把我們的戀愛和什麼十一號文件扯到一起，退回了縣裡上報的材料。還有人說主要是我工作出色，這功績「贖」了我的「罪」。眾多說法中，後一種令我略感安慰。儘管我無罪可贖，但在這樣的情況下，至少說明了外界對我的認可。

不管是哪種原因起了作用，危機總算過去了。整人者雖然沒能把我送進監獄，公社還是給了我一個處分：開除留用，只發月生活費三十元。

對此我已經無所謂，什麼開除留用，我從劃右派起就被開除過了。

二、貧賤夫妻

風波總算過去，這過程中的流言、羞辱和威脅，無時不在傷害著我們雙方，使我們的內心備受折磨。但我們總算是一起挺過來了，接著，我們也拿到了結婚證，這個家庭也算是得到法律的認可了。

冷靜下來，我對這段感情路也有所反省。我們在特殊的環境中相愛，但我的處理方式未必恰當，由此招致的麻煩太多了。最現實的是，她還很年輕，還需要讀書，她要有立身於社會的一技之長。

我們不是糊塗人，也不是事後才想到後果。在那個年代，輿論對非婚同居是很嚴厲的。我們既使兩情相悅，也得要有所克制；或者說更理智一點。可是事後說這些又有什麼意義呢？我不止一次地反問自己，如果時光倒流，又當如何？結論依然只有一個，我還會這麼做。為的是人間少有的那份真情，也為她的哀怨、無助和美麗。只不過我可能不會這麼草率，會選擇時間和場合。儘管如此，這依然是我們兩人之間的事，不容外人置喙，更不應該受到打壓和懲治。這難道不是政治迫害嗎？如果我不是個摘帽右派，他們包括一級政府部門會對我這樣嗎？

我告誡自己，作為一個男人絕不能趴下！我想起了詩人歌德的一句話：「任何事情，希望總比絕望好。因為，誰也無法預測可能的界限。」我尚有薄技在身，一生待人寬厚；怎會無路可走？怎能被這現實壓垮？我要面對困難，一步一步往前走。

過日子是實實在在的事，空想於事無補。以前我是一個人，工資雖低也夠吃穿了。而現在我有了妻子，孩子也很快出世了。這時最現實的問題是，三十元的月薪，要維持一家三口的基本生活。這困難是點點滴滴的難，令我絞盡腦汁，有時也要獨吞苦果。我們沒有到食不果腹、衣不遮體的地步；我畢竟還是一個受鄉民尊敬的醫生。我想使我的家人活得體面，不能讓人小看了。孩子在一天天長大，我不能讓他在物質上和精神上受一點委屈。

那時的我，無論政治上還是經濟上，都是在社會底層。但我也知道，妻子不是個庸俗的人，她看重的不是這些。儘管如此，她畢竟年輕嬌弱，個性敏感，多少也有點病態。我要求自己竭盡全力，為妻兒撐起一頂大傘，把我的嬌妻幼子罩著。我不僅要保護他們，還要讓他們感覺到我的價值，並且為我的理想和工作能力而驕傲。

這些話說起來輕巧，做起來實屬不易。一分錢掰兩半用還是一分錢，柴米油鹽少一分也買不來。俗話說一個錢難死英雄漢，我對這種窘迫十分熟悉。

我還記得，有一次外甥要我給他買冰棍，我竟不願掏這三分錢。二十多年後，我在廣州的《羊城晚報》上發表過一篇短文，真實記錄過此事，現抄錄於後，可見當時手頭拮据的程度。

一客冰淇淋還一根冰棍

冰淇淋叫一客一客的，這是大城市的叫法，是西餐廳麥當勞的叫法。家鄉一帶一直叫一支一根的，奶油雪糕一支五分錢，香蕉冰棒一根三分錢，就這三分錢一根冰棍，我也有買不起的時候。

去年外甥小鳴路過廣州，我倆去麥當勞撮了一頓。我給他叫了一客霜淇淋，外甥懂事，只要了一份十元的。望著外甥吃得有滋有味，我心中漫起一股無言的酸楚。二十年了，我總算還了你一筆債。

一九五七年罹難後，我和所有右派一樣艱難度日。七十多歲的老母親跟著妹妹過，老人家為我當右派哭乾了淚水。但她總是鼓勵我，說日子會慢慢好起來。可我一直不能給媽媽帶來一點好消息，直到媽媽去世。

有年夏天我去看媽媽和妹妹一家，每天下午我都去幼稚園接外甥小鳴。那年天氣特別熱，回來的路上，我照例要給他買一根三分錢的冰棒。未想到那天買的冰棒品質差，剛進嘴就化了；還有一大半摔到了地上。小鳴馬上就哭了，非要再買一支。這合情合理，可我大窘了。我向孩子撒謊說未帶錢，回去再買。

那天小鳴也特犟，非要買不可。我只好連哄帶抱，抱他回了家。他到家還在哭，一身是汗。母親聽說這事，找出了三分錢，給他重買了一根了事。她又順口說了句，你給他再買一根不就沒事了？看把孩子哭的。我再次大窘，無言以對。

我被錯劃右派後，這是母親對我唯一的一次責備。她只是輕輕地說了一句，卻似重錘一樣叩擊在我心坎上；令我狼狽，也很難過。

其實當時我身上帶了錢，而且有四塊一毛錢。可是這點錢我是精確計算過的，一分錢也不能動，它是我預備的回程路費：

我從妹妹的家到馬鞍山火車站，公交車有四站，票價五分錢。這錢我可以節省，早點出門走四站路就可以了。

馬鞍山到蕪湖，火車票八毛錢。再從火車站坐車到長途汽車站六站路一毛錢。這一段我要支付九毛錢。

如果我只坐四站下車的話，可以買五分錢的票；但省那五分錢，就可能誤了每天只有一班的長途客車。

儘管我工作幾十年的醫院就在蕪湖，那裡的同事熟人很多，但我依然不能在此停留。蕪湖再到涇縣榔橋，汽車票需要三塊兩毛錢。前面支付的九毛錢加上這裡的三塊兩毛，共計四塊一毛。

所以我說，這錢是一分也不能動的。

到了榔橋，我還沒有到家。從那裡到我下放的浙溪馬渡橋，還需要坐農村的班車，一般是八里路一毛錢。這錢歷來我不花，都是步行。長途火車票、汽車票，這些都是硬計劃。只有從蕪湖火車站到長途汽車站的那一毛錢的公車票，還有一點機動餘地。因為這趟公車特別擠，常常有很多人蹭票，也就是不買票蒙混；或者是只買五分錢的車票，一路坐到底。

那天外甥在我懷裡又哭又鬧時，我真想動用這一毛錢「機動」款。可是咬咬牙，還是未動。我在心裡說，孩子，對不起你了，長大了你就會明白。任何時候，一個人都不能越過那做人的底線。

我內心的精打細算，母親、妹妹一家人一直不知道。其實也可以通融一下，先用我自己的錢，再從母親或者妹妹那裡拿一點補上；但我沒有這麼做。不是因為他們拿不出這幾分錢，事實上在我最困難的時候，他們給了我很多幫助；我只是不想讓她們尤其是我母親知道，我是如此的捉襟見肘。如果母親知道我每次回去，一路上都是不吃不喝時，老人家會很傷心的。一個男人牙齒打碎了，只能往自己肚裡吞。

現在想來，當時是多麼狼狽啊。醫生這個職業，即使是在鄉村，也不難過上殷實的生活。為何我如此窮愁潦倒？這全不是因為我不擅精打細算，而是社會不公。反右之後，我的工資已經很低，多少年才盼到一次的加工資，不但未加反而又降。公社幹部都知道妻子是知名作家的女兒，讀書很多，農村又極缺教師，有的代課教師只有小學學歷；可是她卻謀不到一個代課教師的職位。我覺得自己只是被利用，被榨取勞動，以全科醫生的本領超負荷地為農民服務；無論我內心感到多麼不公平，在現實中卻是無法找到其他出路。

就是在這最困難的時刻，我們的第二個孩子出生了。這對我們已經是極其困難的三口之家，無疑是雪上加霜。我的確也是走投無路了，只得把親生骨肉送給別人。這是我們永遠錐心泣血的傷痛，我永遠對不起這個孩子……我實在沒有力量，再細述這人間至痛的傷心往事了。唯一感到安慰的是，任姓夫妻為人忠厚，視孩子如己出，一家人相處得很好。在此，僅向他們致以真誠的謝意！

三、曙光在前

以後的路依然艱難，一家人一月三十元，只能向農民看齊。他們種菜我也種菜，他們養雞我也養雞。我甚至和一位醫生合著餵養了一口豬，春節前殺年豬時，我們也和鄉民一樣，熱熱鬧鬧操辦了一下。我請來我培訓過的赤腳醫生和鄉親好友，我們大塊吃肉大碗喝（米）酒，也是苦中作樂吧。

在醫院裡，我一如既往，盡力營造一個寬鬆和諧的工作環境。我畢竟是技術尖子，只要我注意尊重別人，為他們擔點擔子，無論是低年資的醫護人員，還是沒有受過正規醫學教育的醫生，他們都對我很好。

醫院以外，從公社到基層我有很多農民朋友。那時農村強調階級路線，比城市更蠻不講理，甚至能活活打死階級敵人。我心裡很清楚，如果我一到農村，就擺出低頭認罪的「老實」態度，那就等著挨整吧，阿貓阿狗都能來踹你捏你。我牢牢記住，從頭一天下鄉開始，我就不能輸了這氣勢。我還是國家幹部，我有一技之長，必須先爭取到生存權。我知道農民們是很現實的，對能給他們實質幫助的人，也會真心相助。

我們一家最終是靠農民兄弟走出了困境，有些經歷我終生難忘。就說種菜、養雞、養豬，我是一竅不通；全是小醫院食堂張師傅幫忙。他對我們這麼好，除了熱心之外，還因為我救過他兒子的命。每年殺年豬時，很多人家都會請我們去聚會。飯後，他們總要送我們一些瘦肉，再配些菜蔬，讓我們帶回來。

實際上農民們那時也是很困難的，現在想來我是愧對了農民兄弟了，救死扶傷是我的職責，給我的報酬太低，和他們沒關係。我在農村十年，從不敢怠慢他們，即使離開農村之後，他們有事找到我，我也都會盡力。

人們常說世上沒有過不去的坎兒，幾經磨難我們總算是從坎底爬了上來。妻子終於當上了民辦教師，她熱愛這個職業，工作十分投入，深受學生和家長的愛戴。

我們就這樣生活著，所謂「強移棲息一枝安」吧。我沒有忘記身負的冤案，依然夢想著回到我原先工作的大醫院。妻子尚年輕，還想繼續讀書。她胸中還燃燒著一團理想之火，那就是要成為一個兒童文學作家。然而那時百業凋零，萬馬齊喑，大學早已停辦。我們懷著各自的希望相依相守，在小山村裡過了幾年恬靜的歲月。

從工作的角度來說，我知道鄉村醫生或者教師的崗位也是很重要的，在精神上並不低於城市的專家教授。但從世俗的角度來說，我也清楚我們之間存在著出身、年齡和個性的差異，這種差異可能演變成婚姻的危機。儘管心裡明白，我還是十分珍惜一時的安寧，希望通過自己的努力彌合裂痕，盡力使妻子和孩子過得好一些。

工作之餘，我們還未忘掉讀書，我也嘗試著寫點什麼。記得我為公社的文藝宣傳隊寫過一個劇本《闖路》，這個節目還在縣裡參加了彙報演出。雖說談不上什麼思想性藝術性，但從編劇、作曲、選演員到排練演出，也很熱鬧了一陣子。妻子的寫作能力更強，她寫了劇本《追撘》；縣文化館選中了這個劇本，專門成立了劇組來挑選演員，導演也是專業人員。這個作品代表我們縣參加了地區的文藝彙演，她的劇本也被刊登在專業雜誌上。也正是這一突出的成績，使她後來得到機會，被保送到師專讀書。

那時的所謂文藝創作，強調什麼三結合：領導出思想，群眾提供生活素材，作家出技巧。我倆雖不算專業作家，但在縣裡已經是業餘創作隊伍的熱門人選了。我們也經常被抽調出去，參加這樣那樣的創作會議。要說真的創作出了什麼作品，會叫人笑掉大牙了。在階級鬥爭和無產階級專政的方針指導下，我一個被專政的對象，還能創作出什麼？隨大流說胡話而已。不過對這類活動，我們每次都很熱心地參與其中，一來這是我們沉悶的鄉村生活中一項重要的調劑，二來總會遇到幾位文學愛好者，彼此神聊，相得甚歡；談到興起，甚至也會針砭時弊。我在那時結識了鳳群、張洪爐、朱普樂、季少康等友人，保持了幾十年的友誼。在這些活動中，妻子進入到往日熟悉的文學圈裡，彷彿舊夢重溫；她的創作才華得以施展，也廣受好評。

隨著四人幫的垮臺，文革也告結束。雖說左風仍留有餘緒，我們的日子還是一天天好起來。在此之前，江城夫婦赴徽州地區革委會任職，他們特意繞道這裡來看望我們，還鼓勵我們努力讀書，等待機會。江城也向我介紹了在蕪湖任職的領導幹部潘毅，他說如果有困難，可以去找他。在那個時代，很多事情要靠熟人，托關係。我的確去蕪湖找過潘毅，不過他當時有職無權。這個關係只能說是一點精神安慰，並不能實際地改變我們的處境。

接著是大作家陳登科伯伯和我們有了聯繫，陳伯伯以長篇小說《活人塘》和《風雷》聞名一時；他和我妻子的父親都是抗日老幹部，他們既是蘇北老鄉，又都是省作協的主要領導。兩家人比鄰而居，孩子們一起長大；妻子幼年時得到陳伯伯很多關愛。我也因此瞭解到他的經歷，對他的俠肝義膽和錚錚鐵骨十分敬佩。他和黃梅戲著名演員嚴鳳英一樣，是被江青點名的「欽犯」。嚴鳳英不堪凌辱自殺身亡，陳登科被投入大牢，九死一生。

順便說幾句陳登科和嚴鳳英的事：安徽和鄰近的省相比，各方面都比較落後；就文藝界而言，文革前也就兩項成果受到全國關注，一是陳登科的長篇小說《風雷》，一是嚴鳳英的黃梅戲《天仙配》。要研究一九四九年以來反映農村題材的作品，《風雷》是繞不開的代表作。它在一定程度上反映出三面紅旗給農村帶來的災害，類似的長篇小說，至今也難找出可與之比肩的作品。文革時陳登科遭到安徽省大批判寫作組的猛烈批判，這套寫作班子化名為「安學江」和「皖敬青」，取「安徽學習、敬仰江青」之意，點名真的點到安徽文藝界的死穴上來了。他們殺一儆百，從此安徽文藝界一蹶難以再振。

陳伯伯複職以後，一直關心我們的處境。他想幫助我調回大醫院，也一直鼓勵我們夫妻倆在文學創作上繼續努力。我們閉守鄉村多年，此時真的感到，曙光就在前面，新的生活就要來臨了。

四、各奔西東

說來也真的來了，一九七七年地區師專招生，名額極少，第一輪妻子並未輪上。

幾天後我去馬鞍山看望母親，途中突然接到妻子電報：「贈一名指標」。我知道事情有了轉機，立即趕回公社，幫她儘快辦好各項手續。記得我是借了一輛破舊的自行車，藉著星光連夜趕路。山路上，我一口氣騎了五十多里。從高高的烏溪嶺上，無剎的自行車幾乎是飛下山的，幸好並未出事。

當夜到縣城，辦齊了應辦的手續。不久，妻子高高興興地去師專讀書了。她等待這一天等得太久了，總算等到了……可是無論如何，我絕沒有想到的是，我們的結局竟會是各奔西東。

我知道我們之間存在著差異，在共同生活的日子裡，也一直磕磕碰碰，彼此的傷痕難以彌合。但是，這畢竟是將近十年的婚姻啊。我們曾經兩手空空，幾乎衣食無著，從困境中一點一點營造了我們的小窩，它儘管簡陋卻也不無溫馨。妻子曾說，因為我的呵護乃至犧牲，她才沒有淪為一個庸常的家庭婦女，還依然能保持她的愛好和追求。新的生活正在向我們招手，她卻決定就此別過，我怎能接受得了？

所有艱難困苦，已經過去的情感坎坷，還有浮現在眼前的美好願景，怎會轉眼間成空？我們的孩子，他已經是小學二年級學生了。風雨中建立的小家，怎麼說散就散了呢？不！不！這不是真實的！

那些日子，我心裡充滿了哀傷、沮喪和憤懣。我也做過最後的爭取，但全都失敗了。她的父親，我從未見過面，一直和我們沒有往來；我只好寫了一封長信，將她要求離異的前前後，告訴她視若長輩的陳登科伯伯。我也將這封信抄了一份給她，表示我尊重她，接受這個結局。我明白，合則留不合則去，孩子我願意獨力撫養，毋須她來負擔。我在給陳登科伯伯的信上還說，我和她的關係結束後，就不再給他寫信了。陳伯和他的子女都為挽救我們的家庭努力過，此時已回天無力。

一九九八年十月十二日，陳登科先生逝世後，我曾寫過一篇短文，題為〈從小說《風雷》說到「安學江」「皖敬青」〉。那不是紀念性的文章，而是一介平民的檄文。可能是因為觀點尖銳，沒有一家報刊敢用。文中的某些材料來自我的前妻，借此機會，我寄託了對那段患難情誼的懷念，也表達了對陳登科先生錚錚鐵骨的崇敬之情。

五、揮淚而別

十載親情毀於一旦，是每一個人都難以承受的。我庸人一個，胸無大志；只想一家人過得和和美美，冤案早日平反，此願足矣。而且這美好的景象，似乎已在眼前閃現了。

說這話時已經是一九七八年底，右派改正工作開始啟動。我的摯友陳炳南率先得到平反，我的平反也是指日可待了。我曾經不止一次地設想過，如果我的冤案能早日平反，如果我回到了城市大醫院，如果我的工資能有所提高，住房條件有所改善，能不能挽救我的婚姻？可惜天下沒有這麼多如果，而我也不再是乳臭未乾的楞小子了。我對自己說，以往的那些政治上的驚濤駭浪都沒有壓倒你，再遭遇一次挫折又有何妨？接受現實吧，離就離吧。要說這是阿Q精神，我也認了。

我們是在區法庭辦理的離異手續，庭長是熟人，他把我倆讓進小房間後就離開了。我們兩人不見面已有一段時間了，再次相聚居然是在法庭，真是令人感慨萬千。一時間我和她都無話可說，只見她不停地流淚，淚如泉湧，胸前的衣襟眼見著都溼了，只是沒有一點聲音。我也是百感交集，一時手足無措。僵持了一陣，我最後一次擁她入懷，我輕撫她削瘦的雙肩說，你比我年輕得多，素質比我好，將來必定會成就一番事業。即使退一步，你也會是一個好教師。我一個男人帶個孩子，困難一定很多，我盡力而為吧，儘量不干擾你……

別的我就不知道該說什麼了，也許當時我倆都有一句話哽在喉間，那時誰要脫口而出說，我們一同回家吧！還真不知會出現什麼局面。不過去法庭之前，我是冷靜考慮過的，就這樣分手，雙方還能保留一點懷念，何必要不歡而散、形同陌路呢？

我還記得，在我長達八年的初戀時光，曾寫過不少自鳴得意的愛情小詩。而這十年的婚姻生活裡，我卻一首詩也未寫過。妻子責怪我時，我說我不敢班門弄斧。但我抄了一首普希金的詩給她，說是我們共同欣賞。這首詩的題目是〈無言〉：

我默默無言地坐在你的面前　望著
你迷人的眸子閃爍著奇異的火焰
這火焰卻結合了內心的寒冷　誠然
如果要愛你　這很不智
如果不愛　更是百倍的愚蠢

我這十年婚姻，結論大概就是不智吧。我倆從區法庭簽字揮手一別，悠悠二十餘年矣。時間是療治創傷的良藥，所有的恩怨早已隨風飄散，剩下的只是有時感覺尷尬但也不乏溫馨的回憶。那確是我們的艱難時世，我主觀上希望讓你過得好一些，卻力不從心；讓你跟著我吃了許多苦。在此，我也要對你說聲抱歉。以後我在報上見到過你發表的小說，也看到讀者的評論，我和孩子衷心地為你高興。

聽說你現在生活在中國第一大城市，還在從事你所喜愛的教師職業。我相信你工作幹得出色，也還會在文學創作上有一番成就。至於那難忘的十年，你盡可依自己的心願去評判。只要你過得好，我和孩子們都是高興的。

寫到這裡，我還要告訴讀者，至今我的檔案裡依然保留著當年對我這段姻緣的處分。權力部門堅持認為我犯了錯誤，對此處分既不收回也不改正。有朋友告訴我說，我可以上訴，要求撤銷處分。我說我早已沒那興趣，就讓它在檔案裡待著吧。它還能把我怎樣？哪一天我若化為塵埃，而這份文件依然傳世，那它正好成為一份歷史的證據。有興趣的人不妨翻開看看，在那個政治極度黑暗的年代，曾經有一對男女，僅僅是因為自由戀愛，也招致了如此的懲治。

第七章　峰迴路轉

一九七九年四月，我調回蕪湖，回到原來工作的大醫院。當年七月，我的右派冤案得到改正，二十一年的右派生涯也算結束了。我在給一位作家朋友的信中寫道：「一九七九年改正回院時，我已是滿身瘡痍，心力交瘁」。

這是實情，那一年我已經四十二歲了，身邊還帶著不滿十歲的孩子。雖說恢復了原來的工資級別，可那是二十一年前的級別，月薪四十幾元。我的同學們很多都當上了主治醫師，而我的技術職稱還是最低的醫士。當年在學校裡，我可是公認的學習尖子。儘管如此，我對自己臨床實力和理論功底是有信心的。我相信，一旦回到臨床，用不了多久，我豈止不會比中專同學差；也絕不會弱於全院所有年資相近的大學本科生們。

事實也正是這樣，我專業做臨床，業餘時間還在寫小說；只用了八年時間，就完成了從醫士、醫師、主治醫師到副主任醫師的四級跳。副主任醫師是全地區集中會考，由衛生廳統一調配，異地監考。考前明說了，全省只能有三分之一的人通過。考題很難，六門課不計總分；一門不及格即淘汰，毫不含糊。

大考場裡，六門課中有五門我交了頭卷。我是全地區第一批通過的六個人之一。以後我做了科室的業務主任，還是這個專業的省學會委員和地區學會的主任委員。我出席過省內、國內乃至國際性的學術會議，也常參加院內外危重病會診。我還在在市內做過大型的學術報告。對一個只有中專學歷的醫生來說，可能要算是做到頂了。

其實我自己心裡很清楚，這些都是浮華的表像，我還是那個我。十五年前我進這家醫院時，確也曾專心致志。那時認真讀的書，可說是惠及終生。這次重回醫院，卻再也沒有從前的心情了。說來也是個悖論，我一心想當個好醫生時，偏偏得不到機會。而有可能潛心投入時，又陷入新的困擾。

一、單身父親

頭一項困難是實實在在的，那就是作為一個單身父親帶孩子；各種需要照應的事務，點點滴滴難以盡述。此外還有經濟壓力，城市生活比在農村的開支要大得多。在農村我們可以養雞種菜，鄉親們吃不了的蔬菜雜糧，分一點給我們是平常事。別的用費也極少，抽煙的話頂多一角五分錢買包玉貓；這種煙的煙盒上有兩只貓，農民叫它貓對貓。我偶爾抽一回兩角三分錢一包的「水上飄」（東海牌煙），那就要快活好幾天。而進城後一切都變了，喝一口水也得買。

孩子漸長，學習費用也增加了。一切都要事前計劃好，不得有一點疏漏，否則入不敷出，還會受人奚落。

我能忍受艱難，但孩子正在成長，我不願意他受一點委屈。怎麼辦？增收無門，只能靠節支了。我們爺倆都要保證健康，營養上不能虧了；別的方面我決定先戒煙，從回院第一天起就戒。

調我回院時還說定了一條，我得先到醫務科去當幹事，完成本院建院三十周年醫學論文資料彙編。這項任務需要既懂醫學又有文字能力的人。醫生之中只有我有中文系本科學歷，因此我也只能勉為其難了。

編書是業餘的事，白天得處理種種醫療事務，找醫務科辦事的人很多，少不了要敬煙。兩位科長都是老煙槍，醫務科裡經常煙霧繚繞。他們抽的都是好煙，對我是很大的誘惑。人們現在認為抽煙有百弊而無一利，但我對它是有感情的。在鄉村困守十年，尤其是面臨家庭解體的惆悵迷惘中，這個別名為「寂寞中的情侶」的捲煙，給了我許多慰藉。常常是夜深人靜，孩子已睡熟時，我一個人閉燈靜坐，便點起一根煙來。有時我深吸幾口，有時一口不吸，聽憑那一點螢火慢慢燃著。文人們常說，有書讀書，無書讀心。我的心也枯竭了，就讀那一點螢火吧！

回城後心境並無大變，但為了生存，我只得和那位「寂寞中的情侶」分手了。從上班第一天起，我就聲明自己是不抽煙的。就是免費的煙我也不能抽，而且還要表現得若無其事。上班不抽，下班也絕不抽。我粗略地估算，僅戒煙一項，相當於增加了一級半工資。

一年之後，那本《臨床資料彙編》的書付印了。雖然還是內部資料，僅在醫院之間交流，我也付出了巨大的心血。從選稿、定稿、編輯、排版、校對、發行，全是我一人完成。有些小科室，醫護人員以前未發表過文章；我就要他們送資料或是選些病歷送來，由我越俎代庖撰文，再以他們科室名義或經治醫生的名義編入書中。這本書大體能反映出我院的科研和醫療水平，可惜沒有報酬。以後我還幫地區衛生局編了地區衛生志，洋洋數萬言，也是利用業餘時間完成，只得到區區三十元，說是安慰費。後來我聽說，編志這種事都是脫產專職人員的工作；報酬也是上千元。那時我好像大傻一個，總認為這些事不過是資料羅列編排，不用化大力氣；它也不能和文學創作相比，有沒有報酬都無所謂的。

我不是幹行政的料，書編完後，我就要求下科室了。按說那時我正當盛年，應該再回大內科奮鬥一番，但我卻要求去傳染科。有兩位科長表示不解，他們說，大內科張主任、李醫師不都對你很好嗎？傳染科負責人對你可一直是心存芥蒂的，去了可能對你不利。我謝謝兩位科長好心，我說，那好呀，我就更不能偷懶了。再說每月不是還有七塊錢營養費嗎，這就相當於加了一級工資了。

其實他們也都瞭解，我不去大內科，關鍵是我不想全身心投入。我要去追我的文學夢了，那時，我已開始發表文學作品。

回到臨床後，麻煩也多了；頭一難是孩子無法安置。我在醫務科是上行政班，晚上可以和孩子在一起。到臨床後就得上夜班，四天一輪轉。上夜班那天，十一歲的孩子一大晚上就一個人。他獨自守在空房間裡看書做作業，自己洗洗上床睡覺，連個說話的人也沒有。早上要是科室工作丟得開，我就趕回來叫醒他，起床洗漱，弄點吃的。科室忙我回不來，他就靠鬧鐘喊醒自己。起早了還能到食堂買點吃的，起遲了就隨便在街上買點什麼填肚子。

有時晚上科室工作不忙，我就回來和他說說話，看看作業。有時我回來了不進屋，先從窗外看他在做什麼。那時學生作業不算太多，做完了他就一個人瞎玩，東翻翻西翻翻。家裡實在沒有什麼吃的了，有一回他居然喝起醬油來。我在窗外差一點要喊不能喝了，他大概也是嘗嘗太鹹，就放下了。我在窗外不禁長歎，為他也為自己悲哀，我父子倆過的是什麼日子啊！

這時，我也會想起我送走的另外一個孩子。有了他之後，養母連著生了兩個妹妹，他們依然對他很好，一家人樂融融的。他的養父只是一個農村的赤腳醫生，不過會一點瓦匠手藝，他們蓋了新房，日子過得蒸蒸日上。比起這位親家來，我自愧弗如，有時想想，覺得將那個孩子送走也許是送對了，起碼過得比這個孩子好。我不禁又想，我的右派問題已經改正了，可我的日子為什麼還是這麼難？

看孩子跟我過得這麼苦，我心裡已是不忍。特別是看著孩子學習成績也在下降，我就發大愁了。實在也是無奈，我只得向孩子的母親求援。

她那時在一家農村中學當教師，就住在學校裡。雖說生活條件艱苦些，但學習條件比我這裡強得多。我給她去信說，希望她能援手，幫幫孩子。我還對她說，考慮到農村生活艱苦，我從每月四十四元的工資裡，寄給她們母子三十元；孩子來往的路費和衣服等雜費仍歸我負擔。我每月不是還有七元錢的傳染科營養補貼嗎？我想，節約一點日子也能過。孩子的母親答應了，我頓時感到輕鬆。

二、奮筆疾書

一九八〇年九月孩子離開我去和母親一起生活，一九八一年五月，孩子再回到我身邊。這期間一共有九個月，是我一生最為珍貴的二百多天。臨床醫生本來就忙，同時還要指導來實習的學生。工作之餘我又要應對各種考核和考試，要為晉升職稱去查資料，寫論文。所有這些工作，責任重大，容不得半點差池；連跟不上都不行。我深知，必須先當個好醫生，這是我的職責所在，也是衣食之本。

記得送走孩子後，我在房間裡枯坐了兩天。家務的紛擾退去，內心進入到一種寧靜的狀態裡，我開始釐清這些年的經歷和思路。我對業餘寫作的時間作了預算，也擬定了寫作計劃。創作完全是個人的事，有過這麼多年的準備，我想我能把握好素材、表達方式和創作的節奏。但是關鍵的一點我掌握不了，那就是孩子的母親能給我多長時間。既然如此，我只能抓緊時間，做一點算一點吧。

每一個從事文學創作的人，都會有自己的一畝三分地吧。我從哪裡開始呢？當然是門口塘了。我想把我的親歷親聞都記錄下來，給後人留下一點真實的史料。我也從心眼裡贊同當時那句最有感召力的話：「實踐是檢驗真理的唯一標準」。魯迅先生曾說過，地獄裡最苦的鬼是無聲的。我見證了那麼多人的生死劫而僥倖活了下來，為的就是代那無聲的人群說幾句話。這個願望在我心裡埋藏了很久，總也沒有時間去實踐。

現在我終於有了寶貴的業餘時間，但我還不能動筆。我覺得自己的文學功底不夠，思考也不成熟。我需要學習，需要不斷地操練，還要借鑑別人的創作成果。那時正是一些右派作家群體復出時，反映右派生活的作品在各個刊物上如同井噴一般；其中不乏像汪曾祺、張賢亮、從維熙、高曉聲、李國文、王蒙等高手的大作。我認真地讀了他們的作品，獲益良多；但同時也感到不足。那些作家反映的大體還是知識分子圈子裡的事，那些從社會優越地位落入社會底層的右派，與那些本來就在社會底層的右派，二者有著質的區別。知識階層的人們也包括我自己，一旦塞飽了肚子，會有精神追求，會想到自己的專業自己的成果；可是來自基層的右派和反社會主義分子們，他們不曾有過高深的專業造詣，更沒有什麼政治目標。他們想的是活下來，不當五類分子。由於社會地位低，很多人安分守己，膽小怕事。本來是最好統治與驅使的一群人，卻偏偏受苦最深。在農場被餓死、累死、打死的，多數都是他們。我認為，關係到知識分子右派的作品當然應該寫，但不要忘記的一個事實是，那五十五萬多人右派群體裡，更多的是這些平頭百姓。也許，他們並不是科學技術方面的偉人，但他們構成了社會的基礎。

我要去寫的，就是這些基層右派的人和事；但我要從練筆開始。

那幾個月裡，上班回來之後，我就趴在一張條桌上，以每天近兩千字的速度，馬不停蹄地一路寫下去。都亂七八糟寫了些什麼？未成稿的東西扔了也就忘記了。九個月後，粗略統計了一下，大約也寫了十來萬字吧。

看著自己的想法落在紙上，我感受到了創作的樂趣。特別是寫小說，常常只是一點有意義的素材或想法，經過精心布局和情節創造，形成一個惟妙惟肖的人物世界，彷彿真的存在過一樣。對於作者來說，那是美妙無比的時刻。

不過在別人看來，我是個十足的傻子。過著最貧困的生活，天天爬格子到深夜，收到的盡是些退稿信。我不去辯白，只有我自己知道，我正在經歷所有文人幾乎都經歷過的寂寞和煎熬。

每夜我都給自己限定了寫作時間，不能超過凌晨一點；因為第二天我還得精力充沛地去上班。常有這樣的情況，枯坐一晚上，一個字也寫不出來。好不容易所謂靈感來了，鬧鈴響了。我只得草草收拾一下上床，任大腦如何亢奮，也要逼著自己入睡。

天下再難的事，只要鍥而不捨，總會有些收穫的。約一年後，我的作品陸續見報。先是《合肥晚報》副刊發了我的一首八行短詩，還寄來稿費兩元。這引來一陣哄笑，但我卻很高興。我知道它和我文革前發表過的順口溜式的東西，已經不是一回事了。我還寫過不少長一點的詩，不過不是為了發表而寫的。我相信詩人必須有天賦，我自己沒有，就不能強求。那時已經有朦朧詩了，還有後現代主義等概念，一些詩讀起來雲山霧罩的，我哪敢東施效顰。我學詩寫詩主要是為了練習提煉語言，再則是踐行中國的老傳統：詩言志。

寫詩按說是年輕人的事，我已屆中年了。不過那時有人說，文革耽誤了十年，我們減去十歲。我二十一歲劃右派，四十二歲改正，應該減去一半才對。我嘗試著寫了一首勵志詩，它也是我的心路歷程的寫照：

零之歌

我不是一口記憶的枯井
不儲存侮辱和不幸
我是西子湖碧水一圈
胸中蕩漾著天光雲影

我不是叼著煙捲的阿Q
不在變態麻木裡自賤自輕
我含一根羽管沉思
要寫一首雄渾的出征行

我不是色彩斑斕的肥皂泡
不炫耀轉瞬即逝的幻景
我是一滴純淨的雨點
融入大海我百倍晶瑩

我不是神龕下的蒲團
毋須晨昏叩首拜佛誦經
我是一隻調色盤
濃墨重彩描繪我的憧憬

我是生命的年輪
歲月留下了深深的烙印

我是一穹傲岸的顱蓋
崇尚尊嚴誠實　鄙薄怯懦逢迎

我渴求真情的熱吻
蔑視金錢與虛假裝飾的愛情

我是零時　萌動於混沌的子夜
新時期號角催我甦醒

我起步於零公里　向著前方
向著未來向著成功也向著失敗我加大引擎

一九八二年初，我的第一個短篇小說〈妹妮姐〉，在省級文藝刊物《江淮文藝》上發表了；這篇七千字的作品，獲稿費四十五元，和我月工資相等。半年後，該刊發了我的第二篇小說〈人流〉，九千字，稿酬六十元。那年，為紀念毛澤東〈在延安文藝座談會上的講話〉發表四十周年，省文聯召開了小說研討會；我也得到了邀請。接著我的散文〈墨緣——追記沈鈞儒先生在黃山〉，發表在《黃山》旅遊雜誌頭條。其他報刊雜誌如《藝譚》、《文藝情況》、《大江文藝》、《蕪湖日報》、《蕪湖晚報》和《安徽日報》等，都發表了我的作品。這期間，我連續獲得了兩次省級創作獎。

也許我還可以在創作上走得更遠，正在這激情澎湃的時候，孩子回來了。這時是一九八一年五月。

三、「天意憐幽草」

那年五月五日，我剛給孩子的母親寄出三十元生活費；五天之後，孩子的母親讓他一個人坐長途汽車回來。連一封信也沒有，孩子也不說什麼。我不便問緣由，但馬上想到當月手頭只剩下不足二十元錢；這一個月怎麼熬？最難辦的是如何安置孩子？這個學期還有兩個月，事先也沒和學校聯繫插班。不過再困難也要送學校去呀，放家裡咋辦？平日他白天上學，晚上我四天一個夜班；值夜班那晚上，我感到孩子一人孤獨在家好可憐。他要是一個人在家不上學，那不把他毀了嗎？孩子必須去讀書，這不僅是為了功課，更是為了他在心理上健康成長。

想來想去，我終於想起來，文革時我在醫院的牛棚裡結識了戴瑞青科長。我寫過他與醫院裡的「反標」案故事，他的妻子正是一家小學的資深教師。果然戴科長夫婦熱情援手，幫助孩子臨時插班，讓我鬆了一口氣。

這件事給我帶來了很重的感情傷害，不是因為孩子回來讓我中斷了文學創作，撫養孩子也是我的責任；我難過的是，儘管我們情盡分手了，畢竟也有十年的甘苦與共。即使沒什麼值得留戀的，即使我對你有什麼不是，何必要和孩子過不去呢？

不過我什麼也未對孩子說。九個月之後，一切還原，還是我們父子廝守，艱難度日。再也無處求援，就認命吧。結果，新的矛盾又來了。

那時我住在筒子樓二樓中間一家，左鄰右舍都是上海人。先是裡邊一家有了一臺九寸的黑白電視，放在女兒房裡。女兒是畢業班學生，功課忙，很少開電視，開了我們也從不過去看。以後外面的一家有了電視，十二寸黑白機，屏幕就對著過道的窗子，走來走去都能看到。當時正是中國女排五連冠大戰，電視機裡外都是一片歡騰。我們父子倆也常過去湊熱鬧，人多時無所謂，只有他們一家人時就尷尬了。孩子內向，話不多，特愛看電視。儘管鄰居很熱心，我們卻坐立不安。我看到孩子常常是半個屁股落在板凳上，有些寄人籬下的味道，心中不是味兒。

為了不讓孩子受委屈，我毅然決定：咱家也買一臺！那時剛好百貨商店有分期付款的電視，十二寸黑白日本夏普機，每臺四百五十元。首期付一百二十元，以後每月付三十元，一年付清，但要由機關財務科每月代扣。首期我從同學那裡借了一點，剛好第一篇小說稿費到，湊湊也夠了。但去財務科辦手續時，經辦人皮笑肉不笑地說了一句，你可要想好了，到時別後悔。

在她想像中，我月工資四十幾元，扣去三十元，兩個人的日子咋過？我說你管那些幹什麼？你按月扣錢得了。她不知道我衣袋裡正裝著幾張刊物寄來的用稿通知單，那就是我的底氣。我記得是《黃山》雜誌稿酬幫我付了一個月，《藝譚》雜誌幫我付了一個月，《江淮文藝》的兩篇小說稿酬幫我付了三個月，一年總算對付下來了。

一九八二年，我已經四十五歲了，奮鬥半生，感覺全是失敗；只剩下身邊這個孩子了。我希望他過得比我好，這靠我盡力，更要靠他自己努力。和許多單親家庭的孩子相似，他話不多，我們缺乏交流。孩子貪戀電視，學習成績又下降了。我真是難以兼顧，不知該咋辦才好了。

寫文章的事停了下來，幾乎是戛然而止。要說九個月之前，我想做點事做不成，雖然也懊惱，畢竟對自己的創作能力也沒有把握。有了這九個月的試驗之後，確已多了許多信心和憧憬。但不甘心又能怎樣？也只能鑽鑽時間的空子。值夜班處理完醫療事務之後，或者晚上孩子睡著了以後，總之不讓自己閒著就是了。可是那種雞零狗碎的時間拼盤，還是做不了正事；我更不敢輕易動筆，寫我自視為神聖的右派小人物系列了。這麼一耽擱，就錯過了發表這類作品的佳期。

我想，得換一個活法了。我要重新建立家庭，尋找自己的真愛。承蒙徐應康謝蘭蓀賢伉儷的熱心介紹，我認識了現在的夫人。從此，我們真誠攜手，走過了二十餘年的風雨路。我這條在激流險灘中飄搖了四十餘年的小舟，終於找到了可以終身停泊的港灣。「天意憐幽草，人間重晚晴」。趁現在身心尚健，我要重拾往事，開始我一輩子想做而未做成的那件事了。

二〇〇三年四月八日初稿於廣州

紀事

蒙難尋蹤

第一輯　基層反右

「你家的馬被分掉了」——熊大瀛醫生落網記

五十年前的一九五八年春節，那是肅殺淒涼惶恐的日子，也是狂熱的日子，就看你處在什麼位置了。知識界經歷了反右的摧殘，多少人家身陷煉獄，剩下的人噤若寒蟬。只有捕獵者依然亢奮，渴望著更多的獵物。

五十年後我問了熊醫生三個方面的問題：

第一，你當時在農村是如何感受這場運動的？誘敵深入聚而殲之，這一套「陽謀」在農村也施行過嗎？中央據說有政策，工人農民不劃右派，何以農村也處理了那麼多人？

第二，你本人是中專畢業，醫生職業，正兒八經的知識分子，怎麼又會戴上雜牌的「反社會主義分子」帽子呢？

第三，聽說你父親也被打倒了，全家都受到了牽連，家裡都遭遇了什麼呢？

熊大瀛說，他完全同意我的意見，沒有基層就沒有國家，也沒有歷史。基層不是一個泛泛的概念，而是無數個體的血肉之軀組成的。每個個體都有自己的故事，於是他開始講述。

就從五十年前的春節說起吧，我那時也就二十郎當歲。工作單位是當塗縣血吸蟲病防治站，常年工作在水鄉黃池鎮的血防點。這裡水網縱橫，很多灘塗，是受血吸蟲病影響的重災區。我是血防站的主要技術骨幹，有很多實際工作等待我去做。工作和人生都很踏實，我很少關心病人以外的事。

一九五七年夏季以後，城裡鬧翻了天，小鎮上還很平靜。雖說從報紙上多少也知道點運動的事，我還不大放心上，我覺得沒自己什麼事。

春節放假期間，我回了趟當塗縣城，又去老家去看望父親，我父親是當地的小學教師。見到父親，我才怵惕不安起來。我家成分不好，是地主。其實我爺爺是老中醫，他用一生積蓄買了十五畝田。未想到這區區十五畝田成了我一門災難的淵藪，用那時流行的話語來說，就是深深地打上了階級的烙印！我們全家都將是新執政者永遠打擊的目標，任你如何掙扎也難贖其身！

都說在劫難逃，誠然焉。黃池蕞爾小鎮一千來人、二三十個單位。按偉大領袖部署，也要繼續革命。怎麼革？依樣畫葫蘆，整人唄。整誰呢？首當其衝的是我們這樣的人，所謂家庭成分不好，又稱得上是知識分子。所以小鎮上運動一開始，我就有一點思想準備，但也心存僥倖。我想，從報上看，大城市大學裡抓的那些右派，還不都是亂說亂寫的結果。這是前車之鑒，我學乖點，什麼鳴放提意見的會，說得再好聽，能躲就躲，躲不掉就一言不發。你們還能怎樣定我的罪？

我又分析了那時的處境，血防小組就十來個人，除了我們兩三個醫生，基本人員是部隊轉業的男護士和當地招收的衛生員，醫療重擔全壓在我們醫生肩上。打銻劑，治療血吸蟲病，都是緊張又有風險的工作。技術不到位或工作中稍有疏漏，極易發生醫療事故。我是醫療組長，工作兢兢業業。當時安徽缺醫少藥，找我這樣的醫生，還真不容易。況且當時正有大批病人等待治療。即使是為了利用，也沒必要整我。

很快我就發現錯了，死幾個人算什麼，革命比救死扶傷重要得多，鞏固政權才是千秋大業。其實我們草芥一樣的草民，何曾妨礙了政權？

我對基層的整人方式也估計錯了，比起大城市來，程序簡單多了，沒那麼多麻煩事。又是動員又是鳴放，何必玩那些花頭呢。

我記得只開過兩次動員大會，對我的批鬥就開始了。平日和我素無往來的鎮上職工，在領導鼓動下，都在胡說八道，那些話不值一駁。

我想，我既未寫文章，也未參加鳴放，工作中也無差錯，能憑什麼給我定案？我又錯了，勝利永遠屬於掌權者。基層幹部沒水平，不等於執政者沒辦法。這不，大人物登場了。來者何人？縣委一部長也。沒經幾個回合，就把我拿下了。

部長第一次和我談話，從一杯茶開始。我先犯糊塗，以為部長在為我沏茶；哪知他是在借茶說事。他先往一隻空玻璃杯裡放進若干片茶葉，問我看到了什麼？我說不就是杯子和茶葉嗎？部長說著，又往杯子裡沖進了滾開的沸水；不一會兒，茶葉泡開了，葉片在玻璃杯裡上下翻動。他又問，你看到了什麼？這不就是普通的泡茶過程，有什麼學問？與運動何干？再看看部長一臉陰笑，真猜不出他玩什麼名堂，我只好一言不發。

僵持了一會，部長開腔了。他說茶葉膨脹過程，就是你們這些反黨分子野心暴露的過程。別看這幾片茶葉，平時就是死葉子，一旦溫度溼度適宜，馬上就膨脹開了，還上下翻動，像是要變天了。說著，他把一杯茶往地上一潑，惡狠狠地說，再看看，還不就是幾片死葉子嘛？它還能翻了天！

我心說活見鬼了，這是怎麼回事呀？開水沖茶葉，與我一個醫生有什麼關係？不就是欲加之罪何患無辭嗎？

如果說第一次談話是憑空猜測，那第二次談話就真是無恥捏造了。一見面他開門見山，第一句話就說：什麼階級說什麼話，我們是根本的立場分歧。比如說土改時，你家一定有土地耕牛等被分掉了。我忙分辯說，我爺爺當中醫，父親教書，我家根本沒有牛。

未等我說完，部長搶過話頭說：那一定有一匹馬被分掉了。緊接著他說，你家的馬被分掉了，你能不懷恨在心嗎？平時你不敢說，去年大批右派向黨進攻，你一定認為時機到了，要發泄你對黨的不滿，要反攻倒算了。

我一聽氣壞了，什麼分掉我家的馬，什麼反攻倒算，有這麼信口開河的嗎？我說這些都是根本沒有的事，你憑什麼這樣說？

部長說，有沒有並不重要，關鍵是你腦子裡怎麼想的。你一個地主子女，你會不反對土改？你會擁護共產黨的政策？狡辯是沒用的，抗拒到底更是死路一條。你只有老老實實，低頭認罪，徹底改造自己！

部長大人就這麼幾句官話套話，再加上無中生有的推理誣陷，就決定了我的人生。接下來的批鬥會沿著部長定的調子，硬說什麼土改時我家有一匹馬被分了，我從此仇恨在心，所以反黨反社會主義。我百口難辯，就這麼被定了罪，從此落入深淵。雖說這是半個世紀前的事了，每當想起，心裡都難以平靜。

我笑著說大瀛兄別氣了，權當是黑色幽默吧。古人尚說三人成虎，部長是一人成馬啊。只是荒唐事也並非過去有，現在也有。陝西拍華南虎照片的那個周老虎不是一人成虎了嗎？說起青春蒙難，我們的心是通的。還記得在農場時你給我看過的一張照片，那是你們的畢業照，照片上，你們三個年輕醫生在長江之濱採石磯下，你老兄最帥！一張有棱有角的臉、一嘴絡腮鬍，眉目間透出一股以天下為己任的豪氣。我為你們這張照片還寫過一首歪詩：「採石磯下三少年，闊海雄風信步閑。慷慨已隨東逝水，輾轉風霜一千天。」那是為你也是為自己感慨啊。

說到青年時代，我倆長時間地緘默了。停了一會兒，大瀛兄繼續講述了他的故事：

後來我被戴上反社會主義分子的帽子，沒有劃成右派，原因很簡單：我是在縣以下單位挨鬥的，縣以上才有資格戴右派帽子。這本沒什麼好說的，但是，因為在基層接受批鬥，我目睹了更為殘酷的社會現實，那就是反右運動還迫害了很多老百姓，而且一九五八年在農村進行了大逮捕。這件事比起反右，規模和傷害程度還要大得多。等我把個人和家裡的事說過之後，有機會再說它。

個人真的很渺小，一隻小螞蟻而已。帽子一戴送到農場，不久我們在一起當醫生了。一九六二年離開農場，我又回到了當塗血防站。公平一點說，雖然我蒙受了冤屈，比起送勞改勞教的人還是幸運多了。我所不能忍受的，是我全家受連累。

我父親本是一位忠厚盡責的教師，也被劃成右派，五十多歲就賫志以歿！最不堪的是我弟弟，生在地主之家，父兄都劃了右派，他是求學無門求職無門，受盡冷眼。好不容易當上個小學教師，也只是代課而已，始終不能轉正。十一屆三中全會之後，我和父親的問題得到改正，可是弟弟這樣受牽連的人，也沒有地方去落實什麼政策。弟弟一輩子都未討上老婆，五十九歲那年就去世了。

每當我想起弟弟，想起他背著父親和我的政治包袱，無辜受過，鬱鬱而終，心中總是酸楚難言，不得平靜。

說到這裡，大瀛兄哽咽著說不下去了。

我瞭解他的性格，在謊言誣陷和政治壓力下，他也曾瀕臨崩潰。他想過破罐子破摔，和某人幹上一架，甚至想過自殺。最終他放不下自己的家庭責任，他不能心一橫撒手而去。

從農場回到血防站以後，雖說也摘了「反社會主義分子」的帽子；但和摘帽右派一樣，大瀛兄依然被另眼看待。但他工作異常努力，成績出色。當時很多血吸蟲病患者，在接受銻劑治療時反應嚴重，以致不得不中斷治療。大瀛兄一無資料，二無上級醫生指導，三無較完備的醫療條件，但他體貼病人，孜孜以求為他們減輕痛苦。他首創小劑量銻劑治療方法，即減少銻劑用量，同時延長激素療程，收到了較好的治療效果。後來他才知道，他的方案竟然和大專家黃銘新教授倡導的方案思路相同。為此，地區衛生局領導破例派他去上海進修一年，這也遭到很多革命同志的抗議。

一九七九年後大瀛兄得到改正，他又結合醫學和數學知識，發明了臨床輸液計算尺。他把很多複雜的輸液計算公式，容入到一把小小的計算尺內。這個發明通過了省一級技術鑒定，經過一些臨床機構試用，反應良好。只是因為電腦的普及，臨床輸液計算尺才未被廣泛使用。假如不是因為那個驢唇不對馬嘴的推理，沒有後來二十餘年的厄運，大瀛兄的醫學成就又何止於這些呢。

二〇〇八年三月八日初稿於蕪湖

「打倒和改造我們，所為何來呢？」——訪鄉村小業主馬禮海

布店商人馬禮海小傳

馬禮海，男，一九二八年出生於安徽省無為縣牛埠鎮一個賣布小商販之家。幼年讀過幾年私塾，文化水平相當於初中。他十來歲時即在父親的小布店中學徒，及長結婚生子，未加入過任何政治組織。父年老休息，馬禮海接手布店商務。一九五四年政府號召公私合營，馬禮海積極響應，第一個報名。隨後全鎮小布店迅速實現合營，馬禮海被選舉為十六人聯營布店副經理。

一九五七年整風期間，馬禮海也參與了鳴放。他問，為什麼國營商店賣布的口糧定量標準為每月三十二斤，而聯營店的員工每月只有二十八斤？就為這個言論他被定為反對統購統銷罪，成了反社會主義分子。後據全國工商聯文件精神，基層聯營單位小組長以上者，可劃為右派分子。就這樣，馬副經理被改劃為右派分子。一般幹部要開除公職，馬禮海也無公職可開，就被降了工資，每月二十八元降為二十四元。來門口塘監督勞動時，他已在而立之年，有四個孩子。妻子操持家務，長子不足十歲，全靠他一人工資，家庭生活極為困難。

一九六二年馬禮海與眾多右派一樣，也摘掉了右派帽子，回到牛埠。他還是在牛埠鎮商店繼續當營業員，直至一九七九年右派改正。馬禮海現在退休在家，子女皆孝順，生活安定。

以上是馬禮海的小傳，一個人的一生，就這麼幾句話就交代完了？是的，就這麼點兒事。如果再要延伸說一點，那就是馬禮海的老父親和妹妹在一九六〇年餓死了。妹夫也受到他的牽連，丟了工作。他的老婆孩子活了下來。大饑荒無為縣死了幾十萬人，馬禮海一家遠不是無為縣最苦的家庭。

這樣一位基層右派，故事沒有傳奇色彩，細節也非激動人心；有什麼可說的呢？我也多次這樣問自己，馬家是鄉村小鎮的普通人家，馬禮海也是個普通的升斗小民。他遠離官場和一切政治組織，也並沒有私敵。為什麼政治運動要和這樣的普通百姓過不去？整倒他們，執政者又有何收益呢？

近年來我一直在考慮這個問題：一般人印象中的反右運動，是以整知識分子為主，何以牽連到知識界以外的普羅大眾？這恐怕並不是簡單的池魚之殃，一定還有我們不熟悉的某些社會背景，例如與其他政治運動的關聯等等。

基於這些思考，我在去無為縣時，也專門去了牛埠鎮，我和馬禮海兄聊過多次。馬兄年長我十歲，長期生活在基層。我主要關注的是建國初期工商業改造對鄉村小業主的影響，因為我們都曾是右派，我就從他和反右運動的關係問起。

下面是他的講述。

一、反右派運動和我有什麼關係？

你要問我這個問題，我就是想不通啊。你政府想搞什麼運動，想整什麼人，那是你的權力，搞到我們這樣的小老百姓頭上，又何苦呢？我們又未做過傷害政府的事，幹嘛要整我們？

我並非得罪了什麼領導，或者與什麼人結怨而被人報復。我家過去無田無地，幾代人都靠小生意吃飯，家裡連個學徒也未收過。從小父親就對我說，我們做小生意的，吃的是百家飯，各種人都不能得罪。同行之間可以有競爭，但不能坑人。自家要吃飯，別人也要吃飯。再說我這個人，你們都知道的，馬虎隨和，和一般人也沒有什麼矛盾。

劃我右派，開始我是怎麼也想不通的。以後慢慢地，還是從做生意的這個角度，想明白了。這事說來話長，其實它是我們私營小商業和政府矛盾的關鍵。不過這事不能說，要是說了那才是反黨哩。

其實新政權一開始時，對我們基層小業主還是比較寬鬆的。國民黨留下個爛攤子，物價飛漲，貨幣貶值，百業凋零。新政權必須儘快安排好百姓生活，恢復生產。那時我們做小生意的，日子就比較好過。記得當時有一首歌很流行：「千條船呀萬條船，千條萬條來往如梭穿。布朝北呀米向南，朝北向南只報一道捐。除了解放區，別處哪兒有哪兒有啊。」這歌唱的是實情，我家去對江的蕪湖進貨，真的就是帶大米到江南，再帶布匹回江北，來回都有賺頭。生意往返，繁榮了蕪湖的米市市場，搞活了鄉村經濟，政府也收了稅，都是好事嘛。幹嘛以後說變就變了呢？變了以後有什麼好處呢？

這主義那主義我們老百姓都不懂，我們只希望日子能過得好一點。可是過著過著就不一樣了，頭一種感覺是會議越來越多，當局口氣越來越嚴厲。早先說的什麼要扶植工商業，搞活市場這些話，這時很少說了。更多的是在宣傳什麼要走社會主義的康莊大道，批判資產階級，剝削可恥。誰是資產階級？誰在剝削？不是明顯地衝著我們這些做小生意的嗎？往後還能有好日子過嗎？

政府的政策叫什麼「一化三改造」吧，一化是要實現社會主義工業化，三改造之一就是改造私營工商業。在我們這裡，明確說就是將民間的工商業收歸集體，實際上就是收歸國有了，也就是收歸執政者所有了。這就牽動了小鎮上各家各戶的利益。在我們牛埠鎮，除了菜農、小作坊主及一些手藝人之外，大部分人都是靠做點小生意過日子。改造後這生意還能怎麼做，的確是關係到每個家庭。

手藝人比我們做小生意的，情況還要複雜。政府也曾經把他們組織起來，不過他們大都無貨物也無資金，吃的是技術飯，按件拿錢。比如裁縫做件上衣，得幾個工錢。木匠泥瓦匠上門服務，做一天就拿一天的工錢。付錢是優質優價，技術差的體力弱的，只能拿點做小工的錢。這些事政府一般不大管也不易管，管緊了他們就帶著工具走鄉串戶去了。社會主義一大二公的原則，對他們暫時還不管用。

政府天天在宣傳組織起來的優越性，目的就是要將小鎮上所有的小商店集中起來，一塊兒賣東西。那時說的是，一家一戶地賣，就是在走資本主義的路；而集中一處賣，就是走社會主義道路。那就一起賣了，誰都怕像前幾年搞土改那樣，萬一成了階級敵人，那就要家破人亡了。

土改中反覆宣傳的是要打倒地主富農為代表的剝削階級，而且地主富農們也確實被暴力打倒了，土地耕牛房屋和所謂浮財也都被瓜分了。接下來就宣傳說，我們這些做生意的商人也是剝削階級。不過政府未說要把我們打倒，也未說要沒收我們的家產，只是要我們聯合起來經營。這還不是政府對我們的寬大嗎？我們敢不積極回應嗎？

我們做生意的，人人心裡都清楚，胳膊拗不過大腿。政府要辦的事，是一定要辦成的。與其被捆綁著走，不如主動地走。老百姓有句話，伸頭是一刀，縮頭還是一刀。

所謂高潮一到，山呼海嘯。我們鄉下幾家做小生意的，除了跟著跑，還能幹什麼？再說混個積極分子當當，可能比當落後分子要安全一些。

公私合營前，我家有八口人，全靠小布店為生。父親帶我苦心經營。雖然生活艱難，憑我們家多年經商的經驗，還有我們的客戶關係、進貨管道和一些商業技能，日子還是能過下去的。在附近農民眼中，我們算是殷實人家。

而合營以後就不同了，一家八口人主要靠我一個月的工資生活，工資只有三十四元。老朋友啊說實話，它還頂不上以前我們店裡在逢年過節或銷售旺季幾天的收入。合營店裡開始還有點分紅，以後經營狀況越來越差，有時連工資都發不齊。分紅沒有了，日子更難過了。

如你所說，沒有一家人會把店裡的貨和資金全部交出去。是的，大家都在想辦法自保，要保住的是最後一點活下去的資源。要說自願，有誰願意把自己勞動所得無償地交出去呢？那不是等死嗎？農民不願交度命的口糧，我們小商人也一樣。不過對我們還沒有搞到挖地三尺搜刮財物的程度，否則我家就不會只餓死我父親和妹妹兩個人了。不過這種事，關係到身家性命，又關係到政府的大政策，沒人敢透一點口風的。

我也知道你所說的蕪湖長街沒收私人商品，尤其是沒收布匹的事情，這個消息對我們這些曾經的小業主震動很大。

我們在農村開小店，也是吃的土地飯。農民日子好過，我們的生意就好一點，農民很多人餓死了，我們別說做生意了，命也保不住。

你知道反右派之後，大躍進運動剛開展的時候，在農村施行的大逮捕嗎？當時逮了各種所謂反社會主義分子和壞分子，其中就有很多是反對各種改造的人。

那時我們已經被送到門口塘農場了，但那次大逮捕牽涉面很廣，震動很大，幾乎每個鄉每個村都有人被捕。有說逮了七千多人，也有說逮了九千多人的。縣裡監獄關不下了，中小學大禮堂裡到處關的都是人。

二、合營後的優越性在哪兒？

政府宣傳社會主義的優越性，說這是走向人間天堂的康莊大道，是人類最好的社會制度。它好在哪裡，我們未看到，也不怎麼關心。我們最關心的是往後的日子怎麼過？

對我們做小生意的來說，無非是想賺幾個小錢，就這也不是件容易的事。就說我們牛埠鎮吧，也算是個大鎮，有兩萬多人口。公私合營前，光開布店的就有四、五家。店面大小不一，有越開越大的，也有蝕本關門的。說實話我們之間是合作的少，競爭的多，誰也不想被同行擠垮了。

合營之後，看起來我們之間是合作關係了，原來相互競爭的對手，現在成了同事，說得好聽點是一家人了。其實商場歷來如戰場，有競爭才有生命力，各行各業都是一樣的。都捆在一起混日子，生意效益只能越來越差，還談什麼優越性？

對顧客是不是更方便呢？也談不上。買布做新衣，對鄉下人來說是件大事，合營前一般都要貨比三家的。人們不在乎多走幾步路。合營後就沒得選了，而且價格高了，服務態度也差了。道理很簡單，先說價格。小商人生存的本領，就是吃一點價格差，所以對進貨的產地、價格、運輸途徑都十分講究。有些商家還有自家的祕訣，是不對外人說的。貨進得便宜，售出的價格低些，生意就好一些。合營之後進貨權收歸公方，公家人拿的是固定工資，幹多幹少一個樣，還會為顧客精打細算嗎？能少吃點回扣，不把商店搞垮就是好領導了，老百姓們還能買到質優價廉的好商品嗎？至於服務態度，更別說了。反正幹好幹壞，一個月就那幾個餓不死的小錢，還用得著對顧客笑臉相迎嗎？

政府一方是不是因此獲利，這我更說不清了。既然我們都輸了，政府應該是贏了。不過輸贏也不能只看眼前，很多事還要長遠看。

原先我們各行各業的人都有自己的商店，大小也算是業主。合營後一般是公方代表當經理，我們成了員工。經理實際上也就是老闆，他們中很多人，既無資產也不懂經營。原來有資產會經營的，現在是改造對象，政府信不過。可是，這些政府派來的人，如果懂一些經營常識，或是個人品質比較好，態度溫和一點的，說白了就是階級鬥爭意識不那麼強的人，他們還能信任我們這些改造對象；那合營後的商店，生意還能做得下去。如果派來的人，既沒本事品質又差，只顧自己占便宜，不管顧客，更不管我們懂行的員工，那生意只能越做越差。不過也不會關門，店還得要開，再說政府也不允許關門，這也算是端公家碗的好處吧。

小店經理，真說不上是官，有頭有臉的都不願來。很多人是公私合營運動中的積極分子，比如學徒工店員之類的。政府宣傳說他們受剝削最深，所以革命積極性最高，就像土改運動中的貧僱農一樣。

三、這算不算剝削？

像你說，過去出門當學徒，一般都要學三年，俗話說要吃三年的蘿蔔乾飯。而且前兩年也就幹雜活，包括給老闆娘倒洗腳水，就是一個免費的下人。最後一年，老闆信得過你了，才教你一點真本事。你問，這算不算剝削？

這種事你要說是剝削也可以，但千百年來經商的人，都遵循這個規矩，它也自有道理。我的手藝是跟父親學的，未受什麼苦。我的同事，很多人都出去當過學徒。近一點的在縣城，遠的還有去蕪湖和南京大城市的。不過這要在當地有過硬的關係，要有相當財力的老闆當鋪保。去名店當學徒要求更嚴，要看家庭出身、個人文化水平，甚至要看相貌。大城市名店出身，就是一塊金字招牌。

不過金字招牌不是那麼好掛的。就說你是名店出身的，也不能空口說白話，要有真本事。但是，只要通過你在名店學到的知識和經營方式，加上個人努力等因素，在地方上得到公認之後，那全家幾十年都會受益於這塊金字招牌。和這種收益相比，當學徒時受的苦或說受的剝削微不足道，也可以說是心甘情願。所以學做生意，都想進名店；就像讀書想考北大清華一樣。

那你又問，不是去名店，而是在一般小店當學徒，為何也要熬三年呢？

生意場上有句話，寧給一斗米，不指一條道。多一個同行，就多一個競爭對手，說的就是商業競爭的殘酷和生存的艱難。這種艱難也包括當學徒的苦日子，包括學一點求生本領的不容易。老闆不是那麼好當的，但是吃苦也不是白吃；這裡也大有學問。其實學做生意，生意本行裡純技術性的東西，並不很多。倒是技術之外的所謂生意經，要學的東西更多。一般能收學徒的商鋪都是成功的，裡面自有奧祕。很多事老闆不願說，有的事還不能說，這得靠學徒自己去觀察體會。是不是不能說的事，都是見不得人的呢？話也不能這麼說，有些事只能說是各行業的「潛規則」，不過現在說這些還有啥意義呢？

改革開放是從農業單幹開始的，其實光靠多收一點糧食，農民還是富不起來。以後日子逐漸好過一點，主要還是靠商品流通，餘缺互補。大家各賺各的錢，漸漸從赤貧時代走過來。說白了，也就是回到五十年代初期。我就想問一問：幹嘛要這麼來回折騰呢？

都是我們這些小商人，家裡有點小錢還有些商品惹的禍。這些錢和商品，就成了共產的對象。不知道沒有貨幣，也沒有商品流通，這個社會是什麼樣子。

我未讀過什麼書，不知道什麼是社會主義和共產主義。前幾十年我們都是被改造者，自己也認為我們是靠剝削生活。商人天生就是罪人，就該被打倒被改造。而改革開放之後，忽然間國家就進入市場經濟時代了。你說這社會主義與市場經濟到底都是些啥玩意兒？它們之間是什麼關係？

你認為我一個賣布的，怎麼會提出這麼高深的問題？它們與我個人有很大的關係啊。要還是搞社會主義，一大二公；那我們做小生意的嘴上不說，心裡肯定是既不願大，更不願公的。那從政府的角度來說，你抓我們右派也好，反社會主義分子也好，就都抓對了。如果說，還是要按市場經濟原則辦事，將本求利，那我又有一問了：政府打倒和改造我們又是所為何來呢？

後記

我和馬禮海談到過蕪湖長街沒收大量私人商品事件，蕪湖的十里長街，歷來是小商品集散地。一化三改造後它萎縮了，大躍進、大饑荒時更是像死掉了一樣。但政策一寬鬆，市場馬上就活躍起來。

我是眼見它日益繁榮的，那段時間，地攤店面一天比一天多，人群越來越擁擠。從中山橋下的徒門巷開始到花津橋這一段，屬於中長街部分，這裡是商鋪最密集的地段。我還記得，那應該是當年六月中旬的一個星期天，天不太熱，下著小雨。突然所有路口都出現了荷槍實彈的軍人，有人說還有軍人架起了機槍。熙來攘往的購物者們，頓時驚恐莫名，不知發生了什麼事。而有的商家感覺形勢不妙，已經打算撤離。這時人們發現，所有路口都被阻住了。大概是上午十點整，隨著號令槍一響，執法者沿街掃蕩，將所有商品全部沒收，貨主也被帶走訊問。事後得知，當時有十七省商人集聚於此進行自由貿易，這種行為當時有個罪名：「投機倒把」，來自外省的則還要加上「長途販運罪」。可喜的是改革開放後制定刑法時，這兩條罪都取消了。當時老百姓議論最多的就是，這下子政府可發財了。被沒收的物品很龐雜，主要是布匹。記得當時的結論就是說，這些布匹基本上是公私合營時私方匿藏下來的。

小小的長街，就聚集了十七個省的商人，而且他們所交易的全是私人財產。這就說明他們對所謂的社會主義改造是不認同的。那時看來他們是非法經營，現在看來，當時的執政者才是侵權者，他們以社會主義革命的名義，肆意侵占他人財物。

我提到這件事時，馬禮海說：你要在當時說這些話，就能把你抓起來，你信嗎？

我當然相信。所以我也會問馬禮海，為什麼你們敲鑼打鼓響應工商業改造的號召呢？你還率先申請要支持公私合營？

通過馬禮海的回答，我明白了，馬禮海的態度，很大程度上是出於恐懼，他擔心會像土改時的地主富農一樣被暴力摧毀。這種恐懼與當時的宣傳力度大有關係。解放初期有幾句民謠：「國民黨稅多，共產黨會多，老百姓罪多。」我那時年齡小，只曉得稅多傷民，不知道會多也能害人。直到反右派運動中，親身經歷了多場批鬥會，才切身體會到挨批鬥被凌辱是怎樣的生不如死。

執政者貫徹他們的大政方針，很多是通過開會完成的。比如階級鬥爭和消滅私有制，不問你有罪無罪，只要選定為鬥爭對象，你的末日就到了。暴力土改鬥地主時，當場就能拖出去殺了。而挨批鬥的人，只能低頭認罪，根本沒有辯白的餘地。對小商業改造也是一樣，整天開會要你表態自願，你還能不自願嗎？這種自願說得好聽一點是識時務，其實就是政治投機，而投機也是逼出來的，如馬禮海所說的，害怕受到更大的傷害。

馬禮海說到一九五八年農村的大逮捕，我也知道一些。我問過當時參與這項大逮捕的工作組成員陳先生，他說他們工作組名義上是整風整社，鞏固農村社會主義陣地，實際工作就是在農村執行大逮捕，而且抓人也是有指標的。就無為縣情況來說，安徽省委書記處書記曾慶梅，人稱小曾政委，與大曾政委曾希聖相區別；他就親臨無為縣坐鎮指揮抓人。究竟逮了多少人，現在很難說得清了。

我看到安徽省公安廳副廳長尹曙生的一篇文章，發表在《炎黃春秋》雜誌上，題為〈公安工作「大躍進」〉；其中披露，根據中央下達的逮人指標，安徽省超額完成。一九五八年的指標是四・五萬人，安徽抓了十・一萬人。從一九五八年到一九六〇年，安徽在這三年裡一共逮捕了十七・三萬多人。據尹曙生的另一篇文章〈大躍進前後的社會控制〉介紹，這種大逮捕，自一九五五年農業合作化運動就開始了。僅一九五五年就抓了二七六一一名「反革命分子」（其中一四一九人沒有任何批捕手續）。而這些所謂「反革命分子」，絕大多數都是抵制、反對農業合作化的農民和抵制工商業社會主義改造的工商界人士。

這批人被逮捕後，很大一部分都被送去勞改、勞教了。接下來就是大躍進、大饑荒，他們中間能活下來的人數很少。不過我看到這些資料時，馬兄已病逝了；我沒有機會和他再做深入交流。尹曙生的文章也表明，馬禮海提到的鄉村大逮捕是真實的。由此也可以見出，馬禮海應對公私合營那種看起來積極的表態，實際是不得已而為之，否則，必然要遭滅頂之災。

小時候我在家鄉看到的國營和公私合營的商店，到處都貼著宣傳標語，什麼顧客至上，為人民服務等，後五個字普遍用的是毛澤東的手書字體。鄉村小商人，在宣傳中被看作是唯利是圖的剝削者，實際上他們都是普通老百姓。

中國幾千年都是小農經濟，現在依然是。而依附於小農經濟的小工商業者，小手工作坊主、手藝人如木匠、鐵匠、泥瓦匠，還有開裁縫鋪、剃頭店的、編柳筐的……他們全都是不種地的農民。這些人與農民的命運休戚相關，一損俱損。幾年前的暴力土改，已經給他們帶來嚴重傷害。接踵而來的社會主義改造，就徹底把他們壓垮了。從此廣袤的中國鄉村，農民整體地淪為農奴，再無經濟活力，以至農業全面崩潰。一個縣幾十萬善良老實的農民，在大躍進後死於非命！就小商業者改造而言，我也是想不通：什麼高深的理論，比老百姓過幾天安穩的日子更重要？除非你心裡想的，本來就是要利用權力魚肉百姓。正如馬禮海所說，經濟賬、政治賬，其實還是一本賬。說到底，還是為了「共產」這個大目標。

說到「共產」，供給制呀，按需分配呀，我想到無為縣的嚴橋區響山農業社社長陳廣復，早在一九五八年，他在全國的農業社裡率先實行供給制，按需分配。他得到了毛澤東的贊揚，毛澤東要將響山的經驗推廣到全國，還要御駕親臨響山呢。結果如何呢？從烏托邦到了人間地獄。

我沒有對馬大哥說，毛澤東的好學生、柬埔寨紅色高棉頭子波爾布特，在柬實行快速版的共產主義實驗，廢除貨幣和商品，不到三年就害死了二百多萬人，相當於當時總人口的四分之一，數十萬華僑幾乎死光。對此暴行和反人類罪，只有毛澤東當面誇獎他，贊他一舉消滅了階級。

我很想把對馬禮海的訪問整理稿給馬大哥看，但是他已在二〇〇八年去世了，享年八十歲。和馬大哥的交談，給我很多啟發。在他憨厚坦誠的外表下，有一顆睿智的心。馬先生的經歷折射出基層小工商業者在那個大時代的命運，因此我將和他的談話整理出來，也寄託我對馬先生的懷念。

二〇一一年九月初稿
二〇一二年十一月三稿

十七字點名定終生——《人民日報》點名的小會計程肇鈞

門口塘農場的右派，都是小人物。不過也有例外，其中有一個竟然是被《人民日報》點了名的。報紙標題只有十七個字：「蕪湖地區銀行右派分子程肇鈞已被揪出」，這就足以使他成為全場名人。程肇鈞從哪裡經過，背後總會有人指指點點：看看！這傢伙就是《人民日報》點名的大右派。

我也很好奇，心想這人小矮個，看上去有點未老先衰的樣子，他究竟犯了什麼大案，竟然成了「欽犯」？這肯定是有點來頭的人。不過，縱是名聲大，帽子一戴大家也就一樣了。果然不久之後，他成了我的病人；我們也成了好友。

經過一九六〇年大饑饉這個煉獄，農場難友們死的死病的病殘的殘，元氣大傷。場領導也怕管得太嚴，死人過多不好交代，多少有些收斂，每個月還給大家兩天休息。一位難友家屬從徽州來，送我一些真正的黃山毛峰。我啜著這久違了的名茶，感慨系之。我在黃山學會了飲茶，當右派勞動時學會了手工做茶。被逐出黃山來到門口塘，已數年不知茶味。

再獲毛峰珍品，當然十分高興，心想何不邀同好者一同品茗，清談慢飲，也是人生一樂。於是我給肇鈞兄和張景影帶去一封短信，信裡胡扯了幾句歪詩。記得頭兩句是：荒郊無處覓佳餚，徽茗一盞壘塊澆。中間寫什麼已記不起，最後兩句是：陽春假日風光好，黃土坡前手頻招。

程張二兄如約而至，我們度過了一個互訴衷腸的假日，我才知道肇鈞兄是怎麼掉進政治陷阱裡的。

肇鈞兄告訴我們，《人民日報》點他的名，真是高抬了他。其實他從一九四四年到反右開始，僅僅是個銀行小職員，地道的一芥草民。自己不是文藝界人士，又未發表過任何文藝作品，卻是為了文藝界的事厄運連年，說來令人難以置信。

下面是他講的故事：

一九四三年蕪湖淪陷前夕，我才十六歲，正讀高一。我隨流亡學生輾轉漂泊，到了重慶。國民黨不管我們死活，我流浪街頭，什麼苦力活都幹過。好不容易在一家小銀行營業所當上了練習生，算是個臨時工。我很清楚，如果我學不到一點真本領，遲早有一天要被辭退。幾經努力，我考上了會計專修班，半工半讀。後來想，要是只幹我的銀行會計，哪會有以後的麻煩。

說來完全是一次偶然，我同宿舍的一個小青年是個送報的，但他思想激進，讀書很多，交遊也廣。他也在半工半讀，讀的是新聞專業。每天他都有新鮮事要說，什麼戰爭失利要亡國滅種，什麼國民黨官僚腐敗；又說前方吃緊後方緊吃，進步文人受迫害……盡是聽了叫人熱血沸騰的事。

我那時也是熱血青年，國難當頭，家鄉淪陷，父母兄弟都不知死活。我心中苦悶，又報國無門，不知如何能去前方殺敵。我的學校在北碚，這裡是進步文化人士聚居的地方，郭沫若、老舍、胡風、阿壟、張恨水等都住在這裡，我多次聽過他們的講話，也看過金山主演的郭沫若話劇《屈原》。在困境中，我感覺看到了希望。

同室小友說，我們何不也辦個小刊物？宣傳抗日，喚起民眾，也刺一刺國民黨的貪汙腐敗。好呀！年輕人辦事風風火火，說辦就行動起來。可正在這個節骨眼上，小友得到一個上前線採訪的機會，立馬就走了。辦刊物一攤子事留下，我就一個人幹了。就這我也信心十足，緊鑼密鼓地準備，未到兩個月，一張晚報式的刊物《詩葉》面世了。刊號是一位朋友幫忙弄來的，我未署主編名，只署了個責任編輯；發行人署的是同室小友的筆名：蘭青。

雖說只有四個版面，也稱得上詩文並茂。第一期上都是新人作品，反映了來自基層的真實聲音；文章形式也短小精悍，不拘一格，所以頗受歡迎。第一期售罄還加印了一些，我因此受到鼓勵，決心要辦得更好。

怎樣才能更好？當然要有名人名作。我初生犢兒不怕虎，帶著一個筆記本，一家一家敲門約稿。那時北碚的進步文人沒什麼架子，約稿很容易。果然，《詩葉》第二期登出了張恨水和阿壟的文章，還預告說下期將有老舍先生大作。第三期上老舍作品如期見報，小小的《詩葉》在重慶便受到廣泛關注了。第三期我又在醒目位置上預告了文壇泰斗郭沫若的新作。我的確托人從郭沫若那裡拿來了一篇短稿，雖然短，也是郭沫若鼎盛時期的作品。一時洛陽紙貴，來稿也更多了。

這時，就收到了胡風的一首短詩。

我正準備大幹一番時，國民黨《中央日報》一位要員找到我，要我把《詩葉》挪到《中央日報》副刊上去；他說可以半月發一期稿件，選稿權和編輯權還歸我。我當然知道他們是衝著那些文化名人來的，我也清楚，一旦我成了腐敗官方的附庸，名人也不會再來光顧，《詩葉》也就死了。所以我當場拒絕，後果你可以想像。《詩葉》很快遭到查封，連正準備付梓的第四期也胎死腹中；這其中就有郭沫若、胡風兩位先生的大作。

好在這些編輯工作我都是業餘時間做的，銀行會計職位未丟，飯碗還在。《詩葉》從此零落成泥碾作塵，能否香如故就不知道了。

肇鈞兄娓娓道來，我和張景影瞠目結舌了。未想到肇鈞兄僅比我們大十歲，就有這樣的傳奇經歷，真是令人仰慕，卻又有些不敢相信。不對呀，肇鈞兄，你辦刊物不是宣傳抗日和反對國民黨腐敗嗎？為什麼解放後你連年挨整？

肇鈞兄望我倆笑笑說：真是兩個不懂事的大孩子。你倆先說說，反右時你倆不才二十歲，究竟有什麼錯？不也發配到這窮山野窪來勞動了。你們不知道阿壟，難道未聽說過胡風嗎？這是老人家親自抓的大案啊。聽外調人員說，所有和胡風他們有些瓜葛的人，已經都抓起來了。我的結局可能還算是最好的，他們在我家抄家多次，未抄到任何所謂胡風分子給我的一封信。而且在其他那些分子家中，他們也未抄到過我寫的一個字。所以，反胡風之後，我還能當我的銀行小會計。

但是，到了反右就不管這些了。儘管我們都噤若寒蟬，依然在劫難逃。但是，回想起來，我對自己在重慶辦《詩葉》的所作所為，也從來沒有後悔過。

那天的聚會確實很愉快，難友陳炳南江秋雲夫婦，還端來了他們的老媽媽燒的一大鍋野菜山芋糊。饑荒年間，那野菜糊也真如珍珠翡翠白玉湯一樣，是無上的美味。

農場解散，肇鈞兄還是當他的銀行小職員，我回到機關門診部。大家有時還見見面。他那時已三十好幾了，依然孤身一人。我們都十分關心他的終身大事，可惜幫不上忙。他性格隨和，待人寬厚，對女方也不挑剔；但女方一聽說他是被《人民日報》點過名的，全都嚇得躲開了，誰肯往自己頭上扣屎盆子呀！一度聽說他和農場那位有爭議的女難友過從甚密，我們明知他倆很不合適，但也聊勝於無吧，可惜依然是鏡花水月。

緊接著文革風暴席捲，我們這群難友之中，居然有人挑起事端。一時人人自危，而肇鈞兄未寫過任何難友的大字報。在那十年裡，他再也沒有組織家庭的可能了。一九七九年獲得改正，他已是年過半百。由於各種迫害與勞役，身心飽受折磨。他在合肥的弟妹們看老哥哥無人照應，多方設法把他調到了合肥一家銀行，從此我們再也未見過面。

我想寫難友故事時，心中一直期盼有機會與肇鈞兄切磋。今年年初我打聽到他的地址，就給他發了一封信。我希望能得到他在重慶辦《詩葉》時的一些原始材料，影印本也行，作為這篇文章的附件。信發出之後一直沒有回音，我忐忑不安，再一打聽得知，肇鈞兄已溘然長逝。

他逝世後一個多月，他侄女程輝女士給我打來了電話，說清理他遺物時發現我的信，但沒有找到我想要的資料。這我知道，肇鈞兄曾對我說過，從反胡風肅反開始，來一次運動抄一次家，有關材料早已片紙無存了。我原先猜想冤案改正後，抄家材料應予退還的。《詩葉》雖然只出了三期，它也是歷史的一個見證；更何況，還搭上了肇鈞兄此後一生鬱鬱而終的命運。

寫到這裡我覺得此文的題目不確切了，《人民日報》那十七字點名只是「果」，「因」是什麼？是抗日時期的熱血一回？還是不幸沾上了胡風、阿壟？如果時光能倒流，他該怎麼做？這些問題我都想不出答案，隨它去吧！

肇鈞兄，走好！

倏忽之間——莫同志的左右變身

基層單位反右派鬧得轟轟烈烈時，曾經流傳過這樣一句話：積極分子和右派分子中間只差一張紙。現在聽來，這好像不可理喻。人們一般都認為，反擊右派者必為左派，二者是尖銳對立的。報紙上也如此宣傳：左派和右派屬於兩個階級、兩種立場、兩種人生觀乃至兩個陣營，他們之間的鬥爭是你死我活的階級鬥爭。

我要告訴你的是，其實這一切都只是以鬧劇開場，以悲劇終結。所謂左派右派，也就是倏忽之間的事。今天的積極分子，明天就可能是右派。一個科室的兩個同事，各方面能力、表現基本相同，也可以在倏忽之間命運改變，二者有天壤之別。你可能說我信口雌黃，或是說這都個別現象；但絕大多數親歷者，會認同這一點。

如今提到右派，人們的印象都是禍從口出。中央機關和大知識分子是怎麼回事我不好評論，基層的事則簡單多了。大體上都是領導號召提意見，積極分子帶頭表態。風向一轉，人群就分化了。知情者、投機者、告密者、心懷叵測者，迅速靠近領導，充當整人先鋒。確實，很多人撈到實惠，這群人就是那時的左派。剩下來也曾積極過的一些人，尤其是基層領導看不順眼者，對不起，只好請你們當右派。有左就有右，不然運動不是瞎忙乎了？

如果有人不同意，希望他們能舉出一些實例，看看全國有多少基層單位是在辯論什麼大是大非國家命運？看看有幾個基層小右派，膽敢猖狂向黨進攻？我敢肯定，一個也沒有，因為他們後來基本都得到改正了。

但是在很多人的檔案裡，確實曾記載什麼反黨反社會主義的罪行。這是咋回事呢？我來講個故事吧。

一九五八年五到六月間，反右鬥爭已經勝利，我們在農場裡也勞動了幾個月了。這時，故事主人公莫儒棠同志正躊躇滿志，在地委黨校的校園踱著方步哩。他是撈到了好處沾沾自喜，還是妄自尊大正自我陶醉呢？都不是。原來，他是作為稀有人才，被保護在這裡。

這事說來話長，莫同志學歷不高，革命資歷不長，但他悟性良好，有鍥而不捨的鑽營精神。解放初期急需幹部而人才匱乏，那時他就脫穎而出了。莫同志當年二十郎當歲，已經當上了地委宣傳部學習室主任，成了縣處級幹部。這還不算，最難得的是他口才好，自己分管理論教育，課也講得好。尤其是《政治經濟學》，他講該書的導言部分，偌大個蕪湖地委，就沒有第二個人能講。地委領導即中心組的那些老革命，還有地直單位中級組的大小頭頭們，都聽過這個小青年講的課。

莫同志身材高挑，腰板挺直，面孔白晰，氣質儒雅，一口地道的合肥話，風度神采令很多人仰慕。至於他的見解有多麼獨特，理論有多高建樹，我就說不清了。「政治經濟學」這個名詞現在也少見，有人說那是從蘇聯搬過來的四不像，既非錢端升他們研究的政治學，也非馬寅初、孫治方他們研究的經濟學。怪不得前言部分難，好像至今也未聽說過誰是中國的政治經濟學大家。我決沒有貶低莫同志的意思，那畢竟是在一九五〇年代。總之，就是這樣一份教材，他也能融會貫通，怎能不得到領導的器重。

果然，有一次莫同志去省委黨校學習，就真的被省委宣傳部看上了。他被留下來，直接進了講師團。這可急壞了地委領導，書記、副書記輪番到省裡要人。總算把這個寶貝疙瘩要回來了，放哪裡呢？留在地委遲早還會被省裡調走，最後就決定，把他放在地委黨校吧，由莫同志出任政治經濟學教研室的副主任。就這樣，他到了地委黨校任教。

一九五八年六至七月，黨校裡反右鬥爭高潮已過。許多右派定性後，都被送出去勞動改造了。忽然，上級又來了新精神，說反右派還要補課，不能讓一個右派漏網了。這時候，莫同志被揭發出來，原來，他之前的工作單位地委宣傳部送來了大字報。

這也不奇怪，那時運動中號召互相揭發，更何況此時要抓漏網者。他和地委一位部長的關係不好，反右運動要補課，人家整他一下是順理成章的。莫同志未想到的是，黨校裡一位姓畢的教員，這時也貼出了大字報。他說莫某鼓吹北京大右派葛佩琦的反黨言論，還是急先鋒。

莫同志就想不通了，為什麼去年反右高潮時，這姓畢的沒貼大字報，現在倒貼出來了？

經過認真的回憶，莫同志終於想起來。去年，他和這位姓畢的有過一次閒談。姓畢的先向莫同志請教：「有人說，在階級社會裡，一個政黨當它剛誕生時，往往是進步的、先進的；一旦掌握政權以後，它就走向沒落、反動，直到最後消亡。你說這話對嗎？」莫同志說道：「這話對了一半，不包括現今的共產黨。因為共產黨執政的最終目的，是要消滅政黨，實現共產主義，世界大同。」畢又問：「你知道這話是誰說的嗎？」莫說：「馬克思。」畢說：「不對，葛佩琦！前幾天報紙上都登出來了。」莫答說：「那我未看到。」

莫某本來就是搞理論教育的，對有關政黨的這些概念爛熟於心。他並未把姓畢的反駁放在心裡。不過他還是找來報紙，看了有關反擊葛佩琦的文章。雖然他還看不出對葛佩琦的批判是無限上綱，但他覺得這和自己談共產主義革命的最終目的，完全是不搭界的兩碼事。他心想，這個姓畢的怎麼這麼惡毒，居然把自己和右派葛佩琦扯到一起。好在那時莫同志還是響噹噹的左派，姓畢的審時度勢，也就按下不表，他怕自己不是這位地委紅人的對手。

一九五八年風向一轉，畢某看到有級別更高的官員跳出來，批判了莫同志；他認為時機到了，迫不急待地加入進來開火。果然，莫某被認為是鼓吹葛佩琦反黨言論的急先鋒，劃了右派。

所以有人說那時的積極分子懷有什麼樸素的階級感情，以我的親身經歷，一個也未見到。相反，倒是姓畢的這種人太多了。如果是出於階級感情，為什麼當時不揭發，要等到一年之後莫某失勢時才加上這一錘？許多基層右派的反黨材料，不過就是給本單位領導提的意見，或者就是像莫同志這樣被牽強附會出來的。

我見到莫同志時，他已經是地道的農業勞動者了。他很低調平和，也很少聽到他什麼批評性的表態。實在看不順眼的事，他最多是說一句口音很重的合肥話：「哄東西呀！」

受了四年苦後，我們分別離開農場。莫同志此後也不能回到原單位，十幾年困在基層一個供銷單位當辦事員，搞什麼購銷調存等。我們偶爾相聚，他還是一貫的淡泊冷靜，不像我們那麼容易焦慮。

文革前夕，蕪湖和巢湖分家，莫同志全家都去了巢湖；此後我也沒有見過他。

若干年後，我突然聽到有關他的消息，說的是他惹出一單事。他在巢湖地區一家土產公司上班，頂頭上司是一位小科長。這個小科長認為摘帽右派就是個軟柿子，想怎麼捏就怎麼捏，總是跟他過不去。莫某平時不和這類小人計較，終於有一天忍不住爆發，當眾回敬了他一句：「你少放肆！我屁股比你臉都乾淨！」

這下麻煩大了，小科長被右派羞辱了，豈肯善罷甘休？他四處告狀，說右派翻天了，要堅決鎮壓，首先要莫同志停職做檢查。莫某敢做敢當，心想大不了再去勞動幾年，他就靜靜地等著。

可是別的未等到，滿機關都在竊竊私語：「看不出吧，這姓莫的二十來歲就是縣處級呵！」「這傢伙一肚子理論，還是地委書記和專員們的老師哩！」「當時省裡要留他，是地委書記盯著要，才把他要回來的！」「怪不得他寫得一筆好字，辦事說話水平那麼高！」「這個二五科長和姓莫的比，比不上他一個小指頭！」

後來就真的鬧到地委領導那裡，頭兒們心想摘帽右派哪有這麼猖狂，把他檔案調出來，看看是什麼貨色！一看檔案自己先驚奇了，原來此人年輕時有才華，個人品質也好。至於那些無限上綱的東西，他們看了也只是一笑。因為他們自己都是「解放」不久的幹部，檔案裡這類材料都有一籮筐。四人幫垮臺了，百廢待興，正需要一批好幹部，未想到人才就在眼前。恰好中央關於右派改正的五十五號文件也下達了，莫儒棠很快辦理了右派改正的手續。他被調到無為縣，當上這個百萬人口大縣的正縣長。

這不，一個默默無聞的摘帽右派，倏忽之間命運又改變了。和他青年時代的經歷，何其相似乃爾。中國有句古話叫「少年得志大不幸也」，還有句古話叫「大器晚成」，莫某一個人都占了，歷史真是開了一個大玩笑。

無為這個縣緊靠長江，境內水網縱橫，一片沃土，是安徽產糧大縣。有句民謠說：「家住無為州，鍋粑蓋牆頭」，老百姓生活一直比較富裕。一九五〇年代中後期，一個叫姚奎甲的人當書記。此人緊跟曾希聖推行極左路線，結果在無為縣幹下兩大壞事，一是打右派最多，一是餓死人最多。我們在門口塘時，不少難友都是來自無為。

在這樣一個縣裡，由深受左禍之害的莫同志來當縣長，可稱是知人善任了。聽說莫縣長治理無為期間政績斐然，他帶領幹部群眾迅速完成了家庭聯產承包責任制，農民開始了新生活。莫縣長也是一位清官，以後在地委副祕書長的位子上退休，頤養天年。

二〇〇一年二月三日於廣州

文盲反社會主義分子「方老五」

方慶餘不是右派分子，他只是一個基層糧站的搬運工，工人身分。因為沒文化，他不夠資格劃右派，於是被戴上一頂「反社會主義分子」的帽子，簡稱「反社會」。領導對他說，這帽子和右派帽子一樣，地富反壞右，你是老五。所以，糧站那些工人都喊他「方老五」。

他不只一次問過我，什麼叫反社會？他又說，自己明明是方老三，怎麼開了幾次鬥爭會之後，就變成了方老五？我怎麼對他說呢，誰想得到運動搞出這一招，連糧站扛大包的也不得安生。儘管我心裡想哭，臉上還是笑嘻嘻地對他說：老五比老三好，老三是反革命，弄不好要殺頭的。老五嘛，一般來說沒有死罪吧。

至於什麼叫反社會，我更說不清楚了。打個比方吧，「社會」就好像大糧包，領導叫你從晒場上往庫裡扛，你偏不聽領導的話，要從庫裡往晒場上扛。你這就是反領導，也就是反社會了，我說。其實我也不懂，都是瞎說的。

老方一聽楞了半天，想了想說：不錯，是有這回事。不過那不是我的錯呀，那年收秋糧，連天陰，明明要晒七個太陽的，才晒三個太陽就要入庫。那要發黴的，我就是不同意進庫。這怎麼就叫反社會呢？

唉，老方，你問我，我問誰！

老方長年晒糧扛包，落下腰痛和倒睫的毛病。特別是倒睫，隔不了幾天就要到我這裡來拔倒睫毛，上眼藥。有時要交思想彙報什麼的，他也總是來找我。我比那些搞農業生產的總要閒一些，因此也終於知道，老方是個地道的文盲。他只認得自己的姓，連名字都不認得，更不會寫字了。不過他待人不錯，每次找我辦事，總會遞給我一塊米粉做的餅，一看那成色就知道是地腳糧做的。雖說這餅吃起來糝牙，可真抵飽。我心想你老方也來場半年多了，又能帶來多少地腳糧，難道沒有吃完的時候？

所謂地腳糧，是糧站糧庫裡靠近地邊牆角的糧食，裡面難免混有稻糠、稻殼甚至沙土。原來都是用來做飼料的，在困難時期那就是一寶。基本上是糧站職工的特殊福利，也可用它來換取其他物資。在當地農民說來，「糧站的地腳糧，供銷社的的確涼」。「的確涼」是含化纖的布料，買起來不要布票，地腳糧也不要糧票；二者都是難得的東西。

有一位鄉村教師和老方來自同一公社，聽他介紹，我才知道老方的地腳糧怎麼來的，從此我再也不願吃老方一塊餅了。

這些地腳糧，原來是用他頭上一頂帽子換來的。那家糧站很小，連站長加工人也不過十來個人。未想到反右時也分配到一名右派名額，會上還說，沒有右派，抓一名「反社會」也行。

抓誰呢？鄉里鄉親的，早不見晚見，抓誰也對不起人。誰家沒有父母妻小？站長想，先拖一拖。後來上面催得更緊了，不能再拖；再拖只能自己去當了。萬般無奈，站長決定抓老方。這是因為老方那時還是單身，牽掛少些，他上面還有兩個哥哥，老娘有人侍奉。當上右派少則兩三年，多則三五年，回來還是扛大包，對一個老粗不會有大影響。

目標已定，操辦起來就簡單了。站長以那次進庫老方不服從命令為藉口，再隨便加上幾條，這不就成了反社會了。方老三也就變成方老五了。

不過到決定送農場去勞動時，站長又心軟了。因為那時糧食已經開始緊張，聽說有些被抓右派的人，妻離子散家破人亡。老方飯量大，站長怕他過不了這一關，特批給他五十斤地腳糧。到臨上車時，站長又塞給他一個信封，裡面都是全國糧票，站長叫他緊急時備用。

老方是挑著一對大箱子進場的，開始人們不知道他帶的是什麼東西這麼重；以後才知道這都是地腳糧。本來自帶糧食是不允許的，但大家知道他是個文盲時，就都同情他了。

老方有一把蠻勁，但幹農業外行，常常吃力不討好；大家也不怪他。什麼事都是物以稀為貴，雖說這裡的右派絕大部分文化水準都不高，但一字不識的文盲他是獨一份兒。文盲自有其思維方式和語言習慣，他說什麼時，常常引起一陣哄笑。特別是到了思想彙報會上，或是學習什麼重要文件時，只要他一發言，誰想忍住不笑都難。就連那個兇殘的趙主任也對他無可奈何。

可是我們幾位走得很近的難友，說起老方誰也笑不起來。這場運動怎麼了？不是一場嚴肅的思想戰線大革命嗎，不是什麼兩種路線你死我活的大搏鬥嗎？不是關係到中國走向的大辯論嗎？像老方這樣扛大包的，算哪個階級？你問他要走哪條道，要把中國引向何方，真是荒唐透頂。

人們常說坐吃山空，老方那一點地腳糧，眼看就要見箱底了。說這話時已經到了一九六一年的荒春，那應該是所謂三年困難時期的「極期」。所謂極期，本來是醫學名詞，指一個傳染病患者到了病情最重時，患者如果沒有在極期死去，往往也從此開始走向恢復。三年困難時期的一九六一年也正是極期，以後中央調整了政策，困境漸有緩解。

我們在農場，雖然每人還有糧食定量，已經有人餓死。老方開始和大家一樣，滿山遍野找吃的。人人都在找，哪裡還會有？那是農閒季節，每天早晨，難友們挑著糞筐，有氣無力地四處轉悠。其實，四處的草根樹皮早都沒了。找肥也是句空話，一片荒磧之中，能挖到幾塊帶綠色的草皮就算是積到肥了。常常有人空手而歸，天不黑不敢歸隊；只好在野地裡彳亍而行，像極孤魂野鬼。這時的人，一個個腹內空空，前心貼後背，如同一張紙一樣在晚風中飄，隨時都會落到地上，命斷氣絕。活到這個份上，真是生不如死了。

老方的地腳糧已經貼光，他肚子大，更不受餓。眼見他也在一天天瘦下去，大家都一樣，不知道活過今天還有沒有明天。

突然有一天，老方和幾位難友歸隊。夕陽返照下，各自挑著滿筐人糞肥。那黃澄澄的人糞和夕陽真是交相輝映，發出燦爛的光華。尤其是那能真正稱得上人屎的臭氣，給我們一種久違了的親切。很多人都圍過來看，像在欣賞什麼奇花異草，接著紛紛發出高論：這才是吃米飯還要有葷菜的人才能拉出的屎，不像我們長年吃山芋糊的人，拉出的屎黑不溜秋不說，連點臭氣也沒有，還散渣渣的。那能算屎嗎？屎是優質農家肥，把那些劣質屎澆地裡試試，准沒一點肥效。再看看這幾筐屎，一擔就能肥一畝地！

在那個時期能見到這樣優質的糞肥，真是稀罕，當然要打聽是在哪裡找到的。因為這不是一點點，而是好幾擔哩，必定會有一片富裕的人群，才會有這樣高質量的排泄物！儘管這幾位難友像英雄似的，洋洋自得又欲說還休，還是老方心直口快搶先說了。大家畢竟是患難與共，真相很快就搞清楚了。更令大家驚羨的是，他們不僅找到了好肥源，居然每個人都吃到了真正的白米乾飯。有人還帶了些回來，小飯盒就掛在糞筐上頭，也不在乎進口的和出口的靠得那麼近。

原來，這些精品都來自鄰省一座煤礦。安徽省廣德縣與江蘇、浙江兩省的地界毗鄰。從我們這個作業區翻兩個山頭，走三十幾里路，就到了浙江省牛頭山煤礦。長江以南沒有大煤礦，這邊大都是所謂雞窩煤，而牛頭山煤礦在浙江算是個大礦，它也是該省重要的能源基地。因此，它受到省裡重點保護，糧食副食品供應一直較好。在哀鴻遍野的一九六一年，牛頭山簡直是世外桃源，鄰近地區的各色人等，都想到這兒來討一口活命。當時曾有這樣的民謠：「十個餅子五斤糖，能討廣德一個大姑娘。」一直到一九六二年以後，安徽開始搞責任田，糧食多了，又有了新民謠：「五十斤米五斤油，廣德姑娘走回頭」。

就在他們挑糞回來的晚上，方慶餘來找我，叫我明天和他一起到牛頭山去挑糞。他特別提出來說，你穿一身乾淨衣服去，穿漂亮一點。我聽了好笑，老方你這傢伙什麼意思，我們是去挑糞還是去相親？老方說你聽我話不錯嘛，我還會把當給你上嗎？到那裡你就知道了。

第二天在路上，老方對我說，去的路上空糞筐你也不能挑，還得離他們遠點。就是說身上不能沾了臭氣，當然更不要你掏糞了。原來，我的任務有兩個，一是用全國糧票找煤礦工人換礦上食堂的飯票，這事不難辦，很多工人手上都有多餘的飯票，他們也急著換成全國糧票儲存起來。換得好連錢也不用給，不過也不能被人騙了。接著是第二個任務，他們要我用飯票去那裡的職工食堂買飯。

後面這件事可就難多了，這是人家的職工食堂，大部分就餐的人是熟面孔。所以老方強調說，人多時人少時都不能去買，去太早太遲也都不行，身上更不能有臭氣。前天有不少人過去，連飯盒和飯票都被沒收了。原來，老方他們想借我這一張還未晒得太黑的臉和一點所謂醫生氣質，冒充礦上的人去買飯菜。

至於回來如何向作業區交差，那也很簡單。早上他們把糞掏好，往一個僻靜的地方一晒，下午就膨脹了。一路都由老方挑著，快到作業區時，從他那脹得滿滿的糞筐裡撥一些到我的糞筐就成。

我那時二十出點頭的年紀，挑個三五十斤的力氣還是有的。但他們不讓我挑，一方面是看我平時對他們不錯，願意照顧我。主要的還是我這一身行頭與做派，一路上有用得著的地方。不然三十多里的山路，他們這批挑糞的，可能連口水也喝不上。保留一個乾淨一點的人，便於和外人交流。

這天上午九點，我第一次進了煤礦食堂。礦上三班倒，大夜班約早上八點出井，洗澡換衣之後到食堂，就是九點。夜班上來的工人都很累，不會管閒事。話雖這麼說，我心裡仍是忐忑不安。像個做賊的，我低著頭默默排隊。在我手裡，是當時通用的大瓷缸，這缸子能裝一斤多米飯。果然，我順利買到一大缸飯菜。走出食堂，心裡頗有幾分興奮。

跑這一趟還不夠，還得再去，為其他難友買到飯。重點是中餐，這時飯菜的數量多，吃飯的人也多。為防有人混入買飯，食堂的管理人員不時盤查買飯隊伍裡的陌生人。這正是考驗我聰明才智的時候，我每次至少要買兩到三回，因此我去不同的窗口排隊。我也預先想好了托辭，萬一被問到，要鎮靜自若才不會露餡。好在我學醫時就在淮南礦工醫院實習，也曾數次下井。我大體知道一點煤礦的情況，偶爾還能和排隊買飯者搭訕幾句。

就這樣，我進出這個數百人就餐的大食堂，總共約有近二十次。雖說是以錢貨物，總像是做賊。心裡不免恐懼，又只能強裝鎮靜。還好基本都平安返回到挑糞隊伍裡，沒有被破獲。

在那可稱為「極期」的飢餓階段，我和老方一樣，成了反社會分子。以這種特殊的反社會行為，我們多吃了幾頓白飯，度過一劫。

如今回想，也感覺尷尬。不是因為挑糞下賤，更不是為自己有失身分。我出身農家，積肥種田都是尋常風景。而農場裡讓我當醫生，不過是廢物利用，又有什麼身分可言。只是想到當時我故意穿著一番，混跡食堂，為一群挑糞者覓食，明知作假，有時又不免自得，實在也是可笑復可憫了。我雖然給老方他們帶去了合格的飯菜，但也有勞他們為我擔糞充公；他們從不計較，我的自高不是更可鄙嗎？

農場撤銷後，老方他們回到了無為縣農村的各個公社。無為在蕪湖地區，深受極左路線傷害。這裡右派和反社會分子抓得最多，餓死人也最多。老方他們回去時，有人已經摘了帽子，有的人帽子還未摘。偶爾有熟人過江到蕪湖，也會和我說到他們。我聽說大家都過得很不好，甚至不如在農場時，起碼那時難友之間還不會彼此歧視。至於方慶餘，我再也沒有聽到過有關他的消息。

二〇〇一年十一月六日於廣州
二〇〇一年十二月十一日二稿

醫院裡的反標案

當你要被殺死的時候，你就坐下來等著……

海明威《戰地春夢》

我們醫院的總務科長戴青，因病去世了。這可能是他幾十年前沒想到的。那時他以為自己一定會死在牢裡，或是關死，或是自殺，或者被處決。這三種可能都是因為醫院裡出的「反標」案，案件轟動一時，也讓戴科長出了大名。

即使不是反標案，戴青的死依然可能很有戲劇性。戴青大我十幾歲，經歷也很曲折。他家境貧寒，二十歲時被賣壯丁，賣到汪偽漢奸部隊。那是一九四五年，山東半島上戰事撲朔迷離，國民黨部、共產黨部及汪偽軍三方相互角逐，小戴如果在一次戰鬥中被打死，那他就是一個遺臭萬年的漢奸了。其實他只是後勤部隊裡一名雜役，並未放過一槍。好在日本鬼子很快投降，共產黨陳毅部隊搶在國民黨前面接受了這支汪偽軍的投降，小戴成了一名光榮的解放軍戰士。

解放戰爭期間，他依然是個後勤兵，但也隨著部隊南征北戰。經歷過大小無數戰鬥，隨時有犧牲的可能，如果真的戰死，那他就是革命烈士了。老戴以後對我說，他也甘願為革命獻出生命。因為在解放軍部隊那幾年，是他一生裡精神最愉快的時期。他們這些被收編的汪偽軍人，和從國民黨部隊受降的「解放戰士」一樣，與解放軍官兵人格上平等。在入黨、提幹諸多問題上，並未受過歧視。

小戴投誠第二年就加入了中國共產黨，一九四九年底轉業到這家醫院前，已經是正營職的軍官。他順理成章地就職總務科長，同時也擔任了行政機關的支部書記。這就是說，小戴成為了醫院裡握有實權的中層領導。當過偽兵的歷史，僅僅是檔案裡有記錄。除了醫院的高層，外人無從知曉。在醫院職工看來，老戴是個老革命；只有他自己心裡明白，過去的事情都是有記錄的。經歷過鎮反、肅反的政治審查，他知道檔案裡的有些事是定時炸彈。

老戴對工作兢兢業業，各方面都很小心謹慎。別說國家大事，就是醫院裡大一點的事他也絕少過問。一直到一九五八年，各次運動他都是平安度過的。他的表現可以說是不積極也不消極，未整人也未挨整；和事佬一個。那時不整人已經很難得了，所以老戴的人緣一向也不錯。

這些年有兩件事值得一說：一是他害了一場大病，差點送了命；一是他結婚成家了，娶了一位小學女教師。

患病本來平常，但和他爾後的命運關係頗大。他害的是結核性胸膜炎併發胸腔大量積液，這倒不算什麼疑難雜症；那時醫院裡X光機和鏈黴素都有了，只要早期拍片明確診斷，及時抽胸水打鏈黴素，很快就能治癒。可老戴不幸，硬是被誤診了。他高燒二十多天，呼吸困難差一點死掉。等到明確診斷亡羊補牢時，胸水吸收了大量纖維素沉積，右側胸膜廣泛粘連。這一來，胸壁塌陷，人的上身就歪向右邊一側了。這只是一次普通的醫療失誤，未想到禍不單行，他病後的體型使他和一樁要案聯繫到一起來。

此話怎講？我們那家醫院，有幾次發現了「反標」（*反動標語）。那五個字橫向排列，字形從左歪向右邊。這時就有人檢舉說，老戴的體型是向右歪倒的，「反標」的字形特點正與他的體型吻合。

何謂「反標」，現在的年輕人是不知道了。改革開放以來，也很少聽說過這類案件了。但要往前數幾十年，那可是政治生活中的大案子。舉例來說，在文革中，每個機關和學校，每片住宅區以及馬路上，常常刷滿打倒劉少奇、打倒鄧小平或打倒黑幫的政治標語，這些屬於革命標語，到處都是。但偶爾也會在什麼地方出現一行字，前面依然是流行詞「打倒」二字，後面跟著的名字竟然是毛主席、林副統帥，或者是江青這些大人物的名字。後面這種就屬於反動標語，簡稱「反標」。

一條「反標」，也許就是打倒XXX五個大字，那時候可是要坐牢殺頭的。從街上的殺人布告中常常能看到，反革命分子最主要的罪行就是「惡毒攻擊偉大領袖毛主席」、「攻擊毛主席最可靠的接班人林彪副主席」、「攻擊文化大革命的英勇旗手江青同志」……後來有關方面可能為了避免示範效應，或者是想簡明扼要，就不提具體名字，一律改稱為「反對無產階級司令部」。

到今天我也說不清，為何全國都有這麼多「反標」案？套句當年的話，這是哪裡有壓迫哪裡就有反抗嗎？其中是否也有阿Q式精神勝利法的意味，或者根本也與政治無關，就是頑童看樣兒學樣兒的惡作劇？別的我不知道，有些「反標」我知道是捕風捉影。比如有人檢舉郭沫若，說他為《歐陽海之歌》題寫的書名裡暗藏著「反標」；從手寫的筆跡中就能找出來。其實那都是穿鑿附會，按這種想像力，從天上的雲彩裡也能看出反標。這是政治學的問題還是心理學問題呢？我判斷不了，只希望「反標」問題有一天也會引起研究界的關注。

再回頭說老戴的故事，我前面說老戴到醫院後成家了，新婚妻子是一位小學教師。比較特殊的情況是，女教師是再婚，還帶著兩個孩子。

老戴人忠厚，對這兩個孩子視若己出。他和妻子感情也好，婚後又生了兩個孩子。這樣，老戴就有了一個很熱鬧的六口之家。要不是反標案，老戴的小日子應該過得挺好了。

這家醫院被所謂「反標」案困擾了很多年，我一九六五年到這裡來工作，戴科長此時已經回醫院復職了。但人們對「反標」依然談虎色變，儘管戴科長是無罪釋放的，總還是有人寫了這個反標嘛。此人一天沒有抓獲，案子就一天不能了結。特別是在戴青被關押期間，一次夜間在門診部裡又發現了「反標」，大醫院的門診部裡，就診人川流不息，誰隨手胡劃幾個字，劃完就走了，到哪兒找人去？結果當夜值班的各科室人員，全部被列為懷疑對象，據說很多人檔案裡至今還有這件事。

有關逮捕戴青，當時在醫院震動很大。那是在一九六三年，報紙上正在大力宣傳階級鬥爭，還要年年講月月講天天講。院裡肯定是要「殺一儆百」，所以在大禮堂召開全院職工大會，對戴青進行公開逮捕。與會的醫生護士一個個屏聲斂息，誰也不敢說三道四。但是，防口猶如防川，是防不勝防的，人們私下議論很多。有些人相信公安機關執法有據，不是常有這種說法嗎：這個不整那個不整，為什麼偏整你？可見你不是好人。還有人暗中慶幸，壞人歸案，自己總算解除了嫌疑。大家都未想到，緊接著，醫院裡又一次發現了「反標」。於是大家又想，戴青會不會是被冤枉了？儘管如此，也沒有人敢為戴青說句公道話，誰也不想被認為是包庇罪犯，引火燒身。

十八個月後，戴青回到廠裡。據說是無罪釋放，恢復了公職和黨籍，還是幹他的總務科長。看到他我想，這人的病體一望而知，是怎麼熬出頭的？

醫院裡一切如常，階級鬥爭這本經繼續念。戴青到底經歷了什麼，他矢口不談，也沒人敢向他打聽。

老戴上班之初，好像喪失了說話功能。不過人們很快就發現，他依然思路清晰，沒有瘋也沒有傻，只是顯得戒備和冷漠。沒想到的是，命運把我和他安排在一起，給了我一個聽故事的機會。

這時醫院裡已經搞了兩年的文革，運動向縱深發展，戴青的事情又被翻出來。某日，軍代表和工宣隊的頭兒，在牛棚裡發動大揭發，叫我們寫大字報。寫誰呢？這時一個人站出來，他就是過去咬定戴青寫「反標」的Y某。他再次檢舉戴青說，新出現的反標也是戴青寫的。戴青一貫反動，公安部過去的定案結論不能算數。

他的揭發在醫院又一次引起震動，不過這一次，很多人都說姓Y的不是東西。哪有這樣蓄意咬人，幾年都不鬆口的？軍代表則說「疑似之跡不能不察」，於是我也寫了一張大字報。我的大字報寫的是：我要問姓Y的幾個為什麼。我重點只說一件事，就是醫院前前後後發生了十幾起「反標」案件，為什麼絕大部分都是姓Y的首先看到和檢舉的？常識告訴人們，賊喊捉賊、監守自盜，這種種情況也是有的。我院這些反標案件至今未破，不應該拓寬思路，多想幾個為什麼嗎？

我的大字報就寫了這幾句話，署名的人倒不少。貼出來之後，真是觀者如潮。這下子姓Y的日子不好過了，他雖然文化不高，也看懂了大字報的內容，不就是懷疑他在作案嗎？從來都是自己整別人，未想到也有今天的下場。萬一被揪住不放怎麼辦？Y恐怕是嚇出了一身冷汗，他趕緊找到軍代表、工宣隊，發誓賭咒說自己是如何的清白，對黨多麼赤膽忠心。有人還看到，他走在路上也是唸唸有詞，嘴裡自言自語：「我真未幹真未幹」……「我是忠於黨的忠於黨的」。幸好運動搞過一陣，大家也都疲勞了。要是像運動初期那樣窮追不捨，姓Y的非精神失常不可。

其實，醫院裡沒人真的相信姓Y的寫反標，這種事有百害無一利，除非他蓄意寫出來栽贓陷害別人，但那樣做的難度也不小。現在看到他的狼狽樣兒，也是解氣。誰叫你心狠手辣的，今天也輪到你。

正在這時候，老戴卻解除了單獨關押，與我們一起享受大牛棚待遇了。不過，這個轉機也並不是我們的大字報帶來的，而是另有原因。

一天中午，女廁所內又出現「反標」了。全院如臨大敵，政工人員再度緊張起來。不過男職工倒是輕鬆，反正他們不進女廁所嘛。老牌嫌疑犯戴青那時還被單獨關著，外面有專政隊嚴密看守，絕沒有作案的可能。軍代表、工宣隊院還有專政隊日夜開會，找線索，抓疑點，表決心，一定要把頂風作案的反革命分子揪出來。我們聽說，經過這番排查已初步確定，疑犯是一位有歷史問題的老醫生家屬。據說有人見到，正是她中午進過女廁所。而最大的疑點還在於，她平日寫字又快又潦草，這條「反標」裡最後一個字「東」，正是一個草體字；它最後三筆是連成一筆的。能這樣寫字的人，文化程度也不一般。綜合這幾條來看，不是她是誰？

這幫人摩拳擦掌，準備對她實行專政；事情卻又出現了新的轉折。醫院附屬幼兒園的季老師來報告說，寫「反標」的人找到了，卻是幼兒園的一個孩子。季老師詳細說明了查辦經過，她先發現這孩子神情緊張，於是就和他個別交談。果然，一問到廁所裡的反標，孩子馬上承認了。他還當場寫下了這五個字，和廁所牆上的一模一樣。問他為什麼要寫？小孩子不說話。再問，小孩說：好玩。接著問：有什麼好玩？答說：不服氣。不服什麼，小孩的思維就是這樣跳躍的，他也說不清楚。問來問去，小孩子還是說好玩。幼兒園小孩也不過五六歲，那時滿街都是ＸＸＸ萬歲，打倒ＸＸＸ的，我估計是小孩看多了無師自通，自己亂寫。至於為什麼在女廁所寫呢？大概女廁所那會兒正好沒人吧。

這下子該那些頭兒們頭痛了，即使拿到了這鐵證如山的五個字，他們還是不敢相信。於是又把那小孩子找來，再細細問一遍。結果，還是和原來說的一樣。問他是誰指使的？孩子說沒人指使。再一查，他父母都是響噹噹的左派。又到幼稚園去查，除了季老師，也並沒有別的老師和他談過話。看來追後臺之事也只能是放放空炮了，幾歲的娃娃能定什麼案？

這次「反標」事件總算水落石出了。我院多年來出了十幾件「反標」案，這是唯一破案的一件。

就在那次娃娃鬧劇之後，老戴從單間放回到大牛棚來了。大家也沒什麼反應，人人都有一肚子冤情，哪裡還顧得上別人。只有我還是單身，牽掛少些，還有點心思關心老戴的事。其實我也談不上關心，只是勞動之餘閒聊而已。老戴是曾經滄海的人了，天大的事說出來也像溫吞水似的，他不疾不徐波瀾不驚；就像在說一個不相干的人。我從一九五七年起連年挨整，也算是經過風雨了，但聽老戴說他經歷的事，依然不寒而慄。

老戴跟我講了下面的故事。

我也說不清醫院裡什麼時候出現「反標」的，大概是五十年代初吧。一代政權更迭，出現這種事是很平常的。醫院又是一個公共場所，人流量很大，有誰胡劃幾個字劃過就走了，到哪兒找人去？總不能為這種事醫院停診吧，公安機關也曾經介入過，只是茫無頭緒。

不過我再也未想到會懷疑到我的頭上。

記得是一九五五年初吧，有一天院長找我個別談話，他說有人檢舉我是反標的作案人。我聽了一楞，這事太突然了。那時我大病初癒，全身乏力，對這突如其來的栽贓，還來不及細想個中緣由。

我對院長說，你看我是幹這種事的人嗎？我被誤診差點丟了命，那是留用的國民黨舊醫官幹的事；我應該寫打倒國民黨才對，幹麼要反對自己的領袖？

院長也是我們「三野」（第三野戰軍）轉業的，政策水平高，待人也很好。他接過我的話頭也說：是呀，我們幾位院領導也說，老戴也是老同志了，為什麼要幹這種蠢事？我們知道醫院來往人多，出了什麼事不能只想到醫院的人，那會辦錯案的。院長還說，找你談並非懷疑你，要真懷疑我們就報公安部門了。這事跟你說完也就了啦，你該幹啥還幹啥。別問是誰檢舉的，對科裡的人，還是要和平日一樣。

院長這麼一說我全清楚了，幹這種缺德事，不是姓Y的會是誰？在我住院期間，就是他把食堂的賬弄得亂七八糟。我抱病查了他的賬，批評了他，叫他賠了款。當時也未給他處分，只是把他的工作調了，使他再沒機會接觸錢。這麼做其實是愛護他，哪裡想到他會挾私報復。好在院領導已經把話說明，我想，還是相信組織吧，天大的不愉快也只能悶在心裡。我此後也從沒有和姓Y的過不去。

我以為這件事已經過去了，未想到「三野」的院長調走後，麻煩又來了。應該說不單是因為領導調動，主要還是當時的政治氣候。反右之前，雖說有過政治運動，如批胡適、反胡風什麼的，主要還是思想文化陣線上的事。醫院是技術性單位，受牽連要少些。反右之後情況就大不一樣了，老院長他們一走，新提拔的幾個頭兒，沒甚麼資歷，只想在運動中立功，就拼命整人。他們把一大批小青年打成右派，比例超過老人家指示的百分之五，醫院成了反右的重災區。

我比那些年輕人經驗多，知道該說什麼不該說什麼，所以平安度過了五七年的反右派和五八年的反右傾。但反右之後，捕風捉影的事越來越多，我估計還有人會在反標問題上做文章，也不知道什麼時候會大禍臨頭。有人說你這不是做賊心虛嗎？這是他沒經歷過。運動搞到後來就要橫掃一切，怎麼叫橫掃？就是有事沒事都要掃幾遍。你想想看，無風還有三尺浪呢，有過姓Y的檢舉，大運動來了，還能平安無事嗎？我只是估計不到要鬧到什麼程度而已。

未想到災難來的那麼猝不及防，差一點把我的命都丟了！

一九六三年秋一個普通的下午，醫院裡突然召開全院大會。這不奇怪，奇怪的是來了幾個全副武裝的公安人員。空氣顯得格外緊張，誰也不知道發生了什麼大事。人們悶聲悶氣地坐在那裡，我照例坐在一個角落，心想今天會輪到誰呢？

突然，主持大會的人一聲高喊：「把現行反革命分子戴青揪出來！」話音未落，不知什麼時候轉到我身後的兩名公安人員突然上來揪住我，馬上給我戴上手銬，一路把我押到前臺示眾。會場上喊口號的聲音震耳欲聾，全是一片打倒之聲。逮都已經逮了，打倒什麼的我已經無所謂了。

十八個月的關押就這麼開場了。

我當時想，這樣大張旗鼓地對我搞突然襲擊，就是想起到震懾效果，杜絕反標案件，我不過當了一回活靶子。經驗告訴我，這樣大張旗鼓地抓人，案子都會被辦成「鐵案」。即使發現錯了，也會維持原結論，那才可以保障運動成果，才能保護運動的積極分子們。除非時局有重大變化，或者是有什麼重要人物干預，案子或許會有轉機。但這兩個條件對我這樣的小人物，都是不可想像的。所以當手銬上把我銬上的那一刻，我就知道這一生完了。

我自己的事我很清楚，接下來是生死定奪。要麼他們有確實的證據包括我的口供，認定我是「反標」作案人，那就可以判我重刑甚至處死；要麼沒有證據也沒有口供可以證明我是作案人，那我或許會被無罪釋放。可是雙方力量相比懸殊太大了，從醫院領導到專政機構，乃至當時的政治氣候，無一不是要把我辦成鐵案。我自己這邊只有傷殘之軀。我的力量是十分微弱，但我還是不想引頸受戮，你要說這是垂死掙扎也行。

審判過程就不必細說了，雙方態度都很明確。審我的人就是要我招認，為此他們也用盡了辦法。那無外乎是政策攻心，說什麼坦白從寬才有出路等等。他們對我說，已經掌握了充分的證據，接下來就看我的認罪態度了。他們還說你為了老婆孩子，也應該選坦白從寬的路。這些話聽起來有道理，問題是我必須承認寫了「反標」。問題是我真未寫過啊，我為什麼要承認？

我竭力辯白說，我入黨也十幾年了，從一個農村窮孩子到城裡當了國家幹部；還討了老婆生了兒子。我日子過得挺好，這都是托了黨和毛主席的福，我為什麼要反黨反毛主席啊？這些道理他們都不聽，但我還是要說，審一次我說一次。任他們軟硬兼施也好，日夜轟炸也好，甚至說馬上要判我死刑也好，我硬是不改口。

那些審我的人似乎也有點犯難，我讀過一點舊書，平日待人也想到要為別人想一想。這些審判員和我素昧生平，本無必要把我往死裡整。他們只是在執行任務，而且這個任務一開始就很明確，或者說結論早已做出，只不過就等我簽字畫押了。我猜想，必定是限定時間結案的。只是他們沒想到，我這麼一個病病歪歪的人，就是軟硬不吃。

我也曾想過，我的事如果是錯誤思想什麼的，我早就兜下了。我也會上綱上線，把自己臭得豬狗不如，讓審我的人滿意。可這次不行，這次只要我一簽字，不見得會得到釋放，說不定真的要被槍斃。不是說對黨對政府要忠誠老實嗎，是啥說啥。那麼，不是我幹的事，打死我也決不承認。

世上很少有強者會正視弱者力量的，我的態度逼得審判員們最後要攤牌，其實底牌早已握在他們手裡，大可不必費這麼多周折。不知道是司法程序的需要，還是想在我身上挖出更多的東西，對我個人而言，他們早已握有尚方寶劍了，那已經可以致我於死命。

這柄尚方寶劍就是省公安廳的鑒定書，上面寫著：「經鑒定此筆跡係戴青所作。」當初見到這鑒定書照片時，只記得頭腦裡懵的一下，眼前一片黑。我努力鎮定下來，想要搞清楚：省廳根據什麼做出這種結論的呢？是他們技術失誤，還是寧左勿右的政治需要？

我先想到的是，既然審判員已經找到了答案，我再說什麼他們也不會相信。但我已經豁出去了，隨你們怎麼想，我只是堅持說：我沒有寫過任何一條「反標」。如果你們要根據這份鑒定書定罪，那是你們的事。我不會簽字，而且肯定要上訴。

他們把我判了個死刑，判決書很快下達，我的上訴狀也同時提交了。剩下來的事看起來很簡單，或是最高法院維持地方法院的判決，執行死刑；或是高院推翻地方法院的判決，無罪釋放。

生死之間，僅憑那一紙鑒定書。我要求說，省公安廳的鑒定不符合事實，應該由公安部來重新作鑒定。事實上審我的人，從未放棄最後的努力，他們沒有得到我的口供，說明工作失敗了。所以他們一直還在逼供，只要我配合招供，那甚麼重新鑒定、上訴甚至重判，一概不需要了。

可是，這杯慶功酒他們一直沒有喝成。要是一般案件，嫌疑人這麼不配合，肯定會有皮肉之苦，不過我還沒有挨過打。大概是我已成了「欽犯」，又是個病病歪歪的人；搞不好立斃堂下，他們不好向上級交差。所以對我基本上還是「文鬥」，在他們看來，我是死不悔改，死到臨頭，要帶著花崗岩腦袋去見上帝……他們就這樣肆意地嘲笑我，訓斥和侮辱我。對峙了幾個月，我一直是不低頭。

但是，要和往後一年多的日子相比，審訊期間的磨難又幾乎是微不足道了。

接下來就是等待處決了，現在已經沒有秋後問斬那一套，何時最高法院駁回我的上訴，何時執行死刑。我怎能甘心啊！古人說螻蟻尚且貪生，何況我還不到四十歲，就要死得這麼冤枉。然而我如何能自證清白呢？

等待期間，我就被送進了專門關押死刑犯的囚牢。

剛把我關進死牢時，我心情十分煩躁，而且也高度敏感。一有響動，我就以為要拉我去刑場了。一天有人送兩次飯，我一天就要驚慌兩次。聽人說處死之前要吃一頓酒肉上路，所以我特別關心每次送來的飯菜。其實我什麼也吃不下，吃什麼都是味如嚼蠟。

我這樣的重案，早已不准家屬探視了。但聽人說處決前可以和家屬見最後一面。我多麼想見我的妻子和孩子啊！他們眼看就是寡婦孤兒了，而且還要背反革命家屬的黑鍋。妻子在小學任教多年，這下子恐怕是教不成書了。她一個中年婦女，拖著四個孩子，往後怎麼度日？提起孩子心裡更難受，小三子才進小學，小四子剛進幼兒園，他們還不懂事。等他們長大了問起爸爸，媽媽怎麼說呢？

再一想到老大老二，我心裡就更難受了。他倆的生父早逝，跟著我這個繼父未過上什麼好日子，卻成了反革命親屬。他倆都已上中學，眼看還要面臨升學就業一系列的事。我到九泉之下，怎麼向他們的生父交代呢？他倆會不會責怪媽媽找錯了人，媽媽又將如何對他倆解釋？

死期臨近，就等著上刑場了。奇怪，每天的飯菜沒有變化，也沒有家屬送別的消息。人都是這樣，緊張不了太長時間就麻木了，甚至還會有僥倖心理。我不停地想著，公安部是否做出了改正的鑒定？會不會重新再審？接下來還是失望，日復一日，沒有任何變化的跡象。我又開始煩躁，寢食不安。

那一段時間我就是這麼顛三倒四地過著，終日胡思亂想，直至被疲勞壓倒。

前面我跟你說了恐懼的折磨，現在我再告訴你這個死牢房有多大，這樣你才知道我受了多大的罪。說它是個單間或者是個小黑屋，那都誇大了。它其實比火車的一個臥舖還要小。現在火車臥舖的標準大概是長一米八多一點，寬七十五公分。關我的地方大約是八十公分長，五十公分寬，總共不足半個平米，簡直比棺材所占地方還小。我靠在一側牆上，兩條腿可以伸個半直，邊上有一條十公分左右的空間，放了一個便器。進出的鐵門長年鎖著，每日兩餐由頭頂上一個小洞遞進遞出，不送飯的時候洞門就關著。幸虧屋頂很高，才不至於把我憋死。我只有站起來的時候身體才能伸直，也才能轉兩個圈活動自己。如果睡著，只能半躺，兩條腿都是蜷縮著的。

就這麼大的地方，四堵牆和地面都包著厚厚的橡皮，你絕對撞不死。屋頂上有一束昏黃的光線射下來，看不見燈泡，即使看得見也搆不著。除此之外，沒有一絲自然光線透入。我不知道房屋的朝向，分不清白天黑夜，連春夏秋冬也感覺不出來。屋內溫度似乎沒有明顯變化，或者說冷熱對我已經無所謂了。

在這裡，再也沒有人來審訊我了。開始時我覺得有幾分輕鬆，反正是一死，也讓我耳根清淨幾天。雖說人蜷在這狗窩一樣的地方，轉念一想，我又還能活幾天呢？要死的人了還講究什麼，隨它去吧！

可是，時間一天天過去，沒人告訴我還要待多久。沒有一天能夠躺平了睡一覺，沒有一個人說話，我越來越難受。本來我就是病歪歪的，在這個棺材房裡待久了老病復發了，我開始發熱、咳嗽，全身難受。沒人來問我，我也不求看醫生。我迷迷糊糊地想著，就這麼死了也省事。本來十年前那場重病我就該死的，未想到多活十年倒成了死囚。

我連著三四天滴水未進，獄方應該來查看我是在絕食呢還是害病了。但無人前來，也許他們正希望我一病不起，倒也是省了許多麻煩。

我已上訴到中央，算得上是「欽犯」了，沒有中央的批復，他們反正不能隨意處死我。我活一天，案件就懸著一天。那時死與不死也就在一念之間，只要再熬上兩三天，我就油盡燈滅。而且尋死一點也不困難，只要我不去端那杯水和那個飯盒，一切都結束了。

高燒中我昏沉沉地過了三天，第四天，我陡然發現自己清醒過來。原來，燒退了。我第一個感覺是口渴難忍，我掙扎著爬起來，看送飯窗口木板上有一杯水。我抓起水杯，一飲而盡。這杯水進了肚子刺激了胃腸，我感到餓，餓得頭昏。顧不上那窗口小板上的飯菜是何時送來的，我三口兩口就把那些飯菜吞下肚了。

人進了食有了活力，腦子裡又開始糾纏起生與死的問題。我後悔了，怎麼這麼沒用，忍受不了那杯水與飯盒的誘惑。本來再堅持兩三天就過去了，現在一切痛苦又從頭再來……

我知道即使吃了一點東西，要死也還來得及。只要不再碰那水杯與飯盒，肯定熬不過幾天了。就在這大病初醒的時刻，我問自己，既然老天都不要我死，我為什麼要自己尋死？我應該活下去。我一個無辜者，被政府判了死刑，誰都不會為我說一句話，這已經夠不幸了；我不能自己判自己的死刑，不能這麼做。

我又問自己：活下來幹什麼呢？等待平反還我一個清白嗎？我早已斷了這個念頭。但我必須撐著活下來，因為，不管我怎麼死，如果說我的死給親人造成了傷害，那不是我的責任，而是外人強加給他們的。是外人給我的老婆孩子，特別是老大老二兩個繼子帶來了痛苦。我捫心自問，自己從來也沒有做過任何傷害他們的事情。我活著，或許不能改善他們的實際處境，但我自己問心無愧。我是被冤枉的，我不要自絕於他們。就算我死，也是被人害死的；就讓我帶著這一丁兒的自尊熬到油盡燈滅吧。

那些日子，我記得的是漫無邊際的寂靜，寂靜沒有盡頭。日夜停止了交替，時序中斷，陽光、溫差都不知在哪兒凝固了。我能感到，我身體各器官的功能也在一天天退化下去。我已經分別不出醒與睡的邊緣，只有口齒一天兩次還能咀嚼，大便小便還在外泄，腦海裡還有一絲思維活動。不過那種活動也是飄忽不定、茫無頭緒的，我甚至弄不清是不是自己在思維。我不知道世上究竟有沒有機器人，也不知道所謂植物人活著是什麼狀態，只記得人們常說的一句口頭禪：「只比死人多口氣」。我這個樣子就是，那一口氣隨時都會離開我的軀殼。

我不信任何宗教，不相信有什麼天堂地獄，也不懂什麼叫清靜虛空。我是共產黨員，但我已說不清我還奉行什麼主義或者信念。我讀書不多，也不知道什麼叫理想氣節。其實我並沒有什麼遠大的人生追求，凡夫俗子一個。我想不通，為什麼那麼多人要置我於死地？是不是這個時代需要我這種人去犧牲？沒有我老戴還有老張老李，我只是偶然撞上了，成為了一場好戲的道具。想到這裡我又好像開了一點竅，心情似乎平靜下來。好吧，既然時代需要我這樣的人，既然這種特殊構造的棺材房要有人來住，攤上誰也不好受。攤上我就是我吧，我認命了。

我不再與命運抗衡，活著就簡單多了。漸漸地我也不想那些亂七八糟的事了，那只是給自己加罪受，要是真的鑽進牛角尖裡出不來，後果非死即瘋。那還不如絕食死掉算了。既然打算活下來，不如放鬆些吧。

我真的什麼都不想了，連老婆孩子咋樣了也不想，想也沒用。我不在意每餐吃的啥，更不關心什麼環境變化、季節溫度了。我像一個活死人，每天蜷起睡一會，全身酸痛了又站起來，看著屋頂轉幾圈。轉累了，我再蜷起。我忘了時間，忘了現在是驢年馬月……在這棺材房外面，塵世囂囂，與我沒有任何關係。

突然有一天，小鐵門咣噹一聲開了。我看都不看，沒有任何反應，接著似乎聽到有人在喊：「戴青，出來！」戴青是誰？對我喊幹什麼？我是戴青？啊，是呀，我不就是戴青嗎？久違了，我居然還記得自己的名字。出去幹啥？我待在這兒不是挺好的，這是是要槍斃我了嗎？要是從前，這一聲吆喝肯定讓我心驚肉跳。現在一切都無所謂了，死生有命，出去就出去。

「戴青，帶著你的東西，你無罪釋放了，到辦公室辦手續，你老婆孩子在門外等你！」

就這樣，把我關了十八個月，放出來了。離開棺材房，我連路都不會走，還要人攙扶。回到廠裡，這已經是十八個月之後了。有人告訴我，中央開了七千人大會，說到要平反冤案，落實政策，我就是一個例子。我不懂也不信，要是那樣，我們醫院打了那麼多右派，怎麼一個也未平反？

我只知道一個事實，那就是公安部對我的反標案重新做了鑒定：「經鑒定此筆跡不是戴青所作」。至於這個結論是否與七千人大會有關，我就不知道了。也許如你所說，文革前的公檢法（*公安局、檢察院、法院）還沒有像現在這樣全被「砸爛」；辦事多少還有章可循。總之進行了調查，還了我個清白。

文革來了，我又被單獨關押，又是一個人住進牛棚，這在我意料之中。報上不是說「天下大亂，達到天下大治。過七、八年再來一次」嗎？我要有命活著，肯定還會再關進去的。所以我對自己身體從不上心，多活多受罪。一個人只要被運動盯上了，那你永遠都是運動對象了。你是逃不脫的……

戴青科長是突發大嘔血搶救無效辭世的，那已是他對我講這個故事的二十年後了。那天我值中班，作為他的臨床醫生和牛棚難友，在治療上我們已經竭盡全力。我對他的死既有感傷，也還有些為他慶幸。他已近古稀之年，終於趕上了新時期，反標的事情平反了，各種歷史包袱都已丟掉，還是在黨員科長的位置上退休的。在這種情況下辭世，算是壽終正寢了。

不過寫到這裡，我又想起一件事。關於戴青涉嫌的那個反標案子是否有結論，這個事情有點複雜；比右派言論問題麻煩多了。我聽一個政工人員說過，它屬刑事案，只要未找到寫反標的人，戴青之類永遠是嫌犯。無罪釋放只是法律層面的，疑點依然留在案卷裡。這點戴青本人清楚，他也和我說過。戴青的檔案現在在哪裡呢？肯定沒有跟他一起化為青煙。唯願戴青天上安息，再不被人間的鬼魅糾纏。

二〇〇二年八月二十七日於廣州

蒙師蒙冤瑣記

我六歲入盛老師的蒙館，從《三字經》、《百家姓》讀起，一直讀到《論語》、《孟子》。幾歲的小娃娃只知道跟著老師嘰哩哇啦，啥也不懂。八歲轉新式學校讀小學三年級，不久就跟著班主任兼語文老師的戴先生，一直讀到小學畢業。盛老師和戴老師都是我的蒙師，他們品格好，學問好，在當地深受敬重。全椒西城是巴掌大的小地方，然而學風盛熾，人材輩出；很多人都得益於和他們一樣忠於職守的老師。

可惜兩位老師皆命運坎坷，反右時盛老師被劃右派，戴老師的丈夫章老師也成了右派。由此兩個家庭備受磨難，子女也受到牽連。那時我早已離開故鄉，但從兄長及同學那裡，得知事情的原委。他們的故事也屬於基層反右的一個側面，值得在此記述，也表達我對老師的懷念。

盛老師

盛老師是陷進一次說不清的出行而受累一生的，這事說來話長。

全椒縣城不大，頗有文名，因為出了個大文人吳敬梓和他享譽世界的巨著《儒林外史》。人們不知道的是，這裡也出過武將，他就是黃浦軍校二期畢業生、抗日將領、國民政府第九十六軍中將軍長陳金城。陳軍長雖說少小離家，戎馬天涯，但鄉情很濃。自己並無子女，對家鄉來人都親切接待。陳軍長駐防山東濰縣時，離安徽近了，家鄉常有人去看他。有些人生活無著，陳軍長也給安排點小事糊口。

某日，盛先生也和幾位鄉親一齊去山東，看望陳軍長。陳軍長見家鄉來了頗有聲望的塾師，格外熱情些，據人們猜想，或有過單獨宴請這類事。這樣的事情在當時是很榮耀的，未想到給盛老師帶來了長久的麻煩。歷次運動都要追查他這段歷史，問他反動軍官陳金城封了他什麼官？又接受了什麼祕密任務潛伏下來？其實陳軍長是職業軍人，軍界以外的事什麼也未幹過。盛老師更是子曰詩云教了一輩子，別的並不太懂。就這樣，來一次運動查一次，啥也未查出來。

然而，功夫不負有心人，那厚厚的案卷總歸能派上用處。這不，反右派運動一開始，對那些材料做點簡單的技術處理，盛老師的右派帽子就戴上了。因為定個中統軍統反動黨團骨幹這些，都要有點依據；定個右派則簡單，隨便找幾句話就夠了。很多人在反右前受審查，以後未定上案的，到了反右時都落網。盛老師從此灰頭土腦地過了一生。

聽說鄉親們待盛老師還算過得去，沒有叫老人家幹什麼苦力活，子女們也還孝順，盛老師在耄耋之年得到改正，算是可以瞑目了。

順便說幾句關於陳軍長的事：解放戰爭期間，山東濰縣之戰是一場激烈戰鬥，攻守雙方都是名將。解放軍這邊是三野驍將許世友將軍，國民黨那邊是陳金城將軍。攻守戰幾近白熱化，終因國民黨失去民心，陳金城孤立無援。濰縣被攻克，陳金城在地下指揮所被俘。

據說許世友將軍沒有為難陳金城，還稱讚他作為職業軍人的英勇善戰。所以陳金城從戰俘營釋放時，有關方面問他何處安身，陳金城提出到南京定居。南京一是離家鄉全椒近，再就是許世友作為南京軍區司令駐守在此。果然許司令待他不薄，陳金城晚年生活恬淡安定高齡壽終，文革中也是平安過來的。陳將軍當然不會知道盛老師的事，其實那些專案組的人何必四處調查，問一問陳金城不就得了，南京全椒近在咫尺。

我在盛老師館內讀書時年齡尚小，許多事記不起了；只知道盛老師學問很深，很多古文詩詞倒背如流，經常有人來請教他。家鄉解放那年，我十二歲了，只知道盛老師是個教書先生，未聽說他做過別的事。

讀私塾只是死記硬背，我記憶力尚好，常受盛老師誇獎，其實啥也未懂。不過以後讀大學時，又重溫這些東西，有老友相逢的愉悅。

戴老師

如果說盛老師給我留下的印象已經有些模糊，那麼戴老師在我腦海裡的形象則很清晰明朗。她就像家鄉那條穿城而過的襄河水，河面不寬，水也不深，但清澈見底。雖然沒有洶湧的波瀾，總是汩汩淙淙長流不息。戴老師當了近五十年的小學教師，教過無數學生，她在小學教育方面也許沒有成就什麼偉業，但她對每一位受業學生都視若子女，關懷備至。童年受教，真是惠及終生。

開始我不在戴老師班上，那時我家境貧寒，父親臥病不起；家裡僅靠母親紡紗哥哥帶病織土布為生。我學醫後才知道，哥哥實際是飢餓所致的低血糖而暈厥。家裡常常吃了上頓愁下頓，也沒有一處放書桌的地方。

我讀小學時，穿得很破，一臉菜色。因患鼻炎常流鼻涕，口吃也很嚴重。一枝破鋼筆直漏水，作業本子是買粗紙自己訂的。可以想見，我的作業會成什麼樣。大概實在是慘不忍睹了，有一次被抓到全校「示眾」。一個幾歲的孩子遭眾人恥笑，會是什麼樣的心情？我不想讀書了！我逃跑過也賴過學，從困難的家庭到受罪的學校，眼前是一片迷霧，活得真是沒勁。那時我想，新學堂有什麼好？還不如舊私塾。有一天，同桌同學又欺侮我，他仗著他媽媽和班主任是同學這點勢力。我一氣之下跑回家，再也不肯去上學了。

一般來說，老師都會喜歡體面的孩子，他們長得好看穿得漂亮，口齒伶俐又活潑可愛。但是老師本不應該有分別心的，畢竟你們不是在挑演員。也許你所不喜歡的孩子正是最需要你的，可惜想到這一點的教師並不很多。

兩天後，我的班主任未來，倒是戴老師到我家來了。戴老師對我的父母說，她看過我的作業。雖然字跡不清楚，但答案都是對的。她又問我，願不願轉到她的班上去？戴老師對我沒有一句批評，她細聲慢語，像拉家常一樣，給我父母印象極好，他們都當場表示同意和感激；我則也沒有理由再賴學了。

這故事有點像以後劉心武寫的小說《班主任》，其實我不是差生，也沒有任何壞行為。家窮不是我的錯，口吃、流鼻涕也不是，我不必在同學面前低著頭。正如我以後冤枉當了二十多年的右派，那是有人設的套，也不是我的錯，所以我也從未低過頭。

到了戴老師班上後，我的小學生涯才真正開始。儘管我還是穿著破衣裳，也依然口吃，作業本子上也免不了一團團墨蹟，但再沒有受歧視，可以安心讀書了。戴老師的成功之處說起來也很簡單，她平等地對待每一個學生。正如孔老夫子所說的：「有教無類」。班上的窮學生、鼻涕娃很多，口吃或有各種小毛病的也不止我一個，但戴老師的慈祥愛心，溫暖了許多幼小的心靈。我只記得一件事，一次考試，因為考卷太多，一部分卷子就由別的老師來改。因為卷面不清楚，我的評分打低了。戴老師知道後，特地調出我的卷子，重新給我打了分。我知道後非常高興，別看這是小事，它讓一個孩子知道自己被關注，而且相信世界上有公平這回事。

誰能想到這位好老師，遇到了一個最大的難題！說來真是令人難以置信，也荒唐透頂。

戴老師本人未劃右派，她的丈夫章老師因為什麼歷史問題，先在肅反時受審查，不夠槓子；到反右時就被打倒了。基層反右派很多地方都是這個模式，中小學都是重災區。當時有這樣一個情況，一位年長的右派教師告訴我，在解放前幾年，國民黨為了壯大聲勢，曾在許多學校搞過教師集體入黨的活動，而中學生則集體加入三青團。結果，害得一人批學生和教師因此背上這個歷史包袱，解放後年年挨整。其實我們黨和新生的人民政府是瞭解這個史實的，為什麼要中國民黨的奸計，長期把這些人看成異類呢？為什麼不讓他們發揮才智，為新社會服務呢？可惜到十一屆三中全會後才想到，他們都已經老了或離開人世了。

戴老師的丈夫章老師可能就是因為集體加入國民黨或三青團被開除公職，交地方管制。這對戴老師來說，處境是十分尷尬的。幾十年的教材內容都在強調階級鬥爭和無產階級專政，階級敵人在哪兒？自已的丈夫就是一個！他真的是壞人？戴老師最清楚。大家說說看，戴老師這個書可怎麼教？

那時我早已離開了故鄉，而我的侄兒侄女還在跟戴老師讀書。聽他們說儘管戴老師處境艱難，工作依然十分認真，對學生幾十年如一日。教學上她當然不敢越雷池半步，但總是力所能及地多教他們一些文化知識。學生和家長知道戴老師的處境，對她的尊敬不減，沒有發生過叫老師為難的事。

但校領導就沒有這麼好說話了，戴老師的的難題來了，自已的孩子滿了七歲，該進小學讀一年級了。好，先填張表再說。表上父親那一欄填什麼？一看，黑五類！政治不合格，不准入學。一年兩年三年，到了第四年，還是沒資格入學。

聽說那孩子十分懂事，不吵不鬧，整天把自已關在房間裡。他也知道不是父母的錯，那怨誰呢？小孩子搞不懂，搞不懂就整天不說一句話，悶坐在家裡。這下戴老師夫婦更著急了，忍無可忍，戴老師硬著頭皮走進了縣革委會大門。出來的時候，戴老師手上拿著縣領導特批的條子，准予其子入學。領導還一再對她說，要感謝黨和政府的關懷，不然……，下面的話戴老師聽不清了，她只感到天旋地轉，還能說什麼呢？

戴老師一生平凡而坎坷，這件事帶來的悲哀是最深的了。直到三中全會之後，強加在她夫婦頭上的不實之詞才都推翻了。為了表彰戴老師數十年在小學教育上的貢獻，戴老師連續兩屆都被推選為全椒縣政協委員。我三哥也是政協委員，據他說，戴老師每屆的提案都是關於教育的。她特別強調要普及九年制義務教育，適齡兒童入學一個也不能少！全體委員都知道，她發言的潛臺詞是什麼。

五十年前我離開故鄉，此後再也沒有見過戴老師。偶爾回鄉探親，因同樣身陷厄運，也沒有主動去拜訪戴老師。儘管如此，我永遠忘不了是戴老師把我引出了童年的陰影。如今戴老師和章老師早已過了古稀之年，他們被耽擱了入學的孩子也已走出逆境，事業有成。我願二老身體康健，生活幸福。

劉老師和徐校長

寫到劉老師時，我想到劉紹棠一篇散文的標題〈放逐到伊甸園〉。劉紹棠說他文革一開始即遭批鬥，後遣送回原籍監督勞動。他說，沒想到竟是被放逐到伊甸園裡了。劉紹棠之前發表過許多以大運河為背景的小說，家鄉人民感謝他，給了他很多保護。儘管文革風暴猛烈，他又是知名大右派，但在家鄉不僅未受苦，還能繼續搞創作。他的長篇小說《地母》就是那時寫出來的，不過我覺得成就不高，沒有什麼可讀性。放逐總歸是放逐，被無辜剝奪自由，並沒有什麼可稱贊的。

我要說的故事與此有些相像，不過其中多了位女主人公，就多了幾分溫暖的色彩，儘管苦澀還是它的基調。

一九五二年我即離開了故鄉，一九五八年也戴上了右派帽子，以後很少回鄉，對家鄉的事知之甚少。但當時學校裡有一個爆炸性新聞，我們在外的同學都知道了。那就是我們初中的生物老師劉老師，嫁給了右派徐副校長。

徐先生原來是滁州完全中學的校長，那所學校含初中到高中六個年級。反右以後徐校長被戴上右派帽子，放逐到全椒，降級降職，只能在縣裡的初中當個副校長。而我們的劉老師端莊嫻靜，氣質高雅，當時還是一位單身女子，所謂「老處女」吧，而徐校長已成家多年，且有了四個孩子。這件事當時被當作奇聞傳播，不過事情的經過也很平淡。徐校長和劉老師有了感情，他回到四川老家，和妻子平靜地離了婚。他把兩個不滿十歲的孩子帶到全椒，和劉老師辦理了婚姻登記手續。

翌年，他們的女兒出世了，全家五口人生活在一起。據說劉老師對徐校長的孩子視如己出，且治家有方。當時政治壓力大，家庭經濟也困難，徐校長微薄的工資還要負擔四川另兩個孩子的生活費。但這一教師之家過得很和睦，兩人工作皆勤勉，生活也井井有條。到六十年代初，不知道是因為右派當校長不合適，還是才人終於得到重用，或者徐校長有一些關係幫忙，夫妻倆雙雙調到一所大學任教去了。

全椒縣城出過大文人吳敬梓，是個尊重知識的地方。人們很快也就認同了他們這一對頗有些出格的婚姻。其中一個原因是對徐校長的敬重。徐校長畢業於名牌大學歷史系，學術上有多大成就人們知之不詳，但他的那次就職講話，很受家鄉人贊賞。徐校長說，全椒文化底蘊深厚，安徽歷來就有一桐城二全椒之說……，這話真叫家鄉人聽了舒適。其實徐校長並非在拍家鄉人馬屁，他是言之有據的：解放初整個滁縣地區只有滁州城一所高中，地區九個縣初中畢業生都要到此來讀高中，縣籍之中自然就有了點競爭性質。而全椒學生成績歷來遙遙領先，在滁州中學當了多年校長的徐先生當然印象深刻。我猜想他受處分後，可能是主動要求來全椒的。不過在此之前他決不會想到，他多年來為全椒一屆又一屆學子傾注心血，這次將得到最好的回報，一位才貌出眾待字閨中的女性，正在等待知音。所以要說徐校長是被放逐到伊甸園，多少也是名符其實的。

我乍一聽說這件事並不十分驚訝，與其說為徐校長慶幸，不如說更為劉老師高興。反右之後，多少家庭解體啊。比徐校長更傑出也更年輕的右派，很多人厄運連年，也孤身一人。為何徐校長如此幸運呢？

一個偶然的機會，我和我妹妹竟然邂逅相逢了徐先生和劉老師一家。我妹妹在合肥師範學院讀書，那天我從蕪湖去看她，她到車站送我回蕪湖。恰好在那一天，劉老師一家也在此乘車回學校去。見到他們我倆很高興，連聲喊劉老師好。我妹妹是在滁州讀高中的，當然也要喊徐校長好！我總算見到徐校長了，還見到了他們可愛的小女孩。徐校長那年該有五十出頭了，面孔清癯，兩鬢白髮；他的目光炯炯有神，其中有幾分自信也有幾分憂鬱。

礙於摘帽右派身分，我和徐校長未便深談，倒是劉老師的變化有些出乎我們意料。她熱情地拉著我妹妹的手，客氣地說別喊老師啦，我們即將是同事了。我妹妹連聲說不敢不敢，你們永遠是我們的老師。劉老師態度那麼親切，她的臉上彷彿帶著母性的光輝，給人的感覺是既有些辛勞也有些滿足。這大大改變了她以前留給我的印象。那時我們這些初中生認為，她孤芳自賞，難以接近。還有一些傳聞說，她明明是南京大學英語系畢業的，卻偏偏說自己是學生物的。明明還是花樣年華，卻口口聲聲說自己老了，彷彿已經看破紅塵。人們議論她，說她性格孤僻又有點古怪，怕是真的要成老姑娘了。誰能想到，劉老師這麼迅捷地完成了終生大事，作了妻子和母親。劉老師家庭成分不好，平日連穿什麼衣服都要思前顧後，免得被人非議；難道她未想到嫁給右派的後果嗎？而且還是已婚而有四個孩子的右派。結果大家都看到了，合肥車站匆匆一晤，我為劉老師和徐校長感到欣慰。

二〇〇一年七月一日初稿
二〇〇二年六月十七日改於廣州

第二輯 不 歸 路

暴雨之夜——軟埋陳衛華

陳衛華是我在農場裡見到的第一個死人，他不是直接死於飢餓，而是被雷電擊斃的。那幾天連日下雨不出工，我們難得有幾天清閒。根據「忙時吃乾，閒時吃稀」的最高指示，食堂那幾天的糊糊湯特別稀。人們一個個餓得直叫，都在想辦法填肚子。陳衛華賣掉了最後一條床單，換來了幾斤小麥。他用石片磨磨壓壓，就成了連麩搗，現在叫皇室麥片了。

那晚，他剛吃完最後一塊餅，一道強光閃過，緊接著一聲炸雷。房屋在大雨中燒著了，他宿舍裡八個人，就他一個人死了。

我去搶救時，他身上一點受傷的痕跡都沒有，只是心臟停止了跳動。陳衛華死相安詳，和他平日一樣。

死後未見家屬來，也許未通知家屬，或者家屬未能趕來，陳衛華是軟埋的。軟埋這個詞很不好，在我們家鄉，只有人人怨恨的潑皮無賴才被軟埋。就算是叫花子死了，也有人捐點錢給他湊四塊板的。所謂軟埋，就是用幾張蘆席裹裹，挖個坑埋掉算了。陳衛華個大，蘆席裹不嚴，兩只腳還露在外面。大陳是一等的壯漢，眨眼功夫就沒了。大家心裡很難過，背後都說不該軟埋的。

一九六〇年代大饑荒時，右派難友們要活下來，光靠場裡食堂每天幾兩稀糊不行。除了家裡有點接濟的人之外，基本上都是靠「偷」自己種的山芋維生。楊家沖的作業區主任姓董，是個懂點道理的人，那裡的難友日子就好過一點。我們趙家崗的作業區主任姓趙，前面我已經說過，姓趙的最會坑人；他的絕招不止驗大便那一手。

趙家崗全是山丘荒坡，三天不下雨就得抗旱。他備的水桶是特大的，我們稱過，兩桶水足足有一百五十二斤。一擔水從崗底水塘挑到崗頂上，常常要換兩三個人。肩上換挑子，要體力還要技巧。一不小心，不是摔壞了水桶就是閃了腰，兩件事都不得了。所以一般人只敢舀半擔多一點的水擔起，就那也有百八十斤。

常常是每天下午四五點鐘，難友們最累最餓的時候，姓趙的出場了。他可真是身先士卒，捋起褲腳到水塘裡，他來舀水。一對大水桶，他雙手一按到底，肩膀一挺，滿滿蕩蕩的一擔水就起來了。他臂大腰圓，吃的飽睡得足，又只舀不挑。這時接第一擔水的人就苦了，要當他的面把一百五十多斤的水挑起來，踩著滑溜溜的塘泥，一直挑到塘埂上，再不歇肩地傳給第二人。這活特重特危險，全作業區就只有陳衛華和周策兩名壯漢能挑下來。

開始時大陳自恃力大，常常挑上塘埂後還多挑一段路，那挑第二肩的人就省力一些。有什麼打樁上房這類重活，也大都是他來挑頭，所以大陳在隊裡人緣很好。

我從總場衛生所發配到趙家崗，醫務上的事不多，要經常參加勞動。如遇到大陳，他對我總是很關照。他說一個人在世上只能幹一樣事，讓你們當醫生的種田，不是活受罪嗎？我手腳勤一點，你一天的活就有了。他還對我說，你還年輕，千萬不能把身子拖垮了，日子還長著哩。能吃飽的時候，他總是笑呵呵的，覺得在農場幹活和在家也差不多。

大陳說，他本是農民出身，小學也未讀完。當地供銷社要在山裡設一個供銷點，這個點上不通公路，全靠人力挑貨品上去。大陳個大力大，就被選中了。大陳說他這一生吃虧就吃在肚量上。他是個大肚漢，糧食定量不夠吃。路上餓了，就順手吃了貨擔裡的糕點。為此挨過幾次批鬥，他也未在意。以後這個供銷點通了公路，大陳就成了多餘的人。

本來把大陳再下放回家也沒事了，偏偏趕上反右派運動深入。每個單位都有任務，供銷社的一位主任說，反正大陳留下來也沒用了，給他戴個右派帽子送走算了。

大陳在供銷社算工人，按政策工人是不能劃右派的。按安徽省特有的辦法，另設了一個「反社會主義」的新帽子，這就給大陳戴上了。這情況跟方慶餘是一樣，領導也是說，這帽子和右派帽子同等待遇。大陳問我右派有什麼待遇？我說：有，有。批鬥，降級，開除，勞改，你要哪樣？大陳對我呵呵一笑。

一九六〇年底，日子艱難，很多難友患上浮腫。大陳食量大更是難熬，他有時到我這間衛生站來，我們只能弄一點菜根菜葉填填肚子。我問他，反右派是反知識分子的，你一個農民出身的工人，搞到你頭上虧不虧冤不冤？

他說什麼虧呀冤呀的，他本來就只知道幹活吃飯，只要有活幹有飯吃，哪怕是半飽也行。說著他還壓低了聲音告訴我，你別看這裡這麼苦和累，比起家鄉來還要好些。他的家鄉在無為縣農村，那裡已經餓死許多人了。像他這樣的大肚漢，要是在家鄉也活不到今天了。

大陳說，這個姓趙的也太狠了，他是種田好把式，他應該知道，今年這麼好的收成，怎會吃不飽呢？山芋好藏得很，又不像稻子不能見潮氣。多挖幾個洞，有多少山芋藏不了？現在才是冬天就沒糧食吃了，明年春荒咋辦？青黃不接時咋辦？人都餓得不能動了，誰給你幹活呢？

大陳這些話是四十多年前對我說的，沒有一句空話，沒有一句大道理。作為一個農民，他說的是實際，也是常識。大陳擔心的事，正一步步向我們逼近，姓趙的越管越緊，口糧越來越少，難友們奄奄待斃。

大陳開始賣東西換吃的，賣掉最後一條床單，他死了。大陳是一個樸實的人，未想到死得驚天動地。那是我平生所見到的最亮的一道閃電，也是我所聽到的最響的一聲炸雷。大陳死後又被軟埋，真是天道不公，地道也不公。

大陳死在小周之前，接連死了兩個人，姓趙的不但不收斂，而且不准大家議論。他在大會上惡聲惡氣地說，聞了你們就會說牢騷怪話，非叫你們一個個天天累得不能動了，看你們誰還敢再說怪話！

驚魂甫定之後，我寫過一首小詩，哪裡能稱得上是詩，只是幾句大白話，但卻是我內心的真實寫照，詩名就叫〈死亡〉：

死亡

死亡，就像從這一間房
搬到另一間房

這間房裡有太陽光
陽光太烈，禾苗枯了
一百五十斤重的水桶抗旱
一等的漢子腿肚也打顫
那間房裡沒有陽光
只有永久的冰冷和黑暗
我害怕這間房裡強烈的陽光
也害怕那間房裡的冰冷與黑暗

這間房裡有食堂
食堂裡只有糊糊湯
一吸一道溝，一吹三條浪

喝一肚子還餓得慌
那間房裡沒有食堂
六面是泥土，身下是泥漿
我不要這間房裡的糊糊湯
也不要那間房裡的泥漿

這間房裡聲音太響
叮叮噹噹吵吵嚷嚷
批判會連著批鬥會
無處躲無處藏
那間房裡死一樣寂靜
只有蛐蛐兒低聲吟唱
我厭惡這間房裡吵吵嚷嚷
也不要那間房裡的蛐蛐低唱

這首小詩我從未示人，那時要拿出來，就憑害怕陽光這一句就要坐牢。四十多年過去了，寫詩的激情早已沒有了，就任它這樣吧。

老陳死後，又有過一場大暴雨，我在前面寫過，那夜牆倒屋塌，差點送了我的命。下一個還會輪到誰？天才的預言家也不會想到，第三個竟會是姓趙的自己。

我們作業區還剩下一百多口人，人們全都小心翼翼，生怕惹怒了姓趙的。然而，聽憑他胡作非為，不知還有誰要遭難。然而，誰又能撼得動趙主任？

未想到姓趙的也是惡貫滿盈，把自己送上了黃泉路。他公然霸占民女，迫害其夫，欺壓到老百姓頭上。終於東窗事發，被一副手銬銬走。他和大陳一樣個大飯量大，聽說到勞改農場不久，他也被餓死了。趙的妻子改嫁，孩子也送了人。

二〇〇一年八月一日二稿於廣州

簫聲咽——懷念丁祖傑醫生

一九六三年夏季的一個早晨，在蕪湖長江邊，我送走了五年來朝夕與共的丁祖傑醫生。望著渡船遠遠離去，我在心裡說：江護士長，我總算把你苦命的丈夫給你送回來了。從此你們闔家團聚，丁醫生也可以拿起他心愛的手術刀了。

那一年丁醫生二十八歲，正是外科醫生的黃金歲月。雖說我們還是待罪之身，畢竟摘掉了右派帽子。丁醫生一貫寡言少語，過幾年平安日子是沒問題的。怎能想到，江邊揮手一別，竟成永訣。

那天，回到人去聲杳的宿舍，就看到他贈我的玉屏簫還掛在牆上。五年來我們相濡以沫，此刻真是悵然若失。我不解宮商，但那支簫音質特好，也很名貴。信口吹來，音色舒緩清朗。睹物思人，我不禁又懷念起隔江的兄長丁醫生了。

分別後，我只收到過他一封信。那是他在一家大醫院進修時寫來的，他說醫學雖然廣博，但只要認真讀一年書，也可得其精要。這句話給我留下深刻印象，這一年來，丁醫生一定是飽讀專業書籍，以此彌補農場蹉跎留下的缺憾。

以後有友人過江來說，丁醫生現在名聲比反右之前更響了。每天不知有多少病人找他，手術一臺接一臺，忙得不得了。這結果在我意料之中，縣以下醫院是認人的，不像大城市主要是認醫院。何況無為大縣，人口百萬而又交通閉塞；這裡出個好醫生，真是一方福音。但是高興之餘，我又惴惴不安。為什麼要大名鼎鼎呢？未聽說過「木秀於林，風必摧之」嗎？一九五七年他不就是名聲太響反而遭難嗎？我知道這聲名非丁醫生所求，只是他仁心仁術的結果。但在那個時代，這可能就是災難啊。

沒多久，文革來了。越是閉塞落後的縣城，越是搞得狂野。一個暴風雨之夜，那支掛在牆上的玉屏簫，在狂風中似有嗚嗚之響。我聽來奇怪，難以辨別是風聲還是簫音，總之入耳都是淒涼哀切。想到簫的主人丁醫生，心中泛起一種不祥感。我當醫生的人，並不迷信；但患了多年的運動恐懼症，遇事總難免往壞處想。果然，這次竟被我不幸而猜中。

幾天後，噩耗傳來，經歷了多場批鬥，丁醫生不堪凌辱，自殺了。他這一撒手，遺孀年僅三十，身邊三個孩子，都未成年。

那時，我也是終日驚惶不定，不知何時會被拉出去挨鬥。儘管如此，對亡友的哀思終是無法斷絕。一個更深人靜的夜晚，我取下那支玉屏簫，放在桌面，在簫上放了我倆的合照；接著我倒了三杯薄酒，盡數灑在地上。禮畢，我拿起那支簫，試了幾個音。竹簫嗚嗚作響，曲不成調。我在心裡為摯友流淚，也為自己一哭。

痛定之餘，我忽然想到，我是不是做了一件蠢事？要是我不反對他和那個女人結合，不催促他復婚，不動員他回到原先的縣醫院，他是否就能逃過一死？

丁祖傑和我是同學，他高我一屆，在校成績很好。到農場後未勞動多久，就抽調到場衛生所。那時所裡有三個右派醫生，一個是我，另外兩個就是他和熊大瀛。

迄今為止，我在大大小小的醫院行醫已有幾十年，丁祖傑依然是我見過的最好的一位外科醫生。我常在想，當醫生很像寫文章，秉賦是第一位的。像丁祖傑這樣，身體壯實，頭腦靈敏，反應能力迅捷，又有著執著的事業追求，稍一接觸就知道是難得的外科人才。這樣的醫生在各地都會名重一時，如今更是先富起來的一群人。可惜了丁祖傑，一個外科天才的生命竟在而立之年走到盡頭。

我判斷丁醫生的從醫稟賦，是從兩件事開始的。

一次我診視一個小女孩，她才兩歲，連續多日高燒，全身皮疹，很容易使人想到痲疹。可是多方醫療，皆未見效。丁醫生過來仔細一查，發現這孩子的右上臂比左上臂略粗，從外觀看，並無明顯變化。他馬上做出診斷說，這是深部膿瘍致全身發生敗血症，並立即將患臂切開排膿。果真如此，小女孩得救了。小兒突發性深部膿瘍，此病極為少見。丁醫生能立刻做出診斷，並施行手術，表明他有紮實的理論修養和臨床處理的敏銳。

那個小女孩也是苦命，父母親都被劃了右派，失去工資，只有月生活費十三元，他們決沒有能力去城市大醫院就醫。幸而在農場遇到丁醫生，如果耽誤了治療時機，孩子可能就夭折了。

另一件事是我的親身經歷。一九六〇年底我們已挨餓多日，一天到晚飢腸轆轆。某晚我有幸弄到山芋，吃了個飽。恰逢這天難友戴兆貴的妻子小鳳來看他，蒸了一鍋鹹鴨子糯米飯，他又拉我去享用。這鍋飯真是天物，我忍不住又吃了一大碗。吃完後回來，我肚子脹得像鼓一樣，時有絞痛。痛得我坐立不安，睡也睡不下，走也走不成。我口渴難忍，又不敢飲水。這時若再飲水，腸胃會脹得更厲害。打止痛針緩解腸蠕動也不行，那是飲鴆止渴。因為只有靠胃腸自身的蠕動，把食物排出體外，人才能活下來。話雖這麼說，可那脹、痛、渴都難以忍受。更難熬的是精神的崩潰，我想我真的就這樣飫死了嗎？心裡真是十分悲傷。

丁醫生就在我身邊，他一分鐘也未離開我。後來我知道，他也感到我在危險關頭了，卻故意裝著沒事一樣。他和我東扯西拉，分散我的注意力。他也泡了杯清茶遞給我，叫我潤潤口，少喝一點幫助腸蠕動。我剛喝上一口他就拿開茶杯，怕我喝多了誤事。不善言辭的丁醫生，竟然也找出了幾個蹩腳的笑話來，試圖逗我開心。那一夜為救我，他真是費了心思。我這一生裡，除了父母家人，還從來沒有一個人像他那樣悉心地照顧過我。

丁醫生平時話就不多，一是性格使然，再就是運動後遺症了。一朝被蛇咬，十年怕井繩。醫療以外的事，他從不發言。那時我們難友之間也有個默契，相互之間，不問「案」情。丁醫生為什麼被劃右派，到現在我也知之不詳。只聽說他是縣醫院的第一把刀，有道是峣峣者易折，樹大招風。

他受的傷害有多重？我略知一二，他的父母早已去世，妻子在反右後與他離婚。兩個剛會走路的孩子，都歸了妻子。他自己還有一個十三歲的弟弟，此時不知投靠了哪家親戚，或者在哪裡漂泊。他從不在人前說這些，再說誰又沒有一肚子苦水呢？

一個女人這時走進丁醫生的生活。

這是一個有爭議的女人，也是右派。她結過婚，丈夫不知因為什麼去世了，她身邊帶著一個女兒。在她老家，聽說還有丈夫前妻留下的一個孩子。她一個人拿著極低的生活費，要養育兩個小孩，應該說比其他女右派更困難。可是她性格幹練，又是職業會計，善於精打細算；據說還有其他原因……總之，她的日子反而比其他女右派過得好。她有自己住的單間，有爐灶，食品也比別人多一點。人們對她頗多議論，因為其他女右派的日子實在是太苦了。

說起右派苦，女右派可以說是最苦最不幸。她們的宿舍在養豬場，那裡先是一位姓黃的當場長。黃場長住哪裡？住在女士集體宿舍的中間！在他房門外，十餘位女子的床鋪一覽無餘。女人們想方便一下都避不開他。

姓黃的走了之後，又換了一個叫陳殿邦的當場長。陳某更放肆無忌，他在一排排豬籠前蓋上房，讓這些女性各自住單間。每天晚上，他去一個房間行姦污之事。尤其惡劣的是，在種豬交配的日子，飼養員們必須在場；陳場長也每場必到。他窺淫興起，趁機挑逗那些女性，晚上再去發泄淫欲。最後有一天他摸到一個幹部親屬頭上，這才算遭了報應，被送到勞改隊去了。

再來說那個女會計，她也在豬場，不過未幹多少重活，也未住進集中營式的房子。雖然人們議論她，我還是想，畢竟她帶著孩子，得到一點照顧也合理。

這時就聽說她和丁醫生好上了。

我開始還不相信，以後想想也不奇怪。像丁醫生這樣實在的人，怎麼不應該得到女人的愛呢？何況兩個人都遭遇了家庭解體的不幸，惺惺相惜，也是困境中的慰藉。但作為丁醫生的摯友，我還是認為他倆不合適。這並不是因為外界的議論，而是我感到丁醫生很本分，那個女人能量太大了點；這對丁醫生將來的事業恐怕不會有什麼幫助。不過我也只是表示一點看法而已，誰又能阻止他們呢？

但是，情況突變，我的態度也堅決起來。丁醫生摘掉右派帽子了，這消息傳到了原單位。他前妻馬上趕到了農場，還帶著兩個孩子一起，她要求與丁醫生復婚。

事也湊巧，豬場那個流氓陳殿邦案發被抓起來，交代罪行時，他把那個女會計也牽連出來了。說起來，女會計是受害者之一，她被陳犯汙辱，又遭到眾人的鄙視。而丁醫生這時也猶豫起來，他那男子漢的自尊心、他對她的感情，都被挫傷了。

我那時的家庭觀念也比較傳統，見丁醫生前妻到來，我覺得是個機會，便力促丁醫生復婚，與妻兒團聚才是要緊的。就這樣，丁醫生也經不住我們的勸說，他忍痛割捨了和女會計的這段感情。

我知道這件事在丁醫生，尤其是在那個女人心裡，都留下了創傷。但當時我並不認為做錯了什麼，熊大瀛醫生和我一樣，也是力主復婚的。我們都也不願看到孩子的媽媽一個人吞下政治的苦果，也不忍讓孩子們失去父親。我們想，如果江大姐對丁醫生沒感情，怎麼這時趕來復婚呢？大家都沒錯，都是運動造的孽。

農場解散後，我、丁醫生、女會計等一干人，我們都回到蕪湖。江大姐帶著孩子，還是在江北的無為縣城。一個家分居兩地，終非長久之計；丁醫生想來還是不如歸去。於是有了本文開頭的清形，我送丁醫生回無為，我們在江邊依依惜別。

那夜，祭奠亡友之後，我就把那支玉屏簫重重包裹，置之櫝底了。睹物傷情，我再也沒有碰過它。轉眼間，文革十年過去。我成家，育兒，退休，應聘南下北上……晚年定居蕪湖，也搬家了好幾次。那支玉屏簫隨我們輾轉搬遷，到底也是不知去向了。

夜深人靜時，偶爾我會想到它，甚至感覺到耳邊有嗚嗚的聲音。我不知道這是江畔高樓時有的風噪，還是年老時常有的幻聽。說實話，我很希望有簫聲再起，而丁醫生能來到我的夢中，我多想為他沏一杯清茶，再聽他從容道出前世的得失散聚。

內定右派的滅門之災

在門口塘農場，無為人占絕大多數。我談到過被餓死的李信鵬、批鬥會上被當場踢死的周志良、大個子遭雷擊斃命的陳衛華，都是來自無為。

無為抓右派時，許多單位的主要負責人都挨整了。無為縣的縣委宣傳部部長和兩位副部長全被打成右派，公安局長王某某、法院院長呂某也在劫難逃。縣農業局裡先抓了大批右派，連蓄意整人的副局長，在整倒了正局長和另一位黨外副局長之後，自己也被整倒；他們大多也都去了農場。最令人痛心的是，那位農業局的黨外副局長，不堪凌辱，竟把自己悶死在兩條麥壟之間不足五寸深的水溝裡。

在縣屬諸多科局之中，農業局是重點科局之一，它與當地經濟關係最密切。農業大縣少不了科學與技術支持，這裡聚集了很多人才，包括在一九四九年以前學有專長的人，也就是通常被稱為留用人員者，黃啟風就是其中之一。

黃啟風情況有點特別，他既無學歷也無專長，文化水平也就相當於初中吧。他過去只是個基層的記賬員，一九四九年政權更替後，當地人才匱乏，黃某就在農業局裡當上了會計。

黃啟風有自知之明，自己過去在舊政權幹過事，現在就叫有歷史汙點。身體又瘦小羸弱，幹不了什麼重體力活；別無技能，一家人活下來就全憑自己能打幾把算盤。所以他工作中一直兢兢業業，從不敢掉以輕心。工作以外的事，他覺得自己也不懂，不懂就不摻和。平時他謹小慎微，遇事繞著走；和其他人的關係不密切，更談不上有什麼怨敵了。

所以一九四九年後的各種運動，抓經濟犯罪為重點的三反五反也好，以整治舊人員為主的肅反運動也好，多少與他沾點邊的，他都平安度過了。

就這樣，到了一九五七年，反右運動卷地風來。八至九月間，農業局裡大規模地抓右派。天氣漸漸轉涼，整人的和挨整的都已疲憊，運動貌似也開始和緩。就在這時，農業局大院傳出爆炸性消息，讓人驚呆了，也嚇懵了：

「黃啟風跳井了！」

「黃啟風九點鐘在縣醫院死了！」

「黃啟風的老婆張蘭芝在家上吊死了！」

「黃啟風七歲的女兒，吃了媽媽給的放了老鼠藥的燒餅，大吐不止，正在醫院搶救！」

「黃啟風的女兒活過來了。」

接連傳來的驚恐消息，最後一條還算有一絲暖意；黃家終究沒有絕戶。可是，一個七歲的小女孩，一下子失去了父母雙親，往後怎麼過？但無論如何，活下來總比死了好。她才七歲啊，她有活下去的權利！

全農業局的人，在黃啟風近於滅門的慘案前，不管是整人的還是挨整的，無論是幹部還是普通員工，一時都不知所措了。儘管運動的領導人還在忙不迭地做出定論，什麼自絕於黨自絕於人民，罪該萬死，死有餘辜；但人們普遍的反應是同情、悲傷，是譴責世道殘忍與人性淪喪。黃啟風平日忠厚老實，他老婆更是大字識不了幾個的家庭婦女，何罪之有？她要不是對對這個世道寒透了心，會走此絕路嗎？她一定想過，夫妻雙雙赴死，丟下一個小女孩，還要頂著反革命子女的鐵帽受罪；不如帶她一起走，在另一個世界一家人還能聚在一起。

方後高對我說，黃啟風夫婦之死，受衝擊最大的是我們這些已被打倒、尚未處理的人。我們有些人開始還有僥倖心理，不就是說了幾句錯話嗎，犯了哪條國法了？開會批批還不就完事了。但是黃啟風一死，給了我們當頭棒喝。所謂政治思想鬥爭，遠不是批了就完事的。黃啟風年長幾歲，閱歷豐富，一定是親眼目睹了歷次運動中挨整的人生不如死，他才決定拋妻別女，毅然棄世。黃啟風的今天會不會就是我們的明天？那年我才二十四歲，難道已經到了生命的盡頭？

當然，全域上下最關心的還是黃啟風為什麼自殺？他是隱藏的階級敵人？一九四九年之前，他除了打打算盤還幹了些什麼？是特務嗎？有血債嗎？就憑他平日那副戰戰兢兢的窩囊相，能幹出那些事？他是不是被牽連到什麼樣說不清的大案中去了，是不是有人給他施壓了？眾說紛紜，莫衷一是。

不久，事情的來龍去脈浮現出來，原來黃啟風並無其他問題，不過就是在所謂舊社會當過記賬員那點事。事情的真相在於，他是被政治運動的凌厲之風嚇死的。

詳細經過是這樣，黃啟風的老婆張蘭芝，那天早上去買菜。另一位也上街買菜的家屬，把她叫到一邊。她悄悄地對張蘭芝說，她聽到當家的和別人說了，你家老黃已被內定為右派，明天就要開老黃的批鬥大會。你回去對老黃說，要他有點思想準備，先寫好檢查，別到時候嚇壞了。她還說：這事你千萬別說是我告訴你的。張蘭芝連聲答道，那當然，那當然！

當晚，張蘭芝就對丈夫說了。老黃反應冷淡，似乎這早在他的意料之中。他叫老婆帶孩子先睡，說他要寫檢查；再無多話。張蘭芝心中不安，她知道丈夫一向膽小，這一關怕是過不去了。恍惚間，又不知道怎麼安慰丈夫。看到丈夫默坐在桌子邊，多長時間寫不出一個字，張蘭芝也是心急如焚。快十年的夫妻了，她知道丈夫這個歷史包袱背得有多重。不就是給會計當個下手，打了幾把算盤嗎，這犯了多大的法？這世道還講不講理呀，讓不讓人活呀？寫寫寫……叫我家老黃能寫出什麼來？我們一家三口只不過靠著老黃的工資活命，老黃有個三長兩短，我和女兒也別想活了。想著想著，張蘭芝睡著了。

張蘭芝再次睜開眼時，一看桌子邊上，丈夫不在了。她知道大事不好，連忙叫醒女兒，出門找老黃。冬天的江北，寒風刺骨。張蘭芝的心比天氣還冷，止不住全身直打顫。她又不敢聲張，只能低聲呼喚：

「老黃呀老黃，你在哪兒呀？我和女兒在等你回家呢，你可不能想不開呀！」

「啟風呀啟風，事情已經到了這一步了，鬥就讓他們鬥，我不相信他們能吃了你！」

「黃啟風呀黃啟風，你在哪兒呢？這機關不是人待的地方，咱走！到鄉下種地去！鄉下也不能待，咱娘倆跟你一塊去死！」

小女兒緊緊抓住媽媽顫抖的手，也是哭哭啼啼，她高一聲低一聲直喊：「爸爸，爸爸，你在哪兒呢？我想你呀，快回家吧！」

母女倆就這樣在寒風肆虐的冬夜裡，哭著走著，喊著走著。突然，她們隱約聽見有人在地底下呼喚：「蘭芝蘭芝，我是啟風呀。我在這兒哩，快救我上去！」

張蘭芝順著聲音找到井邊，果然是丈夫一時想不開，投井了。好在他還活著，她連聲說：「別急別急，我馬上來救你啊！」

小女兒這時也跟著喊道：「爸爸，爸爸！我們救你來了！你一定凍壞了，快回家焐到被窩裡！」

黃啟風的確是一時想不開，決定一死了之。可是他是穿了一身棉衣跳下井裡，棉衣一浸水膨脹開來就沉不下去了。冬日的井水徹骨寒，他全身都像在被刀割著一樣痛。真是求生不得求死也不得，眼看著快支撐不下去了；這時他聽到了妻子和女兒的呼喚聲。一種求生的本能刺激著他，他用盡最後的力量，回應著妻兒的呼喚。

方後高對我說，農業局大院裡住著很多人，這時張蘭芝如果大叫一聲，有人跳井了，快救命啊！相信還是會有人挺身而出的。一是黃啟風還未挨鬥更未定性，救他不算是階級立場錯誤；二是中國人忌諱多，見死不救要遭報應的。再說大院井裡淹死了人，誰還敢再用井裡的水呀。可惜呀，張蘭芝這個鄉下女人太善良了。她知道自殺是個大錯誤，她太愛自己的丈夫了，不想他再多受一點傷害。她只想靠自己一個人的力量，救丈夫回家。人不知鬼不覺，丈夫就能少一分罪名。

張蘭芝找到一隻平時打井水用的小桶，放到井下，她叫丈夫抓牢這個桶，然後和七歲的小女兒一起，拼命往上拽！她未想想，丈夫雖然個頭不大，但那一身棉衣浸透了水，是多重的份量，小水桶上的繩索怎能經得起？即使經得起，這近二百斤重的份量，又是垂直距離，一個弱女子拽得動嗎？

張蘭芝竭盡全力拉著井繩，她吊起來一點又掉下去了，吊上來一點又掉下去了。直聽得井裡噗通噗通連連不斷的聲音，那是夫妻合力在做最後的掙扎！多麼隱忍的一對夫妻啊，直到這生命的最後時刻，依然不敢呼救。她怕丈夫的自殺意圖被發現，又怕他的身分會牽連他人，給救人者帶來麻煩。

生命一點點地離開黃啟風的軀體，天亮後，幾個壯漢終於發現了徒勞掙扎在井邊的母女倆。他們幫忙把黃啟風從井中撈起來，此時，黃啟風已是面如死灰，氣若游絲了，急送縣醫院搶救一番，當日上午氣絕身亡。

看到奄奄一息的丈夫，張蘭芝並未像人們想像的那樣，呼天搶地嚎啕大哭，她只是緊閉雙唇，一句話也不說。許多在場的人事後回想，又說聽到了張蘭芝的一句話；黃啟風彌留之際，她對他說：你走慢點，我和孩子馬上就跟你來！但當時他們又說未聽清楚，否則張蘭芝是可以活下來的，吃了夾老鼠藥燒餅的孩子，也有機會得到及時救治。那樣的話，起碼這苦命的小女孩，身體所受的損害也要輕一點。

方後高最後給我說了兩件事：

第一件事是，黃啟風確實被內定為右派分子了。因他已經死亡，右派問題未做結論，也未報上級核批。不管怎麼說，他也是反右的受害者，一九七九年右派改正時對他也做了改正決定。不過，誰給家屬張蘭芝平反呢？

第二件事是，他很長時間都不知道黃啟風的小女孩的下落；局裡也沒有一個人知道她去哪兒了。只是十年前，他在縣裡的一個小鎮上，偶遇一中年婦女。方後高說，這女子身材嬌小，眉目酷似黃啟風。他不禁停下腳步，定睛多看了兩眼。但女子表情漠然，顯然也沒有認出他來。方後高說，他不敢冒昧打問，這事也就過去了。

我聽後總也不能忘懷，腦子裡構想了一個不同的結尾：

在小鎮上，女子認出了從前的方叔叔，她上前拉住我的手說，她正是黃啟風的女兒。接著她向我詳細講述了那個冬夜，她們如何尋到井邊。雖說那年她只有七歲，但一日長於百年；每年父母祭日，她都會到河邊祭奠。我欲細問她的近況，她搖了搖頭，轉身就走了。

浮塵——小幹部程先生之死

我當了四十多年臨床醫生，親見死亡無數。所有死亡無外乎兩種：該死的和不該死的。就醫院而言，大多數人的死屬於不可避免，也有少部分人因醫療失誤枉死。而在一九六〇年代大饑饉時的死亡，都要算是非正常死亡。

不過就後者而言，此中情況也是因人而異。很多人是挨餓受迫害致死，不過也有個別人屬於自取其咎，是自我毀滅者。我這麼說，並不包括在種種壓力下的自殺。面對死亡亂象，我有過悲傷憤恨，有過無可奈何；但也曾無動於衷，甚至為之慶幸，例如聽說一個惡人棄世。還有一種死亡，我說不准自己是怎樣的心情。

比如小幹部程先生之死，幾十年過去了，我依然感到難以言述。右派五十多萬人中，程先生微若浮塵，如今早已隨風而逝。多少比他更有才華更富青春活力的人，都在那個年代夭折了；人們惋惜之餘，也就漸漸忘卻。為何我還要重提程先生之死呢？

一九五九年底至一九六〇年初，我們在農場的人最關心的就是：如何能多弄到一些東西果腹，免得餓死。僅僅在幾個月前，風聞國慶十年大赦，許多人都在夢想去掉處分，回原機關工作。未想到所謂大赦，只有幾個右派被摘掉帽子，摘帽後還是留場勞動。而場裡糧食正在大批外調，口糧標準越來越低。

農場裡的下放幹部和右派們，此時都成了低等生物，只顧活命了。挨餓之難受，非親歷者絕難體會得到。飢餓摧毀人的意志，也暴露出人的動物本性。

程先生本是徽州某縣稅務系統的普通幹部，我對他反右之前的情況知之甚少。據說也是和本單位領導關係不好，被按比例劃右。按說大家來自不同單位，本不相識，又都受了冤屈，理應相互同情，共度過難關才是。可是程某總是和別人格格不入，他到處樹敵，結果混不下去，自己主動要求轉隊。在這個作業區裡，他已經換過好幾個生產隊了。

程某人這時轉到了五隊，我認識這個隊裡的許多難友，其中陳兄夏兄趙兄許兄彭兄都與我結為終生好友。他們品質優秀，心地善良；不僅如此，這個隊的隊長也要算個好人。

隊長原是基層的勤雜人員，和許多機關精簡下來的冗員差不多，級別很低，生活困難，拖兒帶女全家來到農場。平日他只為一家人生計發愁，那些來改造的右派，幹活只要說得過去，他很少找大家麻煩。右派們開始時也都自覺，真想通過勞動重新做人，大家幹活認真，和隊長也相安無事。

只是饑荒眼看著越來越嚴重，人人都要設法度命。有人開始在自己勞動的田邊地角，撿一些碎山芋、小蘿蔔頭或者青菜葉子。為避免更多地消耗體力，也不免會多休息一會兒。其實那些並非右派的隊長們早就在撈場裡的東西了，都是為了活命，大家心照不宣了。

倏忽之間，有人發現隊長變了，他看管人事比平時更嚴。往常收工時隊長先走，這就給大家留下了一點「辦事」的空間。現在不了，隊長總是走在最後，他還要四下裡看一看。就算不太頂真，也令大家心惶惶然。隊長有時還找人個別談話，談的幾乎都是他剛剛動過的手腳，就算未加深究，也是話裡有話。最叫大家擔心的是，場裡大會公開點名批評了這個隊。說這裡還不僅是吃了地裡一點山芋的小事，還有所謂上綱上線的大問題。這是怎麼了？憑剛挨過整的敏感，人們判定自己人中出了個告密者，說得難聽些是出了「叛徒」。

誰是「叛徒」？平日都以為彼此是聲息相通患難與共的人，忽然間就相互戒備起來。人人肚裡有一股火，又無從發洩。無根據地去懷疑一個你曾經信賴的人，是很難受的。同理，被一個甚至一群曾經彼此同情信任的人們懷疑，那就更是痛苦。現在的年輕人是不會理解我們那時的感情了，我們莫名其妙地丟失工作，戴上鐵帽，淪落到這荒山野窪，無不已身心交瘁。對來自外界的壓力乃至摧殘，你可以漠然，但對難友之間的理解同情是看得很重的；這甚至是生命之所依。忽然間你發現別人，或是別人發現你口是心非，是個卑鄙小人，那是多麼令人絕望。當時，大家不約而同地想到，這個人就是程某，因為他有劣跡在前。但說人叛徒，關係到其品質榮譽，沒有事實的話，則不能輕易做出定論。

不久，這件事的主角浮出水面。說來也是一次偶然，難友中有位姓汪的，是附近一個銀行營業所主任。本來是作為下放幹部全家來落戶的，未想到來農場後，又被原機關一紙加封，戴上了右派帽子。這樣，他的工資一降再降，家庭生活日益艱難。前主任夫人只得降尊紆貴，當洗衣婦勉強維生。

一天，她給程秋帆洗衣服，發現程的衣袋裡有張小紙條。她打開一看嚇壞了，上面詳細寫著：某某哪一天「偷」了幾個山芋，放在什麼地方；某某某某「偷」了什麼什麼，又放在哪裡哪裡。某某趁隊長不在時磨洋工，某某和某某一起說怪話發牢騷，說的是糧食定量太少，勞動又這麼累，沒法過了。還有某某說，自己劃右派是受了冤枉，這是對偉大的反右派運動不滿，思想反動！

程某可真是眼觀六路耳聽八方了，誰也沒看出，此人平日也和大家說說笑笑，也發點小牢騷，也從地裡撈點吃的糊口；背後竟幹出這種勾當。憤慨痛恨之餘，你又能拿他怎樣呢？告密之事雖醜，放到臺面上也是冠冕堂皇。這叫靠攏組織，和壞人壞事作鬥爭，勞動改造有成績，農場頭兒正是求之不得。你總不能以牙還牙也去舉報程某吧？

怎麼辦？辦法總會有的。生死存亡關頭，大家都知道，不能聽之任之。

境況大致相同的人群裡，一個人和群體作對不會有好結果，而群體要報復一個人就很容易。念及同是落難之人，一位德高望重的徐兄先與他談心，徐兄勸誡他說，你和大家這麼對立，自己日子又咋過呢？

可惜程某聽不進去，一意孤行。這麼一來，他就被徹底孤立了。可以想見，眾人對他何其厭惡。他本應想到，告密只有兩種後果：一是達到目的，讓他人受到嚴懲；自己去領賞。但就算能提前摘帽，那又怎樣呢？你不還是個摘帽右派嗎？而因為你的告密，農場管理防範更嚴，那就斷了大家的生路，就可能有更多的人餓死，你何以心安理得？另一種後果是，生產隊長對告密信置之不理。這並非因為隊長格外善良，而是到處都在發生同樣的事情，人們都在挨餓；隊長們撈的還要更多些。程要聲張開來，隊長們能得到什麼好處？即使是總場領導，也不會只聽程某一面之辭。對當時群體挨餓的嚴峻局面，場部並沒有更多的辦法，有時大會上批評幾句，也就不了了之。

就這樣，程先生自作自受，比大夥的日子更難熬了。所到之處，都是冷眼；人們對他惟有防範和戒備。更現實的問題是飢餓難熬，程某再也無法和大家混在一起從地裡撈一點吃的東西了。

有一天程先生實在是餓極了，遇到一個農村來農場賣桃子的小販，他偷了小販幾個小毛桃，被同隊的人當場抓住。又有一天，他偷山芋，又被當場抓住。這下子有好戲看了，程先生被狠狠地鬥了一頓，手腳也被捆住吊起來。這次他可能是真的後悔了，口口聲聲老李老王，一個個地叫著名字請求寬恕他。

就這樣，被眾人唾棄的程先生，這才是真正地墜落，落到最無助的境地。從此他孑孑獨行，身體和精神一天天垮下去。有一天，在農場邊上的一個小鎮上，他稀里糊塗地騎走了別人的自行車，又被當場抓住。這下定了他一個盜竊罪，新賬老賬一齊算，送去了勞教地。不久我聽說，他在那裡偷吃了別的勞教人員的食物，被人活活打死。

四十多年後我和與程先生同一生產隊的難友談起他，心情依然複雜，這個人的結局如此悲慘，其是非和因果關係在哪裡呢？

程先生是個小幹部，可能原來的單位都不記得有這個人了。他的死有一些自取其咎的意味，但那畢竟是在非常時期。不是因為錯劃右派，他不會到農場來。按理，他也應該得到右派改正和勞教平反了。

那麼，還有什麼可說的？有。我想到兩位大作家對囚犯處境的探討。

十九世紀沙俄時代，作家契訶夫曾到過薩哈林島，他去那裡調查勞改營的生活狀況。他在報告裡寫道：「囚犯們的邪惡產生於他們的不自由狀態、奴役、恐懼和經常的飢餓。這些邪惡是：愛說謊、狡黠、膽小、怯懦、背後說壞話，偷竊。經驗告訴苦役犯人，在生存競爭中欺騙是最可靠的手段。」

契訶夫這段言論多次被人引用，當代作家索忍尼辛也引用過，繼而他寫道：「進勞改營之前未受過任何道德觀念和精神教育薰陶的人們，在營裡必定敗壞」。他還說：「在勞改營裡敗壞的，是那些在外面已經敗壞或已經為敗壞準備了條件的人。」

契訶夫看重奴役狀態對囚徒的影響，索忍尼辛更看重囚徒此前的道德素養。根據我自己的經歷和觀察，他們的觀點是相輔相成的。在農場我發現兩點，其一，原來受過良好教育、從事受社會尊敬職業的人，儘管處境有了重大改變，絕大部分人還能恪守道德原則；而原先品格上有缺陷的人，在農場環境下，其品性更容易畸變。其二，哪一個部門管理手段更嚴酷，更反人性，也就更容易激發出人們潛在的人性惡。

再說程先生，或許他此前從事稅務工作並無多大失誤，但在為人方面修養不夠，成為眾矢之的。又或者他本性原本不壞，只是因環境惡劣，滋生了告密的邪行。二者都值得反思。一個人蒙冤受屈，罪不當罰，在此逆境中，仍應保持獨立人格，守住做人底線。否則真是生得卑汙，死得屈辱。

然而話說回來，當初我們真的都是那樣勇敢仗義嗎？也不盡然啊。我們同一個作業區的人，也狠狠批鬥過一個難友；同樣是為偷山芋的事。有人甚至拳腳相加，當然是以趙主任為首惡，他一腳踢死受害人，還要罵他撞死。在那次批鬥會上，沒有一個難友為倒地不起的死者說過一句話；這也包括我在內。我們這些沉默的在場者，不是一樣的貪生怕死，任兇手為所欲為嗎？

物傷其類，想到程先生之死，我感到哀傷。唯願天堂不再有人性的混戰，慘死於亂棍的程先生，也能得到上天的接納垂憐。

二〇〇一年六月十五日廣州二稿

糞殤——右派師生的生死情誼

二〇〇六年春節前，我再次見到難友方後高時，他已是七十有四的古稀老人了。只見他頭髮花白，滿臉溝壑，頎長的身軀也佝僂了。四十八年前，我們在同一生產隊勞動，那時的英俊少年，已經難覓蹤影。但我們回憶起農場歲月時，他依然思路清晰，語言明快，還是當年那般的古道熱腸和憤世嫉俗。

一別近半個世紀，我倆都老了。老人本該多說些歡樂的話題，免得徒生許多傷悲。但是，我們畢竟是在那非常時期結識的，話題總會回到過去。這次我是銜命而來，要為一些基層小右派和所謂的反社會主義分子，做幾份記錄。後高兄對無為縣城鄉情況十分熟悉，是我最理想的嚮導，他也樂於為之。我首先想瞭解的是無為一中李信鵬老師之死，他給我講了下面的故事。

一、李老師之死

李信鵬老師早年畢業於浙江大學，他是我們無為一中的化學老師。無為縣城很大，人口有十多萬。一中規模也大，有好幾千學生。反右之前，一中的教師隊伍很棒，有許多名牌大學畢業生在此任教。五十年代初期的大學畢業生個個是寶，可惜反右之後，很多老師被打倒，從此一蹶不振了。

我在無為一中讀書時，未和李老師單獨說過話。李老師主要教高中部，我初中畢業，考上蕪湖農校就走了；他那時不一定記得我。畢業後我回無為農業局工作，也沒有和李老師打交道的機會。只是反右罹難，又一起發配到這荒山溝來，我和李老師在同一個生產隊，當然就親近起來。

李老師話不多，但看問題很尖銳。依他看，在完成物質領域的所謂改造之後，國家或者說執政黨，事實上已經把全國的財富都收入囊中。接著必然要搞思想整肅，使其行為合法化。因此，就不會允許別人——特別是知識分子嘰嘰喳喳。

執政者大權在握，想怎麼做都可以。只是搞什麼引蛇出洞，手段有些——怎麼說呢，不高明吧，不是大國元首所為。再說，整肅應該是針對那些大知識分子和社會活動家，與我們這些教書的有什麼關係呢？整到你們這樣的年輕人頭上，更是荒唐，要遭報應的。

他說得沒這麼直接，有些話我也聽不懂；懂一點也不敢亂猜亂傳，那是犯大忌的。但聽李老師這麼一說，我的內心平靜多了。他對我這麼信任，我也很高興。那時他自己也才三十多歲，體質瘦弱，從未幹過農活。我二十來歲，又是學農的，我幫幫他是責無旁貸的。

李老師雖說體力弱，一般性的勞動還能堅持，只是有些農活他做不下來。比如有一次施肥，從豬場挑來的糞肥半稀不乾的，裡面有豬糞尿、未漚爛的死豬，活蛆亂爬，惡臭難聞。舀這樣的糞已是受大罪了，可是那個紅眼黑牙黃鬍子的梁隊長，硬說用糞瓢是修正主義，他要我們用雙手捧。那是人幹的活嗎？臭氣直衝腦門不說了，徒手伸進滿是死豬爛腸子的糞桶裡，大大小小的蛆蟲，順著手臂直往身上爬，能把人噁心死。

我看到李老師在一旁直搓手，就是不敢往糞桶裡伸。我就小聲對他說，你蹲地上，就說肚子痛，你的任務交給我。我幫他捧完了，李老師總算逃過了一劫。

一九五九年深秋，秋收結束了，按農業規律應該進入冬閒季節。可是場裡要持續大躍進且更大躍進，加大我們的勞動強度。不問天晴天陰，每人每天要交八十斤糞肥。牛頭山礦區有優質的人糞肥，你們趙家崗離那裡近一點，我們羅家沖過去近五十里，來回就將近一百里。而且還是去偷糞，哪裡是說偷就偷得到的？

深秋夜長日短，那天剛亮，李老師他們十來人就出發了。天黑以後，我才見到難友們陸續歸來。他們挑得都不多，最多的也不過六、七十斤。李老師和我同一個宿舍，眼見外出的人一個個回來，依然不見李老師的蹤影。我心中十分不安，挨個問與他同去的人，他們都說李老師還在路上。他積到的肥很少，一路上都是擔驚受怕的樣子。我聽了十分著急，心裡想著，李老師步履滿跚，有氣無力一步步往前捱，還不知人在哪裡。

等到小半夜了，李老師一直沒回。我預感大事不好，急忙向作業區領導彙報。領導要我邀幾個人，一路去查找。我們走到張家大廟附近，見到一個人倒在路邊，已經沒氣了。再一細看，正是李老師。他身邊倒著他的扁擔和兩隻糞筐，筐裡的糞肥還在散臭氣。

那時死個把右派，跟死個小貓小狗沒什麼區別。還不能議論這種事，當時的說法是避免擴大影響。

人死了要埋，我先找到農場領導批條子。拿著批條我找到焦山長，焦是位熱心人，他急忙四處找木料。場裡確實存有幾方大園木，焦說那是準備蓋馬廄用的，誰也不敢動。我們就四下找木板，找了一堆長長短短厚薄不一的板料，勉勉強強拼湊成一副薄皮棺材。

給李老師裝殮時，我還找出他最珍愛的一件皮背心，給他穿上了。我想他在另一個冰冷的世界裡，胸前要多一點暖氣。

可惜棺材板子短，還不到一米六。李老師身高在一米七以上，入殮時真是費了很多事。我心說，對不起老師了。李老師的頭是低著的，兩腿是蜷著的，兩個膝蓋好像是下跪的姿式，還是一副低頭認罪的樣子。只能說，好歹有副棺材去埋，也算入土為安吧。這總比曝屍荒野，任狗啃狼拖要好一點。

李老師的家屬來不了，中國歷來有師徒如父子一說，只能由我來為李老師辦後事了。那時形勢十分嚴峻，今天李老師死了，下一個還不知是誰。我們那時還是單身，而李老師是有家室的。我就想到，總有一天，他的老婆孩子要來尋找親人。我要是活著，還能幫幫忙；如果我也餓死了，誰能記得李老師埋在哪裡呢？

我就想到，要給李老師的葬身之地做個標記。後來傳成我給李老師立碑，那是誇大了。我只是在山上找到一塊大一點的石頭，手裡也沒工具，就用一根大鐵釘，在石頭上鑿了字。我不知道李老師生年，就鑿了三行：

殁於一九五九年十月
李信鵬老師之墓
學生方後高立

我剛把石頭埋好，就挨了批鬥。那天晚上，全作業區開批鬥大會，說我為右派分子樹碑立傳，陰謀反攻倒算。又說我記下的是一本變天賬，這是階級鬥爭新動向。幹部說要把我批倒批臭，還要加重處理，殺一儆百！

那火力把我打懵了，如何加重處分，不就是送勞教勞改嗎？這個作業區已經送走了好幾個人，聽說很快就餓死了。我要是也被送去，還有活命嗎？我才二十幾歲。想到這裡，我全身冒冷汗，腿肚直打顫。哪裡知道問題這麼嚴重，要是想到了，借十個膽子給我，我也不敢去給老師送葬啊。不能老師餓死了，再搭上我這個學生……

在大批判中發言的，有管理人員，也有所謂的難友；都是落井下石。能明哲保身不說話的，已是很難得的了。其實，當時和現在我都不恨他們，都是運動作的孽，誰都想活下去。輪到我算我倒楣，恨誰也沒用。

哪裡想到在這種氣氛下，居然有一位難友為我說話了。這人就是徐毅，他語調平和，聲音也不高，全場馬上肅靜下來了。

徐毅說，這是件平常的事，方後高又沒有說李老師永垂不朽，又沒有說李老師有什麼豐功偉績。稱李信鵬為老師，自己是學生，都是實際情況。石頭上鑿幾個字，也只是留個記號，免得以後家屬來找不到地方。依我看，這沒什麼錯。

徐毅這麼一說，全場的人你看看我我看看你，連同主持批鬥會的人，都無話可說了。批鬥匆匆收場，我也鬆了口氣。我心中對徐毅很是感激，一時不知怎麼說才好。

二、君子徐毅

徐毅和我不是一個生產隊，平日我們也很少打交道。但我們知道他資格老，十三歲他就參加了抗日兒童團，那時的說法叫紅小鬼。據說他被劃右派是因為反赫魯雪夫。他為人有君子之風，仗義執言，管理幹部也有點怵他。他患過肺結核，聽說曾因此大咯血，在你們科裡住過院，現在還好吧？

你說過，徐毅是在宣城縣副縣長位置上離休的，還是住在宣城。他是個豁達的人，自己開玩笑說，反右之前就是副縣，離休時還是副縣。從做官角度看，不算是成功人士，從做人的角度看，應屬極大的成功。

文革時聽說小張要整徐毅和你們，我疑慮重重，弄不清怎麼回事，就過江來找到小張。我問道，你是不是受到什麼壓力，何至於難友相殘。我特別提到說，徐毅在農場對你也是很愛護的，為何你翻臉不認人？你猜小張怎麼說，他說徐毅真的有問題，什麼問題？說徐毅多次讚揚于謙，于謙是明代的兵部尚書，相當於今天的國防部長。贊揚于謙，不是在為彭德懷翻案嗎？

我想這就是胡說了，不過小張有把柄捏在我手裡。文革前他有一天到無為來，我倆逛街，在新華書店他看到郭沫若新出的詩集《百花齊放》。他翻開詩集，越看越氣，拿起筆在書上寫了幾筆，又把書放回架上。我當時也未留意，不知道他寫了些什麼。

小張第二天走後，我想想有點不放心，就回到書店找到那本書。翻開一看我嚇壞了，原來小張在書中寫的是：狗屁不通！吹大牛，無恥！

這樣的書，要是落到別人手裡，還不是鐵證如山？我不動聲色，拿下這本書，到櫃檯付錢買下了。拿回家來以後，我把它藏在了家人不易發現的地方，也未和任何人說起過。因為這只是小張一時義憤，信手寫來，其實和我們的觀點沒什麼區別。當時我想，我永遠也不會告發他。

可是聽說小張要揭發徐毅和你們，我簡直氣壞了。看不出來，小張進步可真大，成了革命派了。我說我不和你辯論，我給你看一件東西。說著我從包裡拿出郭沫若那本詩集，翻到他寫批語的那一頁。小張一看，頓時傻眼了，一句話也說不出。

我把書往包中一放，對他說，你腦子清醒點，這可是白紙黑字，比道聽途說管用多了！說罷我轉身就走了。這件事你們蕪湖的人，沒一個知道，我不說小張肯定不敢說。當然，以後運動轉移了方向，改鬥工作組走資派了。不然真不知道他會鬧成什麼樣子。

三、百姓怒砸姚奎甲

離開農場後，你們回到蕪湖，我回到無為；我們日子都不好過。我也認識李老師的夫人，但我是摘帽右派，她是右派家屬，都是灰頭土腦的，只能夾著尾巴做人。偶爾在街上遇見了，也就點個頭而已，能說什麼？更別提尋墓的事了，那叫右派翻天！

但是，有一天我突然看見李師母和兩個孩子，神情興奮地站在街邊，一改多年來低眉順眼的樣子。

那是一九六六年文革開始後不久，你知道的，縣委書記姚奎甲，在無為幹盡壞事，餓死了三十多萬人，打了數不清的右派和反社會主義分子。無為老百姓恨死他了，一九六二年他和曾希聖一起倒臺，他到蕪湖造船廠當頭，老百姓再恨拿他也沒辦法。

文革開始，也是整人，抓牛鬼蛇神。哪裡想到後來會有群眾鬥領導的事，無為百姓最想鬥的是誰？當然是姚奎甲了！於是幾個造反派頭頭，過江到蕪湖來，把姚奎甲揪回無為遊街批鬥。

這件事在當時也很平常，按偉大領袖毛主席戰略部署辦事，到處都在遊鬥工作組和當權派。很多地方也就是走過場，大家心裡清楚，共產黨的天下沒有變，運動過後該幹啥幹啥，官是官民是民，亂不得的。

可是遊鬥姚奎甲就不一樣了，無為人對他有血海深仇，三十多萬人死了，他們的親屬子女都在，他們會忘了這筆血債？

幾個造反派頭頭犯難了，他們清楚，如果只開幾次現場批鬥會，還能控制局面；遊街就不一樣了。單縣城就有十幾萬人，四鄉八鄰還有百姓趕來。群情激奮起來，那場面無法控制，出了意外咋辦？

按說無為餓死三十萬，換他一條命，也沒什麼了不起。但餓死的人和直接被殺死的人，性質畢竟不一樣。再說一項全國性的決策失誤，僅追究地方官員，也不公正。全國到處如此，姚奎甲只是更左一些而已。

可是百姓們不會想那麼多，他們只知道那時姚奎甲當書記，大家都有復仇心理。幾個頭頭反復磋商，決定用個鐵籠子把姚奎甲裝進去再遊街。這是一種懲罰，也是一種保護。事後證明，果然是個辦法。

這事你們在蕪湖也聽說了，是的，就是那天。我們都是血肉之軀，都有感情。對李師母一家來說，李老師死了，家中頂樑柱倒了。對我來說，二十來歲淪為異類。面對這個惡人，恨不得上前煽他幾個耳光。

但是，我和李師母都清楚自己的身分，不想給自己找麻煩，我們是旁觀者。

那場面你是未見到，見到了終生難忘。我們經歷過的運動可謂多矣，哪一次不是領導人振臂一呼，應者雲集。可是誰都知道，絕大部分群眾都是盲目的，只是運動中的一粒棋子，任人擺布而已。

遊鬥姚奎甲就不是這回事了，那是百姓自發地向統治者討回公道。遊街日期一公布，消息迅速傳開。到了那一天，街上早早地站滿了人。有縣城的，也有從很遠的鄉下趕來的。人們表情嚴肅，有的眼裡還含著淚花，一定是想起親人慘死而情不自禁。當裝著姚奎甲的鐵籠囚車一出現，頓時人聲鼎沸，一片打倒之聲。所有人都在喊著：向姚奎甲討還血債！

突然，人群中有人拿出事先準備好的石塊，砸向關押姚奎甲的鐵籠。一人開了頭，只見街兩旁的人，全都一擁而上。他們用大小石塊，奮力砸向籠車。人們邊砸還邊喊，有的人捶胸頓足，還有的人掩面而泣。這才真正叫百姓之怒，載舟之水掀起狂風巨浪了。

多虧那是鐵籠，而且很堅固，就那樣也被砸得不成形了。車內的姚奎甲是嚇得尿褲子了，還是昏死過去了，這我都不知道；只有靠前的人才能看到。可以想見，那天要是鐵籠不堅固，姚奎甲肯定要被砸成肉醬！

就是那天我看到李師母和兩個孩子，她們也一定看到我了。因為人群都擁向了籠車，我們是少數沒有砸車的旁觀者。其實我們和大家的心都是相通的。

後來聽說，保了姚奎甲一條命的造反派頭頭，清隊時還是挨了批鬥。姚奎甲罪惡再大，群眾組織也不能把他定罪。所以，到頭來還是自己吃虧。但是為什麼當時人們不顧一切地衝上前去，他們身後是三十多萬餓死者的冤魂啊！

你問，籠遊姚奎甲，算不算民間文革的一種形式？就是說底層百姓在大動亂中，乘機向統治者發起反抗？

要我說的話，老百姓其實管不了那麼多。他們只盼望當權者多辦實事，別總想法子整人。老百姓也不總是好欺侮的，歷史上這樣的例子太多了。

鬥完姚奎甲，一切還是老樣子。大家都一樣，沒什麼好說的。要是沒有十一屆三中全會，沒有胡耀邦平反冤假錯案，我們還不是苟活的賤民。無為餓死三十多萬人的事，也將被永遠塵封。

四、陪師母尋墓

李老師改正之後，李師母第一個要求就是，把李老師的遺骸遷回故鄉，與親人子女相守。而且她知道李老師當年是我裝殮掩埋的，還刻了塊碑；她就請我陪同前往。我陪她去了，這也是我多年的願望，總不能使自己敬愛的老師長年埋骨荒野，成為孤墳野鬼吧。

你知道的，無為到廣德不遠，從無為過江到蕪湖，汽車站有開往廣德的班車。要是趕上上午的班車，到廣德轉車，當天就可以到門口塘農場所在地邱村。我們趕到邱村時，已是傍晚。我把李師母安頓在小旅社，一個人在通向昔日農場的小路上走去。

還是這個深秋，還是這個十月，還是晚風蕭瑟，寒氣逼人。一九七九年，距李老師罹難正好二十年。我感嘆，人生能有幾個二十年啊！如果是一個清明時代，這二十年正是我們為國為民效力的最佳年齡段。可是李老師卻躺在一座孤墳裡，我們活著也是抬不起頭，誰都可以羞辱你作踐你。真的沒有想到，在有生之年還能恢復自由身，還能陪伴師母來尋找李老師。我也知道，這件事並非容易，但我必須儘最大努力。

我當年做的石頭標誌，即所謂的墓碑，早已蕩然無存。沒了這石頭，李老師的墳就和所有的無主孤墳一樣，無法識別了。二十年過去，當時的地形我一點印象也沒有。這兒是亂墳崗，基本都是無主墳，也就沒人來祭奠憑吊和修葺。一眼望去，只見地形雜亂，荒草萋萋，腳下也是坑坑窪窪的。有些亂墳堆坍塌了，還能見到幾根白骨，夾雜在荒草與泥濘之中。這是一片毫無生氣的荒地，彌漫著死亡的氣息。如果不是尋親，沒有人願意在此停留。

你問師母的心情，那還用說嗎？師母也剛五十出頭，這麼多年，獨力撫育李老師的遺孤，生活的和精神的壓力也使她顯得早衰。親臨這一片肅殺之地，觸景生情，她連步子都邁不開了。

無論如何，我們是為李老師而來；也只能開始起土。其實這些地方哪裡看得出墳堆，只是些略高於地面的土包而已。我只能一個不丟地一排排挖過去，用所謂地毯式搜索的方法來找尋。

其實幹這種事心裡挺虛的，中國人最忌諱的就是被人挖祖墳。那是對一個人也是對一個家族最大的侮辱。老百姓都認為這麼做是衝犯陰氣，於活人是十分不利的。雖說這是亂墳崗，地上都是些無主墳，但這裡的亡靈也曾是一個個鮮活的生命，我們又有什麼權力驚動他們呢？所以幹這種事時，我一直有犯罪感。只是想到師母的心願，想到我也不是為謀私利，才少了猶豫和恐懼。我小心翼翼地挖開塋地，只要見到的不是我要找的，我都是連連祈禱：請不要怪罪，我們在找親人，不得已驚動了您。我一定按原樣恢復好，再多培上幾鍬土，請您安息！

收工時我目測那塊亂墳崗，我們動過的地方還不到五分之一。按這個速度，還要五、六天才能全部搜尋一遍。我不怕辛苦，但對能否找到墓穴，還是毫無把握。

第三天繼續，一到亂墳崗上，我先轉了一圈，看哪裡離我們原來的作業區最近。雖說準確位置找不到了，但大方向是不會錯的。我就在那片地方轉來轉去，果然，隱約間有一種似曾相識的感覺。這就是所謂第六感官吧，所以第三天，我們換了一個起點開始挖。

但那天也並沒有那麼神奇，和前兩天一樣，我們從太陽剛出山，一直幹到夕陽西下，還是一無所獲。不過我心裡似乎有種預感，好像離李老師越來越近了。

連續幹了兩天，我感覺很累，體力也支撐不下來了，那年我畢竟也四十多了。看我氣喘吁吁的樣子，李師母也過意不去了，她連聲說，回吧，明天再說。

不知為什麼，我腦海裡萌生出這樣的念頭。成敗就在今天，今天再找不到，明天就可能累得起不了床了。我就對師母說，太陽還未落山，再掘幾個試試。

果然，掀掉第二個墳堆的土層，我就見到長短寬窄不一的白茬棺木，正是我和焦山長一起釘的那副！木材已經腐朽，一碰就爛了，但形狀沒有變。我連聲對師母說：找到了！找到了！

我說我馬上開棺，您站遠點，免得受刺激。師母哪裡聽我的，她恨不得上前用手扒開棺木。她想像不出，那麼鮮活的一個人，學問好，品德高尚，一直受人尊敬，沒有任何過錯，開過幾次批鬥會，人就被送走了。走時四肢健全，思維敏捷，一個充滿生命活力的人，從此陰陽兩隔。誰給人間帶來如此悲劇？這一切豈是「改正」二字便能打發了的？

撬開棺木，只見一切有機物都消蝕乾淨，歸還給茫茫大地了。只有那件皮背心，依稀可辨輪廓，留在棺木中的只剩一副骨架，依然是低著頭蹺著膝的架勢。李師母一見這情景，頓時昏了過去。剩下來的撿骨和裝袋，都由我一個人完成了。翌日，我們帶著李老師的遺骨，匆匆趕回無為。

二〇〇六年四月四日初稿於廣州
二〇二〇年二月十日定稿於蕪湖

後記

方後高，男，一九三三年出生於安徽省無為縣城關。曾祖方六嶽為清末孝廉，著名詩人，有多部詩集傳世。方六嶽曾為山海關撰楹聯一副：「乘三軍講武餘閑，蒔雜花數本，種寒菜滿畦，天末唱刀環，九塞澄清靖桴鼓；是萬里長城盡處，坐遼海高峰，問秦時明月，樽前語羌笛，一亭春好占榆關。」著名報人嚴獨鶴先生譽之為天下第一名聯。老先生光緒二十年中舉，深受同鄉重臣李鴻章賞識，曾為李鴻章幕僚兼李長子塾師，後放江浙鹽運史。辭官返鄉後，著力興學，為一代鄉賢，陳獨秀先生曾有親刻壽瓶相贈。

方家世代書香，方後高謹遵祖訓，有儒雅之風；又宅心仁厚，在右派難友中廣受尊敬。

方後高一九五四年畢業於蕪湖農校，農校現在來說只是屬於中等職業學校，但是方後高的實際學養與能力甚至超過一般的大專水平。一九五七年整風鳴放期間，他在縣農業局小組學習會上發言，不同意當時安徽領導盲目推行所謂農業三改。一九五八年被劃為右派，開除團籍，送門口塘農場監督勞動。方在農場期間，筆者曾與他同隊勞動。方兄農業內行，又熱心助人。筆者體弱，蒙方兄多方關照，銘記於心，終生未忘。

方後高一九六二年摘帽，回農業局仍任技術員。改正後，在專業上頗有建樹。二〇一六年病逝，享年八十三歲。

如今再去無為，城關風景如舊，只是方兄不在。借這篇舊文，表達我對方兄深深的感激與懷念。

第三輯　屈辱與掙扎

夜泣

什麼是知識分子？有過各種解釋。記得上個世紀五十年代初有一種說法，說初中畢業就是知識分子了，以後又聽說那標準就太低了。權威的解釋應該是《辭海》，其中有「知識分子」這一條目，篇幅很長，關鍵是前面幾句話：「有一定文化科學知識的腦力勞動者，如科技工作者、教師、醫生等」。這應該是沒有疑義的，就教師而言，學高為師，為人師表嘛，當然是正宗的知識分子。

但在農場裡，我見到了不少初中程度以下的知識分子，是被錯劃右派的農村小學教師。這些人學歷不一，有一部分是正規中級師範畢業的；還有一部分是簡師畢業的。所謂簡師就是小學畢業讀三年，也就初中程度。簡師還辦過速成班，所謂速成班，就是小學畢業讀半年就上崗當教師，從這裡走上教師崗位的實際也就是小學程度。當時政府號召，要建立百萬人民教師隊伍，這些崗位也就是為響應號召特別設立的。就此而言，大概是前無古人，後無來者了。我接觸過一些偏遠地區來的速成教師，其文化程度也就剛脫盲而已。

這批人是怎樣被打成右派的呢？說來令人難以置信。

一九五七年夏季，上述幾種類型的小學教師都參加了暑期學習班。根據上級要求，他們要學習整風反右文件。學習結束時考試，有一道這樣的是非題：有人說現在是「黨天下」，你認為對就劃（＋）號，不對就劃減（－）號。大部分人認為，說是共產黨天下還能不對嗎，就紛紛劃了個加（＋）號。結果，白紙黑字都成了儲安平爪牙，包括速成班在內的那一批人，速成了右派。這還是右派的正規軍，不像某些基層人員，不夠右派資格，只能戴個反社會主義分子這種雜牌軍的帽子。

這批人基本上是農家子弟，大都家境貧寒。絕大部分來自安徽無為縣。本文要講述的一對小夫妻，便是其中的兩位。他們才二十出頭，男T，女Z。他們具體是什麼學歷，因答錯哪道題被劃右派，這些我未打聽過。

那時為了照顧夫妻關係，在一間大的單身宿舍裡，用蘆席隔出了一個不到三平米的小間給他倆住。外間住著十幾名男右派，實際上這兒還是集體宿舍，誰也避不開誰。好在那時不是勞動就是開思想批判會，已談不上什麼男女私情。

一九六〇年大饑饉開始了，大家都在飢餓線上掙扎，各種找吃的辦法都想盡了，依然飢餓難忍。而在如雙搶那樣的連日勞累之後，體力極度消耗；或是連日陰雨天裡，食堂的糊糊湯特稀；又或是到了月底，飯票已經吃完，這些時候，人就感到特別飢餓。此時，小屋裡的悲慘故事就開始了。

通常都是這樣，他倆關起門來，誰也不說一句話。過了很久，還是男的先開口，聲音很低，但外間也能聽到；他叫女的小Z去借飯票。

借飯票？這不是天方夜譚嗎！誰不知道借飯票等於就是借命，誰會把飯票借給你？不過，真的也有人肯借。誰？炊事員。不過男人借不到，非得女人去，還得年輕一些，最好有點姿色。小

Z終日勞累，蓬頭垢面，那裡還談得上姿色，不過總還是年輕女人。

小Z知道，叫她去借飯票意味著什麼。一聽這話她就哭，那是一種極悲痛的哭泣，幾乎哭不出聲，只聽到一陣陣哽咽。全大屋的人都屏聲斂息，他們不是要刺探隱私，更不是要恥笑他們。大家都是來自同一區或鄉，都是教師和基層人員，誰會笑話誰呢？只是物傷其類罷了。

常常又是小Z哽咽一陣之後，只聽到「啪啪」地幾聲輕響，大家知道那是小T在打自己的耳光。這時就會聽到小Z說了聲，我去。

這就再沒有聲音了，過了很長時間，那間小屋的門開了，小Z像幽靈一樣溜了出去。人們全都會心地背向著她，怕她難堪。又過了很長時間，小Z像幽靈一樣溜了回來。同樣沒有一個人看她，也不會有人問她一聲。接下來便會聽到小屋裡有低低的吃東西的聲音。外間的男人們也是饑腸轆轆，但沒有人會笑這對小夫妻，也不會妒忌他們。

接下來的日子裡，這一對小夫妻只是低著頭默默做事，不和任何人搭話。全屋的人也沒有人去刺激他們，大家只希望這種傷心事不再重演。

但是，過不了多久，乞求，沉默，哽咽，哭泣，自責……又會重演一次。久而久之，這事就漸漸傳開了。

我乍聽說這件事，首先是徹骨的悲哀。一個人的尊嚴、一個女子的貞潔、一個家庭的榮譽，竟只值幾兩飯票。我想起了元曲裡的兩句話：「先為天下憂，後為天下羞」。我們能不能認為這對普通小家庭蒙受的屈辱，是那個時代的羞恥？我也對那班以飯票辱人的炊事員無比憤恨，這這批傢伙我都認識，尤其是那個叫劉麻子的炊事班長，那張麻臉整天喝得醉醺醺的，滿嘴髒話。這批人都帶有家屬，平日短斤少兩，盤剝我們難友。當時我們中間流傳著一句話：「這也怕，那也怕，最怕炊事員抖瓢把」。就是這些醜類，不僅吸我們的血，還摧殘我們的人性，侮辱我們的人格。或許天大的苦難和餓死比都是小事，所謂衣食足後知榮辱。為了活命，貴為人師者竟被迫走上這恥辱之路。

那對小夫妻我只是遠遠地看過他們幾眼，不忍上前和他們對視，怕的是傷害了他們。實際上我一直在等待他們，等他們來這個小診所看病。因為那時我們診所裡還控制了一點點治病的糧食，那是我們幾位醫生極力說服場方爭取到的一點紅糖與黃豆。因為食堂炊事員太壞了，大家一致要求由我們幾位都是單身的醫生煎煮。憑我們的病假證明，每位病人可以每天從我們手裡領取三兩這種民間稱之為「狀元紅」的食品。

這批「狀元紅」真是天物，多數浮腫病人都從我們手裡領過，也確實挽救了不少瀕臨死亡的難友。我每天都在等這一對小夫妻，可惜直到這批食品發完，也未見他倆來過。當然這麼點點食品，也根本不能解決他們的困難，但起碼可以使他們暫時免於賣身吧。為什麼他們不來呢？是不願意和難友分這點食物？還是有別的隱衷？至今我也未得到答案，但他們的悲慘經歷一直令我悲傷，如今寫來，依然感到不安。

二〇〇一年八月四日二稿

咀嚼

一九六〇年在農場，一個偶然的機會，我讀到了傑克·倫敦的短篇小說〈熱愛生命〉。小說中的人物故事和當時的心境，真是永生難忘。

我還聽說，這個作品是列寧同志最愛讀的小說之一。列寧臨終前手上拿著這本書，書啪地一聲跌落在地，列寧也就離開人世了。

一九六〇年我讀這小說，豈止是感同身受；簡直覺得就是我們這批人的寫照。四顧茫然，生死未卜。陶淵明說「饑來驅我行」，白居易說「饑村人語早」。那時為了保命，我們什麼辦法未想過？什麼東西未吃過？家鼠野鼠、有毒蛇無毒蛇的蛇蛋、草根樹皮觀音土……運氣最好的就是找到死豬。

農場計劃要辦一座萬頭豬場，結果豬都餓得皮包骨，又感染了豬腎蟲病。這個病是絕症，病豬接連死去。按要求這些死豬都要深埋的，那時誰還會顧及這些。沒有肉還有皮，有筋，總能給我們添些油腥。所以豬場一有死豬，生產隊裡立刻騷動起來，誰都想得到它。這可是一場比智力、體力、耐心和人緣的戰鬥。可又不能打遭遇戰，否則都要倒楣。場方看得也緊，死豬不是埋得很隱祕，就是漚在糞坑裡。就這樣人們還是會把死豬找到，哪怕已經開始腐爛，也要吃掉它。

好在豬腎蟲病不是瘋牛病，否則還不知有多少人將死於非命。

我們小診所裡病人很多，有些人是阻塞性便祕。草根類東西吃多了，集結在肛門口，自己排不出來，吃瀉藥和灌腸都無效。醫生只能戴上手套，一點點給病人摳出來。多數病人都是飢餓性浮腫和乾瘦症，說起來這是兩個概念，但其實是一種病在不同時期的表現。病人體內有大量的糖、脂肪、蛋白質被消耗，就會出現低蛋白水腫，人腫得不成人型。以後腎功能受損，水分隨尿排出，人就瘦成人乾了。倒地不起，即是餓殍。

我曾經救治過許多將倒未倒或將斃未斃的人，印象最深的是一位鄉村中學教師。他在挑肥的路上餓倒了，被人發現後送來醫務室。這是個典型的乾瘦症患者，他個頭很高，瘦得皮包骨，再瘦下去簡直就成竹竿了。醫這樣的病，我們已有些經驗。無外乎用些葡萄糖維生素能量之類的藥品，是醫生都會的。而搶救成功的關鍵是飲食調節，一個長期挨餓的人，胃壁已經很薄，各種消化腺功能嚴重受損；但此時人的食欲極旺，吃起來極易過量；那樣就會有嚴重後果，如急性胃穿孔或嚴重水電解質失去平衡發生猝死。這種情形也稱為飫死，而那個年代飫死和餓死就是同一概念。大詩人杜甫就是吃魚之後飫死的，可想而知杜甫一定是長期挨餓的。

我的這位病人經過搶救，還在半昏迷之中。只見他不停地咀嚼，看來恢復食欲了。可是他身邊沒一個親人，我們只得找出他身上僅有的飯票和飯卡，和食堂說好話，換來了一點極稀的稀飯，一口口餵他。吃完一碗稀飯後，他清醒了，睜開了眼睛。這是一種什麼樣的目光啊，只見他兩眼直瞪瞪地盯著一個地方，一動不動。他的目光裡沒有悲傷和憂憤，也沒有求助，只有冷漠與絕望。我理解他，也不想觸動他的心事。我沒有和他說話，他應該知道我們都是同命運者。

收工之後，隊裡有幾個人過來看他。他還是那樣漠然，一言不發。我對他們說，病人還需要多天飲食調養，而且只能吃稀飯，食堂裡的山芋乾、山芋葉子都是不能吃的。我知道這是大難題，那時候到哪兒去弄米啊！未想到隊裡來人竟一口答應了。果然，接下來的幾天裡，一直有人按時將熱稀飯送來，一直到他出院。

開始我認為，隊裡有他的至親或密友；又或者他人緣極好，危急之時大家都舍己救人地幫他一把。後來我才知道了事情的真相。

病人是無為縣某區唯一的大學本科畢業生，在五十年代，基層的大學生是鳳毛麟角。本來他是可以留在省城的，縣城裡的中學更是一直在要他。可是他說家裡父母年老多病，弟妹又小，自己還有妻室兒女；一家人都要靠他，他不能離開家鄉。就這樣，他到了區裡的中學任教。他是學數學的，可是為人處世也像數學公式那樣刻板，這就把基層幹部得罪了。運動一來，他並沒有右派言論，還是第一批被打倒了。這對他和全家可是天大的災難，他被澈底摧垮了。

和他一個隊的人大都與他同一個區，是各行各業的基層人員。他話少，到農場後更無話可說了。整天他就埋頭做事，只想早一天摘帽，回去教書，繼續養家活口。他挨餓多日，但不敢也沒有法子去找吃的。看到隊裡其他人「偷」來山芋梢子蘿蔔頭子，他都嚇得躲開。他未想到這些普通人，都能有本領活下來，而且在他生死存亡時刻，還會拉他一把。

當然這些都是後話，此時他還在被搶救之中。

天黑了，輸液還在繼續。一是要靠這一點葡萄糖來維持他的生命；二是要保留一根血管以備搶救。他已經瘦成人乾了，血管都塌陷了。

奇異的事發生在夜間。我們那個小診所是一排乾打壘的房子，隔牆只打了半截，斷牆以上都是空的，什麼聲音都能聽到。夜深人靜時，我隱約地聽到病房裡有一種咯吱咯吱的聲音。開始我以為是老鼠在咀嚼什麼，過一會兒，這聲音更清晰了，而且頻率也加快了。我判定這聲音來自他，連忙過去看，出現在我眼前的是我一世也忘不了的景象：他已陷入昏迷，但嘴巴還在不停地咀嚼。他在吃什麼？原來他把輸液的橡皮管，連同中間的玻璃滴管一齊塞進了嘴裡。也許是那一點葡萄糖的刺激，他越嚼越帶勁，手還不停地往嘴裡送。那小玻璃滴管已經被嚼得粉碎，玻璃渣多處扎進了口腔黏膜，所以這一刻，我看到的是他滿嘴的血汙。

我急忙上前，先把他手上的皮管奪下來。接著，我叫起另一位醫生。我們先用開口器撐開他的上下顎，拽出他口腔裡那一團糟的東西，那是和鮮血混在一起的橡皮管和嚼碎了的玻璃屑。清除雜物之後，我們看到，他的口腔裡到處都在出血。我舉起手電筒一照，見到的是一個血紅的洞。

我們只得先為他清洗口腔，先給他打上止血針與消炎針，再塞進止血用的明膠海綿。等明顯的出血停止了，我們再一點點撕開明膠海綿，尋找扎進他口腔黏膜內的玻璃渣斷端，一點點把它們拔出來。

這項稱不上手術的手術，做起來難度極大。那玻璃渣的斷端極難找不說，露出黏膜表面的端點又細又脆，只能輕輕地鉗，稍一用力就碎了。人們常說肉裡存不住灰星子，不把玻璃渣取出來，出血是難以止住的。不知經過了多長時間細找，我們總算把能找到的玻璃渣都取出來了。此時，大出血總算止住了，但這裡哪裡還是有小的滲血。

這時天已大亮，他也清醒了。我們知道這滿嘴的傷口，動一處都是很痛的。何況開口器還一直這麼撐著，他想哼一聲也辦不到。我又注意到他的眼神，這神色固然是痛苦的，同時還有許多說不清的東西。我猜想他內心或有幾分悔意，一個大男人怎會做出這種蠢事；他也一定感到悲傷，一個受過高等教育的人，怎會落到這步田地。不過他應該知道，這一切都不是他的錯。

我內心和他同樣的沮喪和迷惘，秋收了尚且沒吃的，以後的日子怎麼過？我們的憂慮是共同的。

幾天之後，他出院了。後來我就聽說，他的處境有了轉機；不僅活了下來，還過得不錯。說到底，還是老師的身分讓他得救了。他有一個學生，其家長在農場放鴨——天曉得一個放鴨的怎麼也成了右派；據說這時要科學養鴨，必須要找一個懂數學的人來餵鴨子，這樣就能按比例科學配料。學生家長以此為理由，把他要去餵鴨子了。聽說他到了放鴨場，就像換了一個人似的，只見他戴個破草帽，拿著一根放鴨竿，好不悠哉遊哉，樂呵呵的，因為經常有死鴨子吃了。有時他還送些死鴨子到原先的生產隊去救濟難友，他笑呵呵地對他們說，放三年鴨牽三年瞎（給算命瞎子牽路），給個縣官也不做。

我為他的態度轉變而慶幸，林語堂先生說：「一個人受苦難的程度，就是他徹悟的程度」，他餓得死去活來之後，終於學會了吃死鴨子，這不是一個明證嗎？

二〇〇一年十二月二日二稿

命價

一九六九年五月，我背著醫院免費發給的小藥箱，到達了下放地點。然而，這個藥箱空空如也，裡面連聽診器和針管都沒有，我可怎麼當醫生？更別說什麼要去占領農村醫療衛生陣地了。我下鄉之後百無聊賴，終日無所事事。沒有書讀，又無人交談，活脫脫一副行屍走肉。

熬過一段時期之後，我猛然發現，經過幾年的大批判、鬥爭會、關牛棚，還有寫不完的檢查交代之後，唯一值得留戀的事，還是醫生這個職業。我多想重新穿起白大衣，拿起聽診器，奔波於病房門診間。再忙再累些，風險再大些也不要緊……可是這一切都離我遠去，什麼時候我才能回到醫生的崗位上呢？

未想到這一天馬上就到了，而且是突如其來。

那是一個燠熱的三伏天午夜，我在蒸籠般的小屋裡好不容易熬過酷熱憋悶的傍晚，剛有點睡意，忽然聽到輕輕的敲門聲；開始我以為是自己的錯覺，在這人生地不熟的地方，誰會深更半夜敲我的門呢？我又昏沉沉地睡了。

「嘭嘭」，「醫生！醫生！請您去看一個病人」，一種女孩子特有的細聲慢語響起，像是要請我去看病。出於職業的警覺，我豁然清醒，轉身就下了床。深夜請醫生，一定是重病人，我開門一看，月光下站著一個小女孩，那樣子有些急促又有些靦腆。

「小姑娘，你家誰病了？你看我這兒啥也沒有，怎麼看病呢？」

「不是我家人病了，我是陳醫生女兒，我爸叫我來請你。有一個人打農藥中了毒，我爸說農藥中毒這種危險病，只有你才能醫好！」

「小姑娘，這種病確實危險，應該趕快送公社醫院呀！」

「公社醫生都沒用，送一個死一個，你行行好吧，這個人好可憐！」

醫生受到病家、尤其是同行的信賴當然是高興的事。但我滿腹狐疑，這位陳醫生怎會知道我能醫這種病呢？再說他們那只有一間房的小診所，能收治這種危重病人嗎？去看看再說吧。

我住小鎮東頭，陳醫生的小診所在西邊，說是小鎮其實也就三五十戶人家，一條二十來米的小街而已。這裡有一家小商店、一個招手停車的汽車站、一家小飯店，飯店對面就是陳家小診所。我不燒飯，一天三餐在小飯店裡把肚子糊飽就行了，所以幾乎天天都能見到那個矮胖矮胖的醫生陳老頭。我們從未說過一句話，剛見面時，老頭轉動著一雙老鼠眼，機靈中透著狡獪，一副皮笑肉不笑的表情裡，透著明顯的敵意，我不免愕然。

聽人說這老頭也在公社醫院幹過，因為什麼歷史問題被開除了。這個大隊收容了他，在這天高皇帝遠的地方，開了這麼一個非公非私的小診所勉強度日。我猜想他或許也聽說了，我們下放醫生是來占領農村衛生陣地的，那樣他一家人將衣食無著。別人怎麼做我不管，我自己每月還有三十多元生活費，為什麼不讓別人活呢？所以下來兩個多月我未看過一個病人，這才使他一家安了心，也才可能想到請我會診。我只是弄不清，他怎麼能判定我能治好這樣的危重病呢？

我終於走進了這家小診所，從房屋結構上看，它和普通農舍並無二致：兩間小臥房的房檐向外伸出三四米，算是堂屋，邊上有一間廚房。屋後應該有小菜地或者豬圈什麼的。陳醫生在堂前擺了一張大方桌，上面放有一些外用藥、煮沸器和注射器等物件。靠牆立著一個小藥櫃，又有一張家家都有的小木床；這種床人稱「和氣臺」，它就充作診所裡的檢查床和病床了。世界上大概找不到比這更簡陋的醫療機構了。

病人就躺在那張「和氣臺」上，看上去果然十分危重，已經口吐白沫，四肢厥冷，大汗淋漓。他神志昏迷，一股濁重的蒜臭，彌散了整個空間。由於他面部及四肢不停地抽動，我無法辨別他的年齡。稍有經驗的醫生，馬上就能診斷出，這是一例嚴重的有機磷農藥中毒。病勢危重，如果得不到及時有效的搶救，病人會很快死去。

「儘快找到一條靜脈，把所有的阿托品都找出來，用一支大針筒，先抽五十支！」我畢竟是訓練有素的醫生，已經上了戰場，一切閒話都是多餘的。

未想到這家女主人，還有這一手絕活。她在昏暗的燈光下，給一個四肢不斷顫抖的病人作靜脈穿刺，大醫院護士有把握的也不多，她居然一針見血了。只是那位陳醫生聽我說一次要抽五十支藥水時楞住了，他懷疑自己是不是聽錯了，手足無措地瞎忙乎。

「五十支！五十支！我自己來！」我見陳醫生手忙腳亂，急忙抓起砂輪鋸刀，一排排劃過去，然後用鑷子「啪啪啪」一齊敲開，吸進大針筒。我邊敲邊瞄了一下藥櫃子，阿托品針還有一小揲，這就能抵擋一陣了。阿托品是鄉村醫生看家藥，用處很廣泛，它也是對付有機磷中毒的主要武器。

「你，按住針頭！不要讓它滑出來！你，壓住病人的雙肩，限制他躁動！病人家屬呢？」我四下一望，只有請我來的小姑娘，怯生生地站在一旁，別無他人。陳醫生夫婦也不回答我的話，我只得對小姑娘說：「快拿一張紙、一支筆，記住我說的話！」小姑娘見自己被派上了用場，很高興，馬上就準備好了。

我看了看錶，邊推藥邊一字一頓地說：「兩點十分，靜脈推注阿托品二十支，含量十毫克」。我說到此時病人可能的反應，神志、瞳孔、四肢、脈搏的症狀，說到醫學術語，我格外注意吐字清晰，唯恐小女孩鬧不清。

「兩點三十分推十五支，三點推十支」，我接著說，此時患者的呼吸、脈搏、神志、瞳孔又將出現的症狀。我長時期沒有這麼亢奮了，許多學過的知識和多年積累的臨床經驗，一齊擁到眼前來。我看起來臨危不懼，成竹在胸，措施準確果斷，感覺自己有點像個能征慣戰的將軍。職業真是個美妙的東西，能使人陶醉其中。

眼見藥架上的阿托品急劇減少，地上破安瓿堆成了小山，這是現代醫療技術在和死神作殊死的搏鬥。我把最後剩下的二十支阿托品，一齊加入一瓶五百毫升的葡萄糖鹽水，然後做靜脈滴入。眼看著，病人的各項生命指徵逐漸趨向正常，有一會兒還睜開了眼，毫無目標地轉了一圈又閉上了。這是值得欣喜的徵兆。

陳醫生一家人都很高興，我依然未感到輕鬆。要說病人已經脫離了危險，那還為時過早；只能說我們是初戰告捷。患者體質差，攝入量多，預後依然難測。如果後續治療跟不上，或是哪個環節我們掉以輕心，病情極易反復，弄得不好也會功虧一簣。

這家小診所要啥缺啥，連必需繼續補充的阿托品也已罄盡，下一步咋辦呢？打農藥本來是生產隊的事，中了毒應該是公傷；為什麼家屬，隊裡人一個也不在？我猜測，病人不是普通農民，一定是個「老四」即所謂四類分子。陳醫生一家人沒有向我點破，也許他們怕我知道了見死不救，可見這家人也是善良百姓。

夏天，天亮得早，雞鳴狗叫，小街上開始有人走動了。面對眼前的艱難局面，我們都無言以對，內心也有默契，我們等待著……

果然，不久門外有了人聲。

「老陳，人死了沒有？別讓他死在你家裡，那不把小丫頭嚇著了！」隨著高門大嗓的一陣嚷嚷，進來了一個身材不高的跛足男人，他問這個人的命運就像問一隻小狗的死活。

見我們都未答話，他注意到了，「和氣臺」上那個人還在吊鹽水哩。這個男人表情顯得有點驚奇地說道：「怎麼！活過來了？算他命大！我只當夜裡就翹辮子了哩，真是孬人有孬福！這一六〇五和一〇五九可都是殺人不見血的鋼刀啊。哪一年公社不要死幾個人？多少比他中毒輕的人都死了，他怎麼活下來了呢？」

這像什麼話，我行醫多年，見過許許多多對死亡表示驚訝者，從未見過對活下來的人表示驚奇的；何況這本來就是一條健康的生命。

這個矮個子一轉臉看到了我，他像發現新大陸似地吼道：「我說哩，難怪嘍，你老陳還有這個能耐！我早就對你說了，這個『老下』肯定有幾把刷子，真人不露相嘛。老陳呀，就叫『老下』在你這幹算了。他給你指點指點，你老婆幫他燒燒飯洗洗衣。『老下』你看呢？我這麼喊你你別見怪，你那個鬼姓太難認，大隊革委一個也認不准，該念啥？」

他按當地人稱下放幹部的說法，一口一個「老下」；一副居高臨下的派頭，像說單口相聲似的，自唱自和，全不顧我們的反應。看來這個小跛子有點權勢，我們要等的人大概就是他了。他從進門起就未走近這個垂死的病人，顯然，要找他辦事是很難的。

「老陳，掛完鹽水就沒事了嘍。一夜花了不少錢吧！回頭你寫個條子，叫他們甘家隊給你十塊錢，帳就別細算了。熬一夜怪累人的，叫你老婆打三個蛋給『老下』吃，我要去大隊革委開會了！」說著他轉身就要走人。

「不！」我一說不，小跛子以為我客氣；我急忙把病情的危險性和需要繼續治療的情況，簡要地向他說了。他聽了先是一楞，回過頭來再看看堆成小山似的藥瓶子，起碼有幾百支，馬上把臉拉得老長：

「老陳，怎麼搞的？我昨晚不是對你說了嗎，給他打幾針，試試看不行就算了。公社醫院年年死農藥中毒的人，有人花了好幾百塊最後還是死了。你，你一下子用了這麼多的藥，『老下』說還得治三四天，那要花多少錢？他值嗎？」

「他值嗎？」小跛子輕鬆說出的這三個字，像一記重錘敲在我的心坎上，令我不寒而慄。早就聽說鄉下拿四類分子不當人，說罵就罵，說打就打，活活被打死也是有的，還能說成階級覺悟高。眼前這個大活人，居然就不值幾十塊錢藥費，而且他說這話時，根本未想過病人已經開始清醒了。他也一定聽到了小跛子的高談闊論，可是他沒有反應。湊近看時，他那失去光澤的瞳仁裡已經沒有悲哀與乞求，只剩下麻木和絕望了。看樣子他年齡不超過三十歲，是地主或富農嗎，不該這麼年輕。是反革命或壞分子嗎，不該這麼木訥。但可以肯定，一定是個境況比我更差的不幸者。可是，再卑微的生命也有活下去的權利呀。

面對這尷尬的局面，陳醫生和我對望了一下，我見他欲言又止，我不能不說了：

「值不值，他一年總還能做幾百個工分！又不是絕症，總不能見死不救吧？」

「什麼叫見死不救？『老下』，農村的事你不懂，別摻和。上面有人說了，你們被下放的人，都有些婆婆媽媽說不清的事，我們大隊可是重在表現，不相信什麼好人不下放，下放沒好人那一套。你以後就看看病看看書，別自找麻煩！」我說了什麼啦？挨了他當頭一棒。不讓我開口，他又衝著陳醫生說：

「老陳呀，你也算個精明人，帳該怎麼算還要我說嗎？錢該花多少，能花多少，我下一步再算。先給你們算一筆政治賬，他打農藥中毒，又不是誰害了他。一六〇五和一〇五九這麼毒，各個生產隊都派『老四』去打，我們不派他派誰？這是階級路線問題，甘家生產隊做得對嘛。他中了毒按理也是為公，所以不打幾針救一救，大面子說不過去。打了幾針，意思到了也就可以了。

你們花這大力量救他，好像是做了好事，其實是惹了麻煩。貧下中農們會怎麼看？他們會不會說，怎麼我們貧下中農中了毒的人大都死了，偏偏把一個『老四』救活了，誰救的呢？又是你們這些疙疙瘩瘩的人。這裡面能沒有階級立場和階級感情的問題嗎？當然那些人死在公社醫院裡，你們沒有責任。可是往後呢？你們能保證把所有農藥中毒的人都救活？要是在這裡死了一位貧下中農呢？」小跛子說到這裡故意停頓一下，看看我們是否把他的訓導聽明白了。

這真是精妙絕倫的高論，未等我去分析它豐富的內涵，首先感到的，是我被小跛子輕輕一撥，就撥到四類分子一起。我和躺在病床上奄奄一息的『老四』一樣，除了任人宰割，根本沒有說話的資格了。

陳醫生比我老練多了，這些話他大概聽慣了，一點也不驚。表面上一副專心聽訓的樣子，實際上他也時不時地看看他那空空的藥架和滿地的廢瓶子。他肯定在尋找對策，果然，他眉眼一開，詭祕地笑道：

「鄭主任，你的指示說過多少遍了，我還能不記心裡。昨晚下放醫生在搶救時，我就想對他說了，不過又不好開口。我要是說了，別人會不會說我們鄉下人拿人不當人呢？後來我又想到，你說過要我們相信黨的政策，相信大隊革委會的英明領導，要相信你們要消滅的只是反動思想而不是肉體，還說要把老四們改造成新人哩。我想如果把他救活了，你治保主任臉上一定是很光彩的。讓四鄉八鄰的人都來看看，你鄭主任是執行黨的政策不走樣的人。再說現在正是雙搶大忙季節，各隊打農藥的大都是『老四』，救活了他也安了其他人的心，不是既抓了革命，又促了生產嘛。」

聽說陳醫生是國民黨舊醫官出身，一定是資格更老的「運動員」了。他能養得這麼胖，還能在這兒娶妻生子，扎下根來；可想而知，一定有一套八面玲瓏的護身之術。

「哈哈老陳，你可真是西瓜掉進油桶裡，又圓又滑。別看你醫術不咋樣，嘴皮子倒不差。不過你那點買賣三，糊弄了別人，可糊弄不了我。你說你幹嘛要把老下找來，你知道你擔不了這個干係，讓老下給你頂著，好處你往身上撈，出了事往老下身上推。你本事也學了，生意也做了。你以為打農藥是公事，藥費肯定能報銷。告訴你，別做美夢了。大隊黃書記說了，不管死活，大隊小隊一共只給二十塊，你看著辦吧！黃書記從來是說一不二的！」

「就二十塊錢？」說到錢上的事，陳醫生頂真了：「人要是死了，二十塊錢總不夠上山吧！」

「上山，那要看怎麼個上法，十六個人抬個『十二元』大棺材，請上十六個和尚道士，做七天七夜的水陸道場，像他太爺爺一樣，那是別想了。花二十塊錢，弄一副薄皮棺材，吃一頓豆腐飯，湊合湊合也蠻夠了。」小跛子成竹在胸，說著笑著，像是在籌劃喜事。

「二十塊錢能買什麼棺材，還吃什麼豆腐飯呢！」陳醫生也聽不懂小跛子的話了，說話有點大不敬了。不過小跛子並不見怪，反而笑著說：

「老陳，你這個人腦子怎麼不開竅呢？他人一死不就絕戶了？土牆茅草爛竹子，風一吹雨一淋不啥也沒了。他那窩棚裡不是還有一副門板嗎？還有一副單人床板、幾塊穀倉板，拼拼湊湊不就是一副薄皮棺材嗎？拿算盤來，我給你細算算：隊裡沒有木工要外面請，算它四個工，每個工兩塊二毛五，合計九塊錢。四個人抬上山，這種活工分給高些，連挖坑一人記三分工，一個工三毛五，合計四塊二毛。他不還剩一點口糧嗎，換幾箱豆腐乾子，買二斤豬頭肉和一斤八毛二的暈頭大麯還是夠的。多少啦？大概還多七八毛吧。給跑腿的買雙草鞋，你們說還有什麼錢要花？還要開追悼會嗎？」小跛子一邊算賬，一邊把那只跛腿架在另一隻腿上，晃悠晃悠的，像在嘲笑我們這兩個有政治問題的人。要說一個人的價值可以用金錢來計算，他早算好了，就二十塊。

小跛子在算計那個小「老四」命運的時候，病人的鹽水還在掛著。看到他開始泛紅的面頰、平穩的呼吸和不再顫抖的軀體，我判斷他應該已經清醒了，應該聽到我們關於他的爭論了，那可是關於他的生前與後事啊。為何他沒有一點反應呢？能哭兩聲也好啊！難道他真的已經心死，生與死對他都無意義了？想到這裡我又一次不寒而慄，這就是我們這些被打入另冊的人的必然結局！

小跛子這一手果然厲害，原來我想再卑賤的生命也是一條命，多說些好話，他也許會開恩。聽他算得這麼細，又說是黃書記開的價，這件事想必大隊已經討論過，我再說什麼也沒用了。

下一步咋辦？繼續治吧，誰付錢？陳醫生一家日子過得夠艱難了，我那一點生活費也早已入不敷出了。而如果中斷治療，病人必定會在遲發反應中死去。而且，鄭主任說的那二十塊錢只能用於殯葬，陳醫生一分錢也拿不到。他可損失不起啊，這真叫進退兩難了。未想到一夜緊張戰鬥，還招來了大麻煩。我那種搶救時的亢奮和初戰告捷時的高興心情，一下都蕩然無存了。

陳醫生和我相對無言，聽任小跛子發號司令。

小跛子見我們不說話，他也停止了高論。他無聊地走到那一堆廢瓶子前，一支支翻看著，看著看著他突然大笑起來：

「我說老陳呀，你喪什麼氣呀！你過來看看，這一大堆廢瓶子，原來全是他媽窩托品（*阿托品）！別的藥我不懂，這種藥我還曉得一點。我看你不問病人胃氣疼肚子疼腰疼，都打這種針，還真頂點用。我當是什麼寶貝？後來到醫藥公司一看，他媽的便宜貨！一毛錢買兩支還多一分錢。別看這滿地空盒子，總還不到三十個，一盒十支就算它三百支吧，不也就十三塊五毛錢嗎？一瓶鹽水一塊一毛八，酒精棉花連煮針的煤油都算上兩塊錢吧，再加兩塊錢手續費，還不到二十塊嘛！嗯，我想想，和弄一副薄皮棺材也差不多！」

小跛子有些猶豫了，我和陳醫生倒是神情一振。開始我們也被這滿地的廢瓶子空盒子弄糊塗了，不知道花了多少錢。細一算，也就這麼多。而且從病人現在情況看，不會有太多的錢要花了。從小跛子最後的語氣看，還會有轉機的。再說，一下子用了陳醫生家這麼多藥，要在平時，注射費、診費會是藥費的幾倍。他還要養家活口，我不能不為他說幾句話：

「鄭主任，你看，病人雖然還未脫離危險，已經好多了。我也算了一下，再用三四天的藥，也不過二十塊錢吧，就算救他一命，總不能為二十塊錢見死不救吧！」

「二十塊！二十塊！見死不救！你知道什麼叫見死不救嗎？本來我不想說的，現在我說給你聽聽！」小跛子突然發大火了，小眼裡放出凶光。這種凶光十幾年我見得多了，我心想難道我還有什麼把柄捏在你手裡？再看看陳醫生，倒是一副無所謂的樣子，猜不出小跛子要說什麼。

「你知道我這條腿是怎麼瘸的嗎？說起來氣死人！五年前我害貼骨流痰（*骨結核）住在你們醫院，去的時候把家裡的豬呀雞呀連口糧都賣了，才湊了兩百塊錢。住了十幾天，天天抽血化驗照片子，打點針，刀還未開錢就用完了。那天醫生開了一張方子，也是二十塊錢，可我身上分文沒有了。我到藥房求情說好話，請他們先把藥發給我，藥房也未說不發，說只要到住院處蓋個章就行了。住院處的人說你未交錢我怎麼蓋章？我又求醫生，醫生說他只管開方不管錢。我又求護士，我知道護士辦公室小藥櫃裡這種藥多著呢，護士說她沒權用別人的藥給我打針。我那時正發高燒，腿痛得受不了，走一步都難。你們醫院各個部門的人，沒有誰說見死不救，事實上還不是這回事嗎？我一氣之下跌跌趴趴到汽車站，一毛錢一毛錢討，湊了一張汽車票錢，回來就躺在公社醫院等死。多虧了老陳在我大腿骨上捅了一刀，流了半盆膿。命是保住了，可腿瘸了。瘸就瘸了吧，總比死了強。我不也差點為二十塊錢丟了一條命嗎？我還三代貧農哩。你問問老陳，我說的可是實話？」

小跛子越說越氣，陳醫生趕忙上前遞上一支煙，連聲向他解釋。他說我是內科醫生，與這件事沒關係。我心中有點不安，的確，沒錢不給藥，這種事我在醫院裡還能不知道。作為醫生，我總是這樣開脫自己，反正處方我已經開了，拿到拿不到藥就不是我的事了。我從未想過後果，今天算是冤家路窄，見死不救的王牌失靈了。我想不出再怎麼說了。

陳醫生卻利用小跛子懷舊的機會，用當地土話在小跛子耳邊唧唧噥噥好一陣。他說的啥我全不懂，只見小跛子有時點頭有時搖頭，又要陳醫生給他紙筆和算盤。他算一筆，記一筆，想了一會又寫幾個字。然後他筆一丟，把記的紙揉成一團甩了。他說道：

「給他醫！再加二十塊，多一分也沒了！醫死了一分錢也不給！」說罷轉身就出門走了，忽然他一轉身又回來，對我說道：

「老下，我開頭說的事你考慮一下。按說你還算國家幹部，不歸大隊管，不過叫你到這當醫生，也是為你好。年紀輕輕的，不能什麼事都不幹呀！今天我乾脆把話說透，老陳他根本就不是四類分子，要不然我也不會叫你和老四在一起。他是被抓壯丁抓到國民黨部隊去的，只當了幾個月的看護兵就被解放了，啥槓子也夠不上。他是出了醫療事故被公社醫院開除的，其實那件事我清楚，也不全怪他，要不然大隊也不會留他。他技術有一點，不高。在農村要說他是醫死人被開除的，就沒人找他看病了。說他是『老四』最好了。你別吃驚，農村的事說你不懂就是不懂，你沒聽說過。我們說他是舊醫官，老四，技術還是有的；就是政治上不行，所以公社醫院不要他。農民看病圖的是技術，才不管你成分呢。而且認為成分越壞，技術越高。所以老陳雖然名聲上吃些虧，實惠還是撈到一點的。要不然他肩不能挑手不能提，一家人怎麼活？這件事你知道就行了，別對外說！」小跛子說完真的走了。

世上的學問真是活三輩子也學不完，什麼都有假冒的。未想到在横掃一切牛鬼蛇神的年代，居然還有人冒充四類分子。這是怎麼回事呢？我顧不得細想其中奧妙，連忙撿起地上的紙條子。我想看看小跛子算了些什麼，忽然又發了慈悲：

每月送公社柴草一擔一五〇斤，計一・五元
每月出公社義務工二個，計〇・八元
每月出大隊義務工一個，計〇・三五元
全年合計：三一・八元
每年水利義務工二十五個，合計十元
全年總計：四一・八元，大於四十元。

看來留他一條命，僅一年義務工就超過這次的醫藥費。何況他才二十幾歲，我有些懂了。不懂的是紙上兩個圈圈，一個圈裡寫了個「藥」字，我猜與打農藥有關。陳醫生告訴我，甘家隊就這一個「老四」了，他要是不在了，以後打農藥的任務很難辦，誰也不願幹這要命的事。有些沒有「老四」的隊，只好輪流值日，有的靠拈鬮解決問題；有個「老四」就方便多了。陳醫生說這話時是那樣理所當然，我聽了卻全身發冷。我懂得了一位大人物說的「廢物利用」的深刻道理了，它不僅是對學有專長的科技人員而言的。

另一個圈圈裡寫了「階巴」二字，「階」字我想到是指階級鬥爭，「巴」字我就再也猜不出是指什麼了。陳醫生告訴我，這兩個字的意思是「階級鬥爭的活靶子」。那時各種政治運動不斷，又經常有最新最高指示下達，每一次為了提高人們的政治覺悟，時時繃緊階級鬥爭這根弦，都要找個階級敵人的活靶子來開現場批鬥會。可老四們死的死老的老，已經越來越少了。沒有老四的隊還得到外隊去借人，還得給外隊記工分。所以這個老四，還是讓他活下來好。其實他是頂替他父親，而他父親頂替他爺爺；已是第三代老四了。他今年二十好幾，也曾有人為他張羅婚事，希望老四別絕了種。對方肯定也是老四，可是他像根木頭一樣不說一句話。唉！陳醫生嘆了一口氣，說不下去了。

聽陳醫生一席話，我久久緘默無語。想想自己以摘帽右派的戴罪之身，來到這舉目無親的窮鄉僻壤，等待我的將是被廢物利用呢，還是在有需要時同樣當個「階巴」被拉出去遊鄉批鬥？說到底這兩者又有什麼區別呢？還不是一樣任人宰割，你能逃脫出階級鬥爭的箭簇嗎？

我決定服從大隊安排，到這家小診所來上班。既然逃脫不了，不如坦坦蕩蕩安營紮寨。我知道我將會遇到許多我不熟悉的人和事，從某種意義上說，陳醫生一家人、小跛子鄭主任，乃至躺在病床上一言未發的病人，都是我的老師。我要學會神經健全地生活在他們中間。

果然，上班頭一天又遇到一件莫名驚詫之事。那位夜間喊我看病的小女孩走過來，把一些文摘卡片遞到我手裡。我不免一驚，這裡一本醫學刊物也沒有，哪裡來這樣的東西？仔細一瞧，這不都是我自己寫的嗎？是我當垃圾扔掉的東西。記得離開城市時，醫生們都在賣舊書舊刊物，亂扔廢物。我發現這種製作時耗盡心血的硬紙殼，拿來包箱角、墊床腿正好。用過以後，陸陸續續又都扔了。未想到有心的小女孩全撿起來了，這裡面有好幾張摘錄，都是關於大劑量阿托品搶救有機磷農藥中毒的資料。我心說，怪不得她家人說我能治好這種病，有用的東西總歸能派上用場。

在這裡工作幾個月之後，我被調到公社醫院上班。所有下放的醫務人員，隨著城裡醫院恢復重建，全都陸陸續續上調回城了。我則被一拖再拖，無望地等待著回城的日子。

一九八九年十月初稿於蕪湖
二〇〇三年五月二稿於廣州

第四輯　黑暗之光

心曲——難友陳嘉潞遺詩

黨校退休教師王女士，年過古稀，皖涇縣人，上世紀四十年代後期，曾就讀於涇川師範，該校畢業生大都是涇縣各鄉鎮中小學教師骨幹。反右之難中，涇師同學，多人罹難。半世紀後白首相逢，感慨良多。劃右後歷經磨難，倖存者中陳嘉潞先生，做詩記事，留下一首心曲。王老師知我正關注右派小人物的命運，特贈我陳嘉潞先生遺作，讀後感慨系之。

一九九七涇川師範校友聯誼會有感

母校早消失，校址已無影。
校友來相聚，為尋當年情。
闊別半世紀，見面難辨認。
鄉音雖未改，都已白頭翁。
回憶在校時，你我都年輕。
同學一百多，老師十餘人。

校長朱尊一，滿腹是經綸。
書法寫得好，金石美而精。
恩師年事高，作古已多人。
武、徐、張雖老，個個是壽星。
今天親到會，令我學子敬。
武老愛京劇，會唱能拉琴。
徐老上幾何，學子得益深。
張老教代數，書、畫、琴、戲通。
當年在母校，生活似軍營。
拂曉要出操，一、二、三、四聲。
用餐先排隊，靜候喊「開動」。
人人蹲地吃，粗菜似虎吞。
教室雖簡陋，只聞讀書聲。
老師登講臺，學子靜心聽。
晚上自習課，油燈似星星。
習後必講演，目的練「口功。」
週末文娛會，轟動全城人。

每班輪流演，人人都上陣。
月月出壁報，個個寫詩文。
師生同吃住，親似一家人。
大軍過長江，涇城炮聲隆。
驚動同林鳥，各飛南北東。
響應黨號召，參幹或參軍。
有人幹本行，教書育新人。
大家一條心，投身為革命。
生活雖艱苦，寧苦也甘心。
征途遇風雨，坎坷路不平。
大難臨頭時，見面不敢認。
有人機遇好，平坦步青雲。
有人遭暗箭，或傷或掉命。
一晃三十年，醒來是噩夢。
醒後尋學友，到處去打聽。
得知人健在，欣慰真高興。
路近上門訪，見面樂融融。

路遠出門難，只能通書信。
夢中思學友，醒來不見人。
驚聞人已去，老淚溼滿巾。
人間情雖多，最純學友情。
不論窮與富，都認自己人。
早已想見面，時機難選定。
七一香港歸，五四喜相逢。
盛會雖簡樸，充滿校友情。
夕陽無限好，已是近黃昏。
祝願老學友，身體多保重。

二屆畢業　陳嘉潞
一九九七、五、四

陳嘉潞氏，生卒年不詳，平生事蹟不詳。黨校王老師只告訴我，陳嘉潞被錯劃右派，處境極其悲慘。他的妻子被逼得精神崩潰，把家裡的用品餐具全砸了，一家人就剩一隻鋁鍋燒飯燒水，來人連坐的板凳都沒有。千難萬苦，僥倖熬到改正，仍一直在鄉村執教。那年校友聚會後，不久即病逝。王老師還說，陳嘉潞還著有一本長篇回憶錄，可惜未能一見，不知散落何處。

讀罷全詩，心潮難平。我在文革中後期，作為下放醫生，曾在涇縣生活過十年，對這裡的山水人情，有一些瞭解。涇縣是江南古城，建縣於秦（前二二三年）。這裡山川毓秀，人文薈萃。黃山餘脈綿亙東南，九華山支脈逶迤西北，清澈的青弋江流貫縣境。茂林修竹、蒼松翠柏遍布山野。涇縣是風水寶地，也是著名的「宣紙之鄉」。

好山好水孕育了歷代文人佳士，這裡誕生了國學大師胡樸安、文學大師吳組緗和大畫家吳作人。這裡還有李白、王安石、文天祥等先賢的遊蹤。李白的詩句「桃花潭水深千尺，不及汪倫送我情」傳唱古今。

山鄉小縣，偏安一角。二千多年來，遠離塵囂，人們過著恬靜悠閒的生活。這裡民風淳樸，尊師重教。百姓們文化素養較高，陳嘉潞長詩中描寫的情景，絕非偶然。

「禮失而求諸野」，野有遺賢。涇川師範，這個初級師範學校可能只相當於初中建制，教師中卻有滿腹經綸且精通書法金石的飽學之士朱尊一先生。他當校長時，旗下教師個個學有專長，盡職盡責，為莘莘學子的楷模。同學之中互助友愛，奮發圖強。如詩所述：「教室雖簡陋，只聞讀書聲。老師登講臺，學子靜心聽。晚上自習課，油燈似星星。習後必講演，目的練『口功』」。陳先生為我們描繪了一幅逼真的鄉村學校風俗畫卷。

涇川師範的師生們，滿腔熱情地歡迎新政權到來。正如詩中所寫：「響應黨號召，參幹或參軍。有人幹本行，教書育新人。大家一條心，投身為革命。」可是他們的夢想不久就成了泡影。「有人機遇好，平坦步青雲。有人遭暗箭，或傷或掉命。一晃三十年，醒來是噩夢。」

我在那個改造右派的農場四年，結交了很多身為小學教師的難友；如呂守植、沈廷禧、程冰身、汪興葆、金鐸等人。有的人是我終生好友，給我留下了美好的印象。我記敘過他們在農場的苦難，我也記得，他們在那種處境裡，依然努力地保持著精神信念。

無為襄安人汪興葆老師，他用幾塊撿來的木板，訂了一個尺把高的小櫃，立在集體宿舍自己床邊一角。小櫃裡放著吃飯的碗筷和幾本書，他還為這個小櫃自撰了一付楹聯：「又是農夫又是士，半藏餐具半藏書」。楹聯的立意、對仗乃至音律均屬上乘；它不僅彰顯了汪老師讀書人的本色，也寄託了他內心的的希望：願有一天能重執教鞭，再為學生釋疑解惑。

然而在那些年裡，即使重回講壇，也並不能實現理想。文革中曾重點批判的封建舊道德之一就是「師道尊嚴」。一九六九年我下放到涇縣，一到那裡就趕上了大隊小學開批鬥會。鬥爭對象是一位留用的摘帽右派，他正是從涇川師範畢業的。他原來是公社的骨幹教師，反右一開始就被打倒了。像他這樣的例子很多，那時在鄉村小學中接替他們者，基本都是和社隊幹部有點關係的親屬，有的人連小學也未讀完。中學生教中學，小學生教小學，無知者誤人子弟，而有見識的先生無不斯文掃地。

教什麼樣的課才能保證紅色江山永不變色呢？讀毛書，唱語錄歌，獻忠心，血往忠字上流，命往忠字上拚。這些事，開會喊口號容易，落實到教學上真難。我聽一位小學教師訴苦說，小學課本頭一章即毛語錄：「領導我們事業的核心力量是中國共產黨，指導我們的思想理論基礎是馬克思列寧主義。」任他再怎麼解釋，小學生也不懂甚麼叫核心力量，甚麼叫理論基礎。他說自己也不懂，問我懂不懂。我說我更不懂了，再說這和我治病救人沒有任何關係，我要懂它幹啥？

唱語錄歌「風雨送春歸，飛雪迎春到」也就罷了，到毛壽終正寢前，遍及城鄉，山陬海隅，到處都在唱「土豆燒熟了，再加牛肉。不須放屁」……這叫什麼事？三千年的文明古國傳到這一代，就是到處放屁嗎？

往事不堪回首，回顧這一切，我們也才能從陳嘉璐的遺詩中讀出另一重意味，他對母校和學生生活的懷念，也為鄉村文化的衰落留下一曲挽歌。這首詩將一位小學教師的坎坷和真情永遠地保存下來了，在我的右派小人物故事裡，增添了難忘的一頁。

二〇一一年三月初稿
二〇一二年五月二稿

囚隱者——烏以風與天柱山志

安徽省有五大名山，皆國家級風景名勝，也都各有特色。其中，九華山屬於佛教，是地藏菩薩的道場。齊雲山屬於道教，相比「天下名山僧占多」者，它是少數派。琅琊山有「蓬萊之後無別山」的美譽，千古名篇〈醉翁亭記〉等流傳於世。而黃山只屬於大自然，其中的人文建築、名人題署、摩崖石刻乃至詩詞吟詠，只能是一些點綴。

但是，就文化底蘊與歷史價值而言，五大名山都要讓位於天柱山。天柱山屬於歷史，屬於宗教，屬於文學，屬於哲學，甚至屬於戰爭：從春秋戰國一直打到劉鄧大軍進駐，天柱山上和周邊發生的戰事，幾乎是中國戰爭史的縮影。這在世界名山史上，可能是罕見的。不知道是不是正因為天柱山這樣的複雜性，歷代欲編山志者均望而卻步，以至於一直到二十世紀七十年代，此山還沒有一部獨立的山志。

烏以風先生填補了這一空白，一九八四年由安徽教育出版社出版了他獨自編著的《天柱山志》（以下稱前志），全書三十二萬字，一版發行五千冊。緊接著社會科學文獻出版社在一九九三年出版了由天柱山志編纂委員會編著的《天柱山志》（以下稱後志），該書二十八萬九千字，一版發行也是五千冊。兩本書出來，結束了天柱山沒有獨立山志的歷史。

我無意評述兩志的得失，如果方志學家有意作這方面的研究，這是兩個很好的範本。作為讀者，我只能談一點粗略的印象。後志比起前志來，當然有很多進步，一如其前言所說的：「更具有思想性，科學性和權威性。」因為它是官方機構主持的項目，它得以更系統地展開對疆域、地層地貌、土壤結構的科學分析，也能更深入地調查自然與物產資源，同時還應用了其他現代技術如航拍的方法。這些工作，都是前志編著者難以辦到的。後志為開發和建設天柱山，提供了多方面的準確資料，是值得重視的成果。

但是，就反映地域文化特點而言，我則偏愛前志。我尤為敬重前志編著者烏以風先生篳路藍縷、獨闢蹊徑的努力和他歷經磨難壯心不已的精神。

先說一段關於前後志的文壇糾葛。

余秋雨先生寫過〈寂寞的天柱山〉一文，先發表在《收穫》雜誌上，後收入他的第一本散文集《文化苦旅》，此書於一九八四年出版。文章中有一句話惹起了爭議：「天柱山一直沒有一部獨立的山志，因此我對它的歷史滄桑知之不詳。」這說明他寫此文時，沒有見到烏以風先生的前志。余先生並非要對天柱山作什麼專題研究，只是寫一點風光散文，哪能每一本書都讀到呢？但是，既然是寫天柱山的，說了一句有分量的錯話，也是個缺憾。讀者提出來，也是平常的事。

果然，一九九〇年代初，安徽蕪湖的散文作家王業霖先生即以〈天柱山並不寂寞〉為題，在邵燕祥、林賢治先生主編的《散文與人》雜誌上，發了一篇短文，他指出了這個失誤。王業霖和余秋雨先生同齡，他治學嚴謹，文筆清新淡雅，不幸於一九九八年英年早逝。王先生在該文中對余秋雨未見過烏以風先生的前志一事，只是一筆帶過，他重點談了天柱山上另一段文壇軼事。

這篇文章，余秋雨先生也未見到，這倒也是平常。天下報刊那麼多，誰能都讀到呢。

一九九三年，天柱山後志出版了。余秋雨先生說，他是極少數讀過這本山志的人之一，這有可能。但我懷疑他即使見過後志，也只是簡單地翻了翻，連序和後記也未讀完。因為後志在許多地方，特別是序和後記以及人物專欄裡，多處提到了烏以風先生的前志。正如後志編纂委員會主任丁士南先生在序言裡所說的：「這是烏先生以平生極大精力，廣收博采，披沙揀金，經磨歷劫編撰而成的。烏先生一生愛山之情、察山之殷、寫山之志，邑人有口皆碑。」丁士南這段充滿激情的描述，不知為何余秋雨先生視而未見。

據余秋雨先生在《山居筆記》這本書裡的一篇長文〈可憐的正本〉裡介紹，以後又有一位叫李庸的先生提出，余秋雨那篇文章有兩處硬傷。其一，李先生說：「有一位姓汪的同學曾告訴過他，見到過一部《天柱山志》，大約一九八二年出版，那位作者和姓汪的同學是世交。」這裡只是把一九八四年錯成一九八二年了，但總在一九八八年之前。余秋雨說李文「略有不妥」，話也未說重。但緊接著余秋雨又說「我遊天柱山時，該山管理處的專家坦言，天柱山尚無獨立的山志」。

余秋雨的這句話，大可以商榷。天柱山管理規模不大，我一九九五年遊天柱山時，見到了管理處的王啟貴副處長，也認識了幾位旅遊專科學校畢業的管理人員。以後我和天柱山各方面人士有過較廣泛的接觸，他們對烏以風和他的前志都非常熟悉。烏先生在天柱山先後生活了三十餘年，大起大落，是個傳奇人物。天柱山人誰會不知道烏以風呢？真不知道余秋雨所說的管理處專家們指的是哪些人。

我說了這麼多，並非要逮著余先生的什麼過錯不放，只是感到他在這件小事上，態度不夠冷靜。其實別人指出他的失誤，也是愛護與幫助。

烏以風先生，一九〇一年出生於山東聊城；上世紀一九三〇年代畢業於北京大學哲學系。畢業後，他曾任浙江省圖書館編纂，後來在安徽省宣城中學任校長。一九三七年他被著名教育學家馬一浮先生選中，入四川籌辦復性書院，任都講、典學。正在事業如日中天時，突遇婚變；他摯愛的妻子離他而去。他一下被擊垮了，憤而離職；東歸他曾遊覽過的天柱山。這真正是如蘇軾曰「萬裡歸來卜築居」了，烏以風自號忘荃居士，他在這裡潛心研究佛學經典，修身養性。

這時馬一浮先生聞訊，派人送信來請他回去。他未回信，馬先生又致書問候，並賦詩曰：「買山早是愛山居，世味應同綺障除。馬祖庵前松柏下，為何不見一行書。」

山居日久，烏以風戰勝了悲觀失望情緒，重新振作起來。但想起自己曾纏綿於兒女情長，為求精神解脫，他棲身佛門。他覺得，恩師二十歲喪妻，後未續弦而專事教書育人，自己無顏再見恩師。

從此烏以風流連於天柱山的青山綠水之間，竹杖芒鞋，走遍了天柱山的峰峰壑壑。他甚至和賀氏兄弟一起，憑著長竹長繩登上了海拔一四八八米的天柱峰絕頂。

也是在這一時期，鑒於「天下名山皆有志，唯獨天柱無專書」的遺憾，他萌生了編寫天柱山志的願望。他為這一目標，窮三十餘年殫精竭慮，耗盡心血，也經歷了種種磨難。正如他在序裡所說：「志山川不敢杜撰，志人物不敢偏袒，志事蹟不敢附會，志物產不敢虛構，志兵革不敢歪曲，志詞章不敢盲從……既已詳加考證，而又力求親歷其境，正其訛誤，必使胸無餘憾。」他查閱了大量的圖書資料，又前往實地勘察。為此，他多次孤身抵達深山大壑之中、懸崖絕壁之上，捫蘿附藤，觀其究竟。真是如清人儲光黔所述：「洞而宿焉，石而坐焉，澗而飲焉，岩而飪焉」，表現出了一位學者嚴謹的治學風範。

一九四三年，烏以風曾應國民黨安慶專員范苑聲之邀，主持了天柱山新建的景忠中學校務。後為了給這座為紀念抗日烈士命名的中學取得正式學籍，烏以風當面向省教育廳長汪少倫申述。汪廳長賞識烏以風的才華，留他在廳內當祕書。烏以風則利用手中有限的權力，使景忠中學順利入冊。其後，他堅拒汪廳長的挽留，重返天柱山，繼續他的未竟事業。

一九四九年後，烏以風一度去安慶師範學校任教。但他依然情系天柱山，日夜奮筆疾書。到一九五六年，他已完成了天柱山志初稿約五十萬字，並托友人汪植庭付諸刻印（不知這位汪植庭是否即李庸先生提到的汪姓朋友）。

然而，書稿未印出，一九五七年反右開始。烏以風先被錯劃為右派，一年後，他又被捕入獄，罪名是歷史反革命加右派。從此，他經歷了長達十二年的「囚隱」生活。這期間，最大的災難發生在文革——他那五十萬字的天柱山志初稿，被紅衛兵當「四舊」抄走。痛失手稿，烏以風聞之如五雷轟頂，幾不欲生。

一九六八年八月，年近古稀的烏以風被遣送回天柱山。當夜，他著手清點劫後書房，竟然意外地發現，當初寫天柱山的原始材料，還都在廢紙堆裡。烏以風欣喜異常，儘管頭上還有歷史反革命和右派的兩頂帽子，他頂著壓力，暗自開始重操舊業。

這時他沒有工資，僅靠捶石子的微薄收入度日。他曾寫下這樣的詩句：「辟榛應許腰身健，破石誰憐衣被單」。多虧生產隊長好心，把他安排到小碾米廠去開票，名曰利用他的一技之長。實際是讓他能夠有點固定收入，得以維持生活。

正是在這樣艱苦卓絕的狀況下，烏以風重新開始寫他的山志書稿。他在日記裡寫道：「劫後山圖理亂棼，孤燈滿盡始開雲。」可依然是「只恐天威罪舊聞」的心態，書稿難成，出版無期，烏先生在焦急中一邊努力，一邊等待。

十一屆三中全會後，烏以風的冤案得到了澈底平反。他先是被聘為安慶師範學院副教授，其實早在他三十九歲時，就已經在重慶大學當了三年副教授了。接著，他當選為省政協委員和安慶市人大代表。然而職稱和世俗的榮譽對他都是過眼雲煙，天柱山才是他的夢魂所依。一九八一年他在八十高齡時，最後一次攀登天柱山，面對三十多年來他上百次登越過的山山水水，老人家感慨萬千。他深知今生不可能再登此山了，但想到他數十年的願望即將實現時，烏以風毫無淒涼之感，而是如稚童般放聲呼喊：「老朋友，我又回來了！」

儘管如此，他的山志出版，還是頗費周折。他先後聯繫過三家出版社，均未被接受。最後是安徽教育出版社社長張崇貴先生慧眼識英雄，鼎力相助，使之順利出版。烏先生曾致函張崇貴云：「真乃吾生一大快事！」

一九八八年黃鎮先生遊天柱山，專程拜訪了烏以風，他稱烏先生為現代的徐霞客。

一九八九年二月二十六日，烏先生溘然長逝，享年八十八歲。人們遵從他的遺願，準備將他在三祖寺坐缸火化。八個大漢抬著老人佛轎，在通向三祖寺的山道上緩緩行進。沿途居民設香案供祭，以示尊敬。圓寂後的老人在轎內機械地頻頻點頭，據云那情景十分感人。烏以風先生只是佛學研究者，他並未皈依佛門，卻受到僧俗兩界對高僧大德的敬重，這再次說明，人心這桿秤是公平的。

現在要說前志有它的獨創性與傳奇色彩，應該是名副其實的吧！

烏以風在書中輯錄了自晉代以來天柱山本地和外來文人墨客的詩文近十萬字，占全書三分之一的篇幅。按照一般方志要求，也許不必這麼兼收並蓄；但烏先生此舉對研究天柱山的文化淵源乃至文學史上桐城派的興起，提供了豐富的資料。

前志中還有一些篇章，是烏以風先生自己的勘察、考證與研究，具有很高的學術價值，如〈衡霍今辯〉、〈天柱十勝論〉、〈山寨的起因和結局〉、〈記潛山民族英雄劉源〉等。尤其令我激賞的是〈王安石、黃山谷、蘇東坡詩刻考辯〉一文，它顯示了烏先生紮實的功底、豐厚的學養和考證的功夫。

天柱山石刻極多，其中有些關係到文化傳承。但和其他名山大川一樣，也有許多達官貴人附庸風雅之作，其價值比王二到此一遊高不了多少。精品之中價值最大的，首推王安石那首著名的六言詩。王安石於宋仁宗皇佑三年來舒州（首治在潛山），任通判。皇佑三年九月（一〇五一年），王安石和他弟弟安國，到天柱山石牛洞看唐古文家李翺的題字。

王安石回去後做了一首六言詩：「水泠泠而北出，山靡靡以傍圍。欲窮源而不得，竟悵望以空歸。」此詩收入了王荊公詩集。曾造的《高齋詩話》和蔡上翔的《王荊公年譜》都談到了這首詩，可見此詩為王荊公原唱。烏以風認定這首詩只收入詩集，當時並未刻於石牛洞。而現在刻在石牛洞壁的王安石六言詩卻是：「水無心而宛轉，山有色而環圍。窮幽深而不盡，坐石上以忘歸。」旁有「荊公」二字。為此，《潛山縣志》與《安慶府志》的編者都武斷地認為，後一首六言詩，是黃庭堅（黃山谷）的和詩，並非王安石所作。這就惹出了麻煩，後一首六言詩究竟是誰的作品？

烏以風經過考證認為，這兩首六言詩都是王安石所作。前一首是遊石牛洞而作，後一首是入相後改作。前者只寫而未刻石，後者只刻壁而未收入詩集。烏以風認為，王安石執政行新法不過七八年，熙寧九年（一〇七六年）就被免職。烏以風估計，他改詩大約是在一〇六八至一〇七六年之間。烏說後詩改得好，尤其是後兩句，詩人將「欲窮源而不得」這句改為「窮幽深而不盡」；將「竟悵望以空歸」這句改為「坐石上以忘歸」；這些改動正表現了王安石在兩個時期不同的情緒。寫前一首詩時，他對宋當時政治不滿，欲施展抱負而不能，有些悲觀失望。後來再改詩乃王安石入相得志之時，所以情緒表現得舒暢樂觀，悠然自得。據此，烏以風認為，後一首詩絕非他人所能偽造，連大詩家黃山谷也做不出來。

烏以風還認為，黃山谷第一次遊石牛洞是在一〇八〇年；此時王安石已經下臺。他在臺上時曾大肆整伐元佑黨人，蘇軾、黃山谷都在劫難逃，已成政敵。黃山谷游石牛洞，雖然欣賞王安石的文學才華，卻不贊成他的政見；他不可能和王安石這首詩。烏先生說他在涉及黃山谷的任何文學典籍中，都未查到這首所謂的和詩。黃山谷倒是另外做了一首六言詩：「司命無心播物，祖師有記傳衣。白雲橫而不渡，高鳥倦而猶飛。」所以烏先生斷定，那首所謂和詩，絕非黃山谷所作。

至於現在的石牛洞，也存有宋寧宗慶元二年所刻「水泠泠而北出」那首，烏先生認為這是後人為紀念王安石而刻的，既非王安石刻，也非黃山谷刻。因為慶元是南宋寧宗年號，二年為一一九六年。這時王安石已死了一百一十年，黃山谷已死了九十一年。

作為讀者，我認為烏先生言之有據，所論精闢。就詩論詩而言，這兩首六言詩的意境氛圍、遣詞用句，極似一人手筆。比較起來，我還是欣賞前一首，其中最後兩句道出淡淡的哀怨，正符合「憂時原是詩人職」的境界。後一首的末句，只不過表示一點暢達的情懷，不算詩的高品位。黃山谷也是詩壇名家，詩作講究的是標新立異，怎能人云亦云。不信看看他自己的那首六言詩，僅「白雲橫而不渡，高鳥倦而猶飛」，這兩句就夠你琢磨的了。高鳥是誰？是王安石，是他的新政，還是黃山谷自己？白雲不渡又指的是什麼？這才叫含蓄，稱得上是高手。

這段文字公案，烏以風文章一出，應該可以了斷的；可是在後志裡，麻煩又來了。

後志把這兩首詩的石刻都影印了，「水泠泠而北出」一首，注為「宋王安石於皇佑年間題」。「水無心而宛轉」注：「據康熙《安慶府志》載，為黃庭堅和王安石韻作。」這全然不顧烏以風先生的長篇考證文字，也沒有辨證說明。僅憑一本《安慶府志》就下了結論，未免武斷了。看來對此公案，還有繼續討論的必要。因為它不但關係到詩作的著作權，還關係到歷史、文學史和文學批評史。我希望能聽到海內外專家的高見。

順便說一句，後志比前志編得簡略。作者確實做了一些必要的刪除，但是也刪去了或許不該刪去的、有較高價值的東西。特別是關於天柱山的兵革大事，竟忽略而過，未免有遺珠之憾。

除了研究以外，烏以風先生還是一位卓有成就的詩人。他的舊體詩作品別具一格，凝重之中透出清新，直抒胸臆又別出心裁，寫景狀物，用詞簡練，格調高雅，全無媚俗之態。現抄錄他題二喬胭脂並絕句一首，可見一斑：

題胭脂井

前賢詠二喬詩，多美其為風流佳話。余意孫策克皖，娶大喬，周瑜娶小喬，二女迫於權勢，不得已。乃將殘脂投井中，因此做詩哀之：

雙雙身世付王侯，傾國空憐漢鼎休。
誰識深閨殘井水，至今似有淚痕流。

二〇〇一年八月十八日二稿於廣州

（本文部分內容以〈天柱山上的詩謎〉為題，作為邵燕祥先生的〈神祕谷〉一文的附件，收入邵燕祥文集《無權者說》一書中。）

右派詩人的傳奇——難友黃顯烔及其詩作

二〇〇八年早春，我去當塗縣看望我的右派難友熊大瀛兄。五十年前，我和他，還有學長丁祖傑醫生，我們三位右派醫生同在農場醫務室，共度艱難歲月。丁醫生文革中不幸殞命，大瀛兄和我年過古稀，白首相聚，分外珍惜。

當天和我們相聚的還有另一位難友，他就是黃顯烔兄，一位別具風格卻鮮為人知的當代詩人。腹有詩書氣自華，黃兄出口成章，他即席吟詠了自己的詩作：「二十年前吃一刀，此生無處不蕭條」，「才落人間二十載，五年飄泊五年囚」，句句都是平生憂患，有感而發。在下無詩才，在那二十多年裡，也曾直抒胸臆，打油數句，我與黃兄之間，命運相同，自然有很多共鳴。

十多年前匆匆唔別，爾後除了和大瀛兄時有短信問候，和黃兄也未再聯絡。直到數年前，收到黃兄饋贈的大著《小孤山下——二二九往事》，方又憶起初識的日子。再讀黃兄大著，更是驚喜地發現，他寫舊體詩持之以恆，自成一家，在當代舊體詩創作領域也是獨樹一幟。黃兄為人低調，不求聞達，但功不唐捐，黃兄大作應該被更多讀者瞭解，且在詩壇發揮更大的影響。作為右派難友「同年」，我有責任為它寫點什麼，才不愧黃兄饋贈。

一、「一門四匪」

黃氏家族，說起來也不是世代貴胄的簪纓世家。據族譜記載，六百年前即元代末年，為避戰亂，黃家祖上兄弟倆由湖北江夏逃到安徽無為，從此定居下來。族人務農或經商，代代繁衍，至黃顯炯出生，屬於黃氏宗祠者已有數百人。不知從何時起，黃家灣的村名也叫開了。

黃家灣坐落在無為城南二十公里外，那個小鎮名曰鳳凰頸。靠臨江優勢，黃氏祖先早早做起木材生意，居然成了一方富翁，蓋起了綿延數十進的黃氏大屋。衣食足，知榮辱。黃氏先輩秉承儒學傳統，注重子孫後代的文化教育，後人中漸漸出現讀書人，黃氏家族也成了詩書繼世的士紳氏族。

到了黃顯炯出生的上世紀三十年代初，世道已經大變；鄉村的平靜生活被打亂。上世紀的三十年代，註定要在中國歷史上留下重重一筆。強敵日本已侵入中國，東北淪陷，華北危機迫在眼前。江西瑞金蘇維埃政權成立，形成國中之國；且國共兩黨勢若水火。五次圍剿與反圍剿的鏖戰，正是決定中國命運的大決戰。當時很少有人能看到，最大的戰場是在廣袤的鄉村，而由暴力土改引發的鄉村大變遷，正是中國近百年來大動亂的起點。

黃顯炯的祖父輩兄弟五人，他的祖父為第四房，四房父輩這一代有兄弟六人，命運各異。他的三爺曾用六人的名字，寫了一首七言詩：「何遜當年孫六龍，健全兄弟是喬松。各懷遠志俱希武，家似春林日耀東。」父輩六人依排行是喬松、春林、耀東、健全、希武、遠志。大伯黃喬松為四房族長，他正派大氣，廣聞博見，但遠離官場。祖父母去世後，他成為家中的頂樑柱。這幾位先輩不論後來是國軍、共軍、鄉紳、商人、幹部、百姓以及什麼分子，在道德、人格上少有謗議。黃顯炯以後淪為異類，依然恪守一個讀書人的本色，長輩是他重要的依傍。

在抗日戰爭中，黃氏一門為國家和民族做出了重大犧牲。三爺失蹤，四爺遇害，五爺血染長城，重傷致殘，六爺丟了親生，他們無愧於國家民族。不幸的是，爾後在國共戰爭中，老輩們竟成了蔣匪、共匪、土匪……連不問政治的喬松大伯也是通匪，書香門第竟成了「四匪之家」！

這裡有必要交代一下，這樣的「奇事」是如何形成的。

三爺黃遠震，字耀東，在國軍戴安瀾部服役。抗戰中隨戴將軍赴緬甸對日作戰，後轉戰印度，不知所終。近日筆者與顯炯兄父女在蕪湖小聚，在場者還有三爺的外孫女夫婦。席間外孫女述外婆所言，抗戰時曾收到過三爺寄自印度的家書，僅有一封，後再無音訊。我建議說，若有機會去臺灣旅遊，可去臺北抗日戰爭紀念館看看，那裡據說有一份長長的犧牲將士名單，或許可以有些線索。

四爺黃遠圖，字健全，混號「四疤子」。這是位叛逆者，有「匪」氣。他曾在西南地區混過，親歷多起血腥驚險之事。一九四〇年，這位四叔被日偽政權殺害於南京。雖最終不知他身為國軍或是共軍，但應是抗日先烈。

五爺黃遠亮，字希武，黃埔軍校七期畢業，職業軍人。他性格豪爽，臨危不懼。一九三三年他在二十九軍宋哲元部任連長，在古北口長城抗戰中負傷，頭部中兩彈，血染征衣。當時在北平協和醫院得到搶救，剜腿補頭，撿得一命。雖傷口癒合，卻留下嚴重的後遺症。此後回鄉養病，時常頭痛欲裂，抽搐不止。

五爺一生悲壯，少年從軍，青年殺敵報國，血染長城。中年喪妻後，一生不娶。內戰中兵敗被俘，三年後流落海外。五爺後入臺，曾負責管理志願軍戰俘，他使他們學有所長，自謀生路，從中也產生了後來的一些大款人物。改革開放後，這些人中有不少回大陸投資。

一九八三年三月十二日，五爺病逝於臺灣。他酷愛讀書，著有《泥塗詩稿》，詩風豪放，格律嚴謹，感情誠摯。他的作品曾刊載在臺灣的《自立晚報》，並收入《安徽當代詩詞選》。

六爺遠致，幼年失去父母，自感孤獨，生性內向，沉默寡言，與周圍環境格格不入。但他聰慧好學，是叔伯中唯一上過洋學堂的人。經歷過抗日戰爭、解放戰爭、抗美援朝，六爺終成思想堅毅的的共軍高官，是父輩中成就最高者。當初他投共時並無奪江山的野心，也非苦大讎深，更談不上已有了什麼主義和信念，可以說純屬偶然。一九三八年六爺去武漢從軍，先報名考國軍空軍，陰錯陽差成了八路軍的一員。一年後，六爺從太行山八路軍一一九師抗日前線給喬大伯寄詩一首：

春風吹到東籬西，環溪村裡告別離。
一載光陰似流水，喬哥望弟心淒淒。

多年相愛復相助，孤子無親唯兄依。
無情炮火來何急，骨肉兄弟散東西。
既無白髮倚閭者，更無紅顏帳裡妻。
偶遇健全似夢幻，又悉希武在關西。
百萬生靈遭異劫，此身流浪何足奇。
男兒立志報祖國，粉身碎骨不足提。

六爺酷愛文史，著有《十年箚記》、《中國歷代名將介紹》等。前者被翻譯成幾國文字，後者為美國國會圖書館藏書。也正是他將黃家國共雙方、海峽兩岸幾代人的詩作彙編成《黃氏詩選》。

老輩弟兄不論國軍、共軍，都非常尊重長兄。而喬大伯對弟兄則不論政治歸宿，均給以誠摯的關照。他的原則是親情高於政治，必須給弱者以同情支持，誰困難就幫誰。一九三五年五爺戰鬥中負傷，在當時交通很困難的情況下，長兄即赴北平探望，處理相關事務。一九四五年六爺在共軍李先念部化裝突圍去蘇北，路過老家，當時國民黨到處抓捕共產黨，他則周密安排，一路托專人保護、關照，直至六爺到達共軍根據地。在黨爭激烈至生死讎殺的年代，他確立了講道德、重親情的行為準則，為全家做出了表率。

二、囹圄詩人

黃顯炯父輩屬於二房，父母都未能陪伴他成年。他一歲喪母，十歲喪父；多虧大伯喬松悉心關照，使他得與同輩孩子一起成長。顯炯長期依靠三嬸生活，對他來說，三嬸就是母親。《往事》中有很多感恩母親的詩作，風格親切，情意綿綿，都是寫給三嬸的。大家族制度下，長輩宗親對所有後代承擔責任，從而應對個人不幸，也間接促進鄉村的社會穩定，由此實例可見。

黃顯炯十二歲離開黃家灣，去無為縣城讀初中；十五歲到蕪湖市讀農業技校。他未想過樹立遠大抱負，只是學點技術謀生而已。一九五五年，十八歲的黃顯炯畢業了。當時建設急需人才，他兩年內輾轉在歙縣、屯溪、杭州工作，最後在省會合肥的安徽省林業廳，成為一名辦事員。按當下的說法是省級機關的公務員，職位是令人眼紅的，他哪裡能想到，竟然是在這裡，開始他一生的夢魘。

一個政權更迭時才十四五歲的孩子，走出家門即到校門，離開校門即進機關門，可以說是典型的「三門」幹部，為何成了「歷史反革命」還加上「胡風分子」？說來令人心寒，一九五三年夏，農校畢業班要印一本《同學錄》，有同學建議，效仿上一屆的題名《五二通訊》，本屆編一本《五三通訊》。黃顯炯對通訊、結社類沒有興趣，也不支持，況且這本《五三通訊》並未編成；它竟成了黃顯炯「歷史反革命」的「罪證」。原因是有人告密，說《五三通訊》是反革命組織。

要說此事荒唐，那「胡風分子」一案，更是無稽之談。在反胡風運動中，黃顯炯說了句話：「胡風如果是反革命，為什麼他不去臺灣？」僅此一言，省委書記曾希聖點了他的名，成了省定的「胡風分子」。一生苦難，就這麼莫名其妙地開始了。先是在省林業廳機關把他關了五個月，林業廳非執法機構，怎麼能關人？這也是中國特色吧。五個月後正式逮捕，一齊被抓的還有車五爺等四人。

那年黃顯炯二十歲。宣布抓捕的人讀到二十歲時打了個頓。什麼意思？太年輕了？殊不知這樣才有更大的震懾力。

下一站就是華陽河，這個古代人曰「足下無過雷池一步也」的禁地。在這裡，一禁就禁了黃顯炯二十四年。歷經磨難，終於還是活過來了；而關押他的那些人更未想到的是，病蚌成珠；二十多年的磨難，結集在《雷池行》中，留給後世有關那個時代的寶貴詩篇。

黃家詩書繼世，上輩族人，多位有詩才。黃顯炯寫詩，也應是繼承了家族的文化基因。要問我愛讀黃兄哪些詩句，一言以蔽之，都喜歡！

首先，黃先生的詩有史詩的特點，他飽經憂患，長歌當哭，在詩中記錄了他對大躍進、大饑荒種種悲劇的感慨：

徽杭道上　二首

不見當年一路蔭，綠蔭失去再難尋。
群山自顧無遮掩，躲在雲中怕見人。

浩劫豈止禍及人，青山也受剝皮刑。
我與青山同一哭，青山比我更傷心。

聞城西湖退田還湖　三首

最最豪言最最哀，山河豈可亂安排。
圍湖造出農田後，一畝豐收十畝災。

淪落荒湖小半生，湖濕湖冷最關情。
春耕秋種平常事，無限妻離子散人。

一提圍墾恨如山，說到荒湖再憶難。

天下多少好兒女，長留白骨在湖灘。

寫反右的詩，黃兄別具一格：

感事贈周冀生　二首

記得當年虎撲羊，群羊哪個敢聲張。
而今虎把羊兒放，才有精神去罵娘。

一自陽謀出帝都，秀才俯首盡為奴。
英雄早已當年死，不信人間有丈夫。

黃顯炯在詩中表達了他超越苦難的自由意志，這是靈魂的寫照，詩中有不屈的傲骨：

酬高先生　七首（選三）

善惡已隨時間改，死生只當傳奇聽。

胸中塊壘全消盡，只有青山與白雲。

屋破年衰不自慚，少年負債老難還。

三餐草草無多事，掩卷窗前臥看山。

大澤荒山一笑中，少年刀下不裝熊。

老來才有傷心事，不為人窮為道窮。

有江南才子之稱的王業霖先生，在黃詩單行本《雷池行》書序中說：

好一個「不為人窮為道窮」！

記得袁簡齋曾經說過：「清才易，奇才難」。

倘若要用這個觀點來衡量《雷池行》裡的詩篇，你就會發現，黃顯炯的詩，以「清才」論之，失之膚淺；以「奇才」論之，則陷之不實。我以為當在清字後面加一「激」字，奇字後面加一「戾」字。

黃顯炯無心作詩人，可他有詩人的激忿和熱情，這種激忿，不是與生而來的秉賦，而是後天砥礪的輝光。這恰似燧石，若無鈍金糙石無情的敲擊，何來它電光石火閃現的光華？

黃顯炯的詩不美，絕少雅致溫柔，他是逸出司空圖二十四詩品之外又一格，這第二十五格，是我們這個時代孕育出來的。

王序連同黃詩，我曾轉寄北京當今詩壇名宿邵燕翔先生和廣州中山大學艾曉明教授。邵先生當即回函云，專家之序與黃公詩作，都值得細讀。

艾教授回函：「黃先生寫得好，亂世憂憤、囹圄哀愁，得以凝聚成詩，也唯有此舊體詩的境界能夠承載。他詩寫得好，文章也乾淨俐落，力透紙背。像當年那一代倖存者，能夠保持如此寫作和表達能力者，真是太珍貴了。」

在諸位詩家面前，我一個門外漢，唯有瞻仰拜讀而已。世事無常，白雲蒼狗，誰敢說人的一生遇到的都是鮮花鋪路？人畢竟不是螻蟻，也不是待宰的羔羊，人是有尊嚴的，尊嚴沒有高低貴賤之分。尤其是當災難突然降臨，無辜的你迫不得已要接受現狀，很多人忍辱偷生，而黃顯炯在這種情況下，依然努力維護自尊。寫詩，是他與自我對話的方式。正如王業霖先生在序中所言，黃顯炯曾對他說：「當右派監督勞動時，不少人都犯死相，裝可憐相，做出一副老老實實的恭順相；我不，我就是本來的面目，我從來重視自己的存在，絕不否認自身的價值。」

黃兄此言，我感同身受。記得我也曾真誠懺悔過，但當我親身經歷了大躍進的瘋狂、大饑荒的慘烈，尤其是看到受難者是最善良的農民時，我猛然醒悟了。錯罪皆不在我，而在決策者！從此我再無「改造」之心，更不會犯什麼「死相」。我決定讓自己的這點醫學小手藝派上用場，一方面保護好自己，另一方面服務於受難者。這既是醫生的天職，也是爭取同道同情的最好方式。所以在那二十餘年裡，儘管我常有「反動」言論，到文革風起還被「圍剿」；但是，因我所言皆是事實，最終還是得到了多數人認同。我受了很多罪，畢竟也一次次挺過來了。

由此我也想起明末大儒黃梨州先生那首著名的詩：「鋒鏑牢囚取次過，依然不廢我弦歌。死猶未肯輸心去，貧亦其能奈我何。」

三、知音詩侶

二十餘年的苦役生涯，黃顯炯的孤獨痛苦，我深有同感。歲月漫漫，人與人之間充滿了爾虞我詐，如能有幾位朋友可以信賴，甚至推心置腹，這是何等的珍貴！黃兄未被厄運擊垮，還能葆有詩心，究其原因，有家庭的教養、文化的浸潤、親人的關照……然而，其中最重要的因素，是友情乃至愛情的力量。而這知音愛侶，又和詩的魅力相聯繫。如此機緣，正是上天對黃顯炯的饋贈。

黃兄苦難的前半生，交了很多朋友。最值得一說的，應該是車氏父女了。

車五爺大號車醒民，以五爺名世，這稱呼既非尊稱亦非嘲諷，而是名至實歸。車家五虎，皆綠林豪傑。毛澤東曾說自己在綠林大學學了點東西，依此類推，那車家五位長輩就是綠林大學的佼佼者了。晚清至民國期間，他們一直在巢湖四周和江淮之間，過著刀頭舔血的日子。到了車醒民五爺這一代，已逐漸凋零了。時值抗日後期，車五爺審時度勢，率部投誠新四軍；這走的是梁山好漢先造反、後招安之路，終成正果。到黃顯烔去林業廳見到車五爺時，車氏已是正經八百的處級革命幹部了。

可歎的是車五爺雖然革命資歷不淺，但談不上「根正苗紅」。所以在以階級鬥爭為綱的國度裡，他頭上那柄達摩克利斯之劍，轟然落下，是遲早之事。好在五爺身經百戰，自云殺人無數，生死早已淡漠。他雖讀書不多，也頗有詩才，詩中可見，綠林豪氣不減：

陷陣衝鋒不畏刀，還是男兒漢一條。——〈和小黃〉

戎馬多年誰見功，斷頭臺上不裝熊。——〈偶成〉

狂瀾猶待回疆手，宴會黃龍唱大風。——〈養傷〉

黃顯炯與車五爺是林業廳同事，在一九五五年反胡風運動中，兩人同室反省。到年底，兩人同日被捕，隔牆而囚。第二年政府一度糾偏，兩人被無罪釋放，重回林業廳上班。又過了一年，一九五七年，大限到了，這批人很少有漏網的；黃顯炯與車五爺雙雙成了右派。這次的理由更簡單，你們都受過兩次冤枉了，焉能不懷恨在心？當然是右派了。這正是所謂中國式的推理邏輯。

黃氏與車氏，出身與人生軌跡迥異，所謂兩股道上跑的車，本不該有多少交集；坎坷命運卻把他倆拴在一起了。也因為黃的真誠和車的豪氣，兩人成了無話不談的朋友。能談些什麼呢？也無非是發發牢騷，吐吐怨氣，偶爾臧否人物而已。這些話題談多了，也常常「卡殼」。車家的獨生女側立一旁，年僅十三歲，居然會冒出來接上話題，議論一番。小孩兒家口沒遮攔，他倆都未在意，儘管那時的黃顯炯也剛二十一歲。

他們三人都沒有想到，這個女孩後來成為黃顯炯靈感的來源和詩作的知音。她與黃顯炯儘管相隔異地，卻保持了數十年的精神聯繫。而且，通過詩詞交往，書寫了生命中一段纏綿悱惻的情感篇章。這在黃著中有精彩的描寫，讀之令人擊節稱贊，也扼腕嘆息。我相信，當更多的人讀到這本書時，一定會有一些癡男怨女，在書中找到知音，為這段真心相許的友情／親情／愛情而唏噓不已。

故事是這樣開始的，一九六三春夏之交，黃顯炯在華陽河農場勞動改造時，突然收到一封來自武漢大學中文系的書信，署名車前同學。信中引用了黃顯炯舊作中的詩句。黃馬上就明白了，此詩既未發表過，也未向他人吟誦過，只在車家當女孩面說過。尤其是信中她直接表達了對其父和黃君命運的同情與不平，這只能是那位從小就才氣超人的車家少女了。

黃顯炯書中自述，「我無法表達我當時的心情，折磨七年的待罪之身，周圍是一片蔑視、冷漠和不齒的目光，孤獨陷身於野草荒湖的文化荒漠之中，竟有這麼一個才氣橫溢的女孩子記得我的詩，在關注我，同情我。這心情表達在我最初給她的兩首詩裡」：

贈弟　二首

憶從十五學吟詩，
隨唱隨丟懶拜師。
驚見遠書傳舊句，
我音同輩幾人知。

飛鴻數出武昌城，
影落荒湖亂草深。
十載憑誰可共語，
一家唯我最無能。
只羞空袖難奉母，

不望傷翅再入雲。
四月田家無晨暮，
夜雨投詩贈故人。

小詩寄出後，隨即收到車前的回贈，依然是鼓勵和期待：

贈兄

善寫山川瑰麗容，抒情素語亦精工。
詩心應屬人民業，何處無人識放翁。

他倆的心與詩的交流，從此發端了；黃詩也從此進入一個新的境界。得遇知音，使我詩情和詩興提高到一個從未有的高度。可以說沒有她，就沒有日後的《雷池行》。

二十多年後，六爺在編匯《黃氏詩選》時對我說：我的詩裡如沒有車前就黯淡失色。

她和六爺一樣，成了我詩最初也是最重要的讀者和支持者。

黃顯炯說：「多年滿腔積憤、愁怨、不平、孤獨、無望，像天河缺口向她湧去，全然不顧這個在讀的小丫頭，能否承受這血淋淋的人生不幸和天下奇冤。「她能有什麼辦法？只有全盤而又無奈地接受我的傾訴，對我的苦難與不幸深表不平、憤慨與撫慰。她有自己的學業，又難以奉陪，這些都一律付與平平仄仄」：

答兄

每讀兄詩自愧深，羞將下里和陽春。
曾教逝水成虛度，不慣投囊學苦吟。
白傅能無非韻客，鈡期不必善撫琴。
女嬃雖是靈均伴，難為離騷續半聲。

車前告訴黃顯炯，十幾歲時正逢大饑荒年代，老父劃右派流放徽州。冬夜，冰天雪地，北風怒吼，牆外傳來流浪者啼饑號寒之聲，她與另一閨友相擁而泣。黃深為感動：

寄友

眼前山裂若無聲，還是英雄後代人。
對泣凶年風雪夜，傷心不為女兒情。

黃顯炯說，「我們墜入詩海，無日不詩。互贈，和答，評論……，甚至一首詩出自兩人手筆，如〈賀壽〉、〈東歸〉，明眼人一看便知」。他倆還同寫過一個命題，如〈讀杜詩〉。

車前寫道：

蜀道如何世道難，民生血淚杜詩源。
中原哽咽三關吏，邊塞顛危萬丈潭。
路骨痛鞭紈絝笑，天圖待哺鳳凰銜。
江河不廢流千古，碧海屠鯨捲巨瀾。

黃顯炯寫道：

見詩如見杜陵魂，一代文章一代心。
故國多艱歌猛士，飢民無淚咒刀兵，
朱門盡飲貧家血，閨綉終身待征人。
今日成都江上樹，杜鵑也戀舊時情。

這對男女的苦戀，本來只是眾多說不清道不明的情愛故事之一，然而它與那荒誕歲月有著密不可分的關聯，說白了正是那苦難中不可磨滅的青春火花，使他倆心心相印，又難以直接表白，才產生了那麼多感人至深的詩詞佳作。

黃顯炯與車前的書信對話和詩歌酬唱持續了很多年，他把兩人的關係看作超越人間友情、親情、愛情的關係，可遇而不可求。他們在對方的回應中交換著對時代的抨擊，也激發了各自的創造力。兩個心心相印的青年，在那非人的歲月，通過詩篇，表達了起伏跌宕、飽滿充沛的感情體驗。

文革終告結束，爾後，兩人的命運發生了轉折。才華橫溢的車前在北京工作，開始了她在新時期的奮飛。她的事業、仕途一帆風順，成為同代人中之佼佼者。黃顯炯的冤案平反，恢復了工作；他選擇留在安徽的一個小城市。兩人自一九五六年合肥一別，二十四年過去；也終於再見了。此時，他們都不再年輕，或有萬千感慨，付諸一時默然，往日那不可言傳的眷戀不捨，讓位給了現實的安排。

黃顯烱成家，育女，在那個小城市過著平凡的生活。仿若世外閒人，時光流轉；他說，詩沒了。

但這話也不盡然，儘管昔日的心上人不再為對方寫詩，甚至相約不見，但黃兄的深情詩篇已然珍藏於《雷池行》中，一如他在扉頁的題詩：

愛將破帽抵秋風，
拂去蘆花竟更濃。
到此已無天地界，
水天沒在淡雲中。

天地都淡化了，人與歷史、過去和未來、詩篇與記憶，全都融入了文字……還有什麼遺憾呢？那一個書寫滄桑的憂患詩人、那一段刻骨銘心的患難相知，感動了很多像我這樣的過來人，也一定會在後世讀者那裡引起持久的共鳴。

二〇二一年九月初稿

第五輯　漫漫平反路

誰是報春第一燕？——難友陳炳南家事

一、陳炳南的感謝信

一九七八年九月十七日，中共中央下達了五十五號文件；在全國範圍內右派改正的工作開始。在這之前，已經有人得到了改正，那是在一九七八年五至六月間，胡耀邦總書記親自批准改正的原右派溫濟澤，他的姓名每個字都有三點水；時人稱之為報春第一燕。

其實比溫濟澤改正更早的還有一個人，他就是我的難友陳炳南。一九七八年四月，《人民日報》上刊登了他的一封信，報紙專門為此發表短評。這封信最早是《安徽日報》刊登的，時間是一九七八年三月二十九日。我可以說，陳炳南的右派改正才是那個時代的報春第一燕。

溫濟澤同志一九三八年參加革命，他是老幹部，又在中央機關擔任要職；他的改正確實在中央機關引起了巨大反響。但我們這些普通人，當時並不知道這件事。陳炳南和我一樣，在基層當幹部，沒有特殊的革命資歷，也沒有什麼傳奇性的工作成就。這樣一位普通幹部的右派冤案得到改正，還在中央黨報上刊登了文章；帶來的震撼是巨大的。

文章見報後，陳炳南收到數千封讀者來信；寫信的人來自全國各地、各種職業和階層。人們都向陳炳南表示祝賀，而他們更關心的是，自己的冤案如何能得到處理。例如，廣西環江縣有位縣委書記王定，一九五八年浮誇風盛行時，他們縣放出了最大的一顆衛星：水稻畝產十三萬斤，他堅決反對這麼做，結果被劃為極右。這時，王定同志的兒子也給陳炳南來了信。

這幾千封來信，在蕪湖引起了轟動。地委某負責人趕緊找陳炳南談話，指示他說：一封信也不能回，特別不能說的是右派問題，要避免颳起翻案風。他說錯了，陳炳南的這封信，在推動全國展開右派改正工作中有標志性的意義。

這封信說了什麼，以下我將全文錄入：

黨的政策在我身上落實了
感謝黨，感謝華主席，要不是打倒了「四人幫」
做夢也想不到我的孩子能上大學！

編輯同志：

在這大雪覆地、寒風凜冽的夜半三更，我披衣伏案給你們寫信。我的思緒像波濤一樣翻滾，翻來覆去怎麼也不能入睡。為什麼？因為我的大孩子今天接到了高考錄取通知書。不，絕不單純是這層意思。更重要的是因為，以華主席為首的黨中央，關於認真落實幹部政策和一系列指示，在我身上具體落實了。

事情得從頭說起：

我是一九五零年入團，一九五一年十六歲時參加工作，一九五四年加入中國共產黨的。解放前，祖父、父親都給人幫工，受盡壓迫和剝削。我這個苦孩子，對黨對毛主席有訴不盡的恩情。但是因為我一九五八年說了幾句「錯話」，向上級有關部門寫了一封反映情況的信，結果受到了撤職、降級、開除黨籍的嚴重處分。從此，我就成了挨整的對象。

我一直抱著「心正不怕邪」的思想，兢兢業業為黨為人民工作，接受黨的考驗。一九六九年，基層黨組織根據我的一貫表現，經過反復調查，重新作了全部平反、恢復黨籍的結論，上報地委批准。然而七、八年過去了還不見批下來，為此我感到苦惱。

我心想，我這一輩子就算完了，好好把孩子撫養大，看孩子們的吧！但萬萬沒有想到，在「四人幫」橫行的日子裡，我的不幸已影響到孩子們了。

霹靂一聲震天響，華主席、黨中央粉碎了「四人幫」。我們全家人的高興，真是難以用語言表達。華主席、黨中央關於改革高等學校招生制度的特大喜訊傳來了。我的大女兒從小學到中學，學習成績一直很好。原班主任特地寫信來要孩子抓緊復習，準備報考；好多朋友爭相報信，鼓勵孩子準備應試。我的孩子也夜以繼日刻苦鑽研，準備讓祖國挑選。

文化考試結束了，初選錄取了，體檢合格了，我們全家人該是多麼高興啊！但是，政審開始了，全家都為我的問題沒有最後解決捏了一把汗。政審結束了，但沒有一點音訊。

過了一段時間，聽說又來搞我的外調。這時我的心啊，真是「十五個吊桶打水——七上八下」。我愛人說「完了，又叫你的問題給『卡住了』」。

我翻閱《人民日報》上一篇篇關於落實幹部政策的文章，把〈幹部工作者應有的品質和作風〉那篇文章，讀了一遍又一遍，心潮澎湃，熱淚盈眶，暗暗地想：「華主席啊！黨報上的句句話，都說到咱們心眼裡去了，可是下面會不會這樣做呢！」我焦急！我擔心。昨天晚上，我們全家度過了一個難以忍受的漫漫長夜。

今天一早，我愛人去市招生辦公室查詢。招生辦公室的負責同志熱情地接待了我的愛人，語重心長地說：「你們孩子文化考試成績優秀，我們又進行了認真負責的政審，發現你愛人過去犯過錯誤，後來單位黨組織又作了平反結論，但是至今上級黨委未批。大學黨委和省招生辦公室又責成我們重新瞭解。我們找了你愛人單位黨組織，瞭解了你愛人的全部歷史和一貫表現，由於林彪、『四人幫』的干擾，致使你愛人的問題長期拖下來，未能解決。後來我們又打長途電話請學校來人詳細彙報了情況。經學校錄取和省招生辦公室批准，你的孩子已被錄取進中國科技大學微波技術專業學習。從你孩子的身上可以看出黨的政策的正確和華主席的英明。你們得感謝黨，感謝華主席。要不是打倒了『四人幫』，恐怕你們連做夢也想不到吧！」我愛人激動得淚如泉湧，一句話也說不出來。

中午，我拿著蓋有紅彤彤大印的錄取通知書，指著其中的這樣一段話：「這是華主席為首的黨中央對青年一代的親切關懷，是黨和人民所賦予你的歷史使命。希望你堅持又紅又專的方向，樹雄心，立壯志，不畏艱苦，為實現祖國四個現代化而勇攀科學高峰！」我激動地對孩子說：「小桃呵，你要以實際行動來回答。我們要世世代代銘記華主席，永遠不忘黨的恩情。」

編輯同志，寫到這裡，你們大概知道了我如此興奮激動的原因了吧！我激動，我們黨的實事求是的優良傳統和作風又得到了恢復和發揚；我激動，我們的子孫後代再不會受「四人幫」的迫害；我激動，不拘一格選人才的英明措施將會加速祖國四個現代化的進程；我激動，我們有了以英明領袖為首的黨中央率領全國人民勇往直前，造福萬代；我激動……。此時此刻，晨曦初照，彩霞滿天，遙望窗外，積雪初晴，一片銀裝素裹，這是多麼光明燦爛的景色啊！

安徽省蕪湖地區水產公司　陳炳南　一九七八．二．十四．凌晨

編者附記

最近，我們收到中共蕪湖地委來函稱：地委已正式批准為陳炳南同志全部平反，恢復黨籍。

今天五十歲以下的人大概讀不懂這封信了，或許還會認為有點矯情，甚至反映出文革殘存的個人崇拜以及人治的色彩。是啊，這位家長何以如此激動，連夜寫信？孩子成績優秀，大學錄取

她合情合理，為什麼過程又如此曲折呢？《人民日報》何以要在這個時候發表一封基層來信，特別是在附記裡表明他已經平反？與此同時報社為什麼沒有明確表示，得到平反的人，原來是右派身分？

反右過去快半個世紀，右派改正也已二十多年。要瞭解右派改正的過程，陳炳南是一個很有意義的案例。

二、患難夫妻

我和陳炳南一家人，一九五八年在門口塘農場相識，後來我和他又是安徽師範大學夜大中文系同學，四十多年裡都是近距離相處。他早年發表過小說、散文，退休前是蕪湖市農委政策研究室主任。他關於農業政策調查研究的文章上過《農民日報》頭條和中央臺的新聞聯播。在安徽省地市的農經委系統，他因敢言而出名。

陳炳南出身工人家庭，十六歲參加革命，十九歲加入共產黨。一九五三年九月調地委黨校學習後就留校了，一九五七年反右時在校長辦公室工作。當時，蕪湖地委轄屬整個皖南，包括長江以北的無為、巢縣、和縣、含山等縣。地委行署設在蕪湖，地委黨校也在此地。而地委某領導想要占用巢縣空出來的一片空房，就決定把黨校搬到巢縣去，也就是說，從地區的中心地帶搬到邊緣。這樣做對黨校的教學並非有利，按照慣例，黨校都是靠近地委機關所在地的。提意見的這群人，有人也有私心，不願離開城市和家庭。總之，陳炳南執筆給中共中央和省委寫信反對遷校，黨校又有一群人在信上聯名；這就惹出禍端。

這時已是七月，黨校的李校長從中央黨校學習回來，見到滿院子都是揭批陳炳南的大字報。李校長把陳炳南叫去批評了一通，說他年幼無知，要他虛心聽取批判，爭取寬大處理。校長對他還是恨鐵不成鋼，也是想要他轉個彎，不要對抗下去。這片誠意，在當時已屬難得。結果，一位姓畢的輔導員，憑他的政治嗅覺，知道立功的機會到了。陳炳南不在家時他溜到陳家，向陳的妻子打聽校長和陳炳南說了什麼。陳妻江秋雲是個直性子，就把李校長的話和盤托出。姓畢的馬上刷出大字報，其火力、用詞、心機，誰看了都不寒而慄。大字報還說李校長縱容包庇陳炳南，要求他出面對質。這就使陳炳南陷入被動，連李校長也惶惶不安了。

二十二歲的陳炳南疑惑了，難道這樣的人就是革命的動力，說老實話的人就該被打翻在地？什麼是是非曲直？實事求是的傳統哪兒去了？還有「懲前毖後、治病救人」呢？最後黨校還是搬到了巢湖，陳炳南經歷了長達八十五天的圍攻，又是專題批鬥，又是分組批鬥。他心力交瘁，被迫承認自己想「搞垮地委」，「搞垮黨校」，「推翻共產黨」……就這樣，他被劃為右派，開除黨籍，只發月生活費十三元，半世受難。而那位姓畢的卻步步高升，一直升到一個縣級市的市委書記。

為什麼說反右擴大化，搞亂了幹部隊伍，改變了人們的價值取向，影響了黨的形象，這也是一個鮮活的例子。具有諷刺意味的是，因為種種不便，黨校又遷回蕪湖了。而陳炳南一家的苦難才剛開始。

接著就是打倒陳的妻子江秋雲，她有什麼過錯呢？江秋雲出身貧苦，十五歲參加革命，十七歲就當了法官。她剛調進黨校不久，一句也未鳴放。

那時陳炳南是黨員，江秋雲是團員。陳炳南下班回家，把黨委會議記錄本丟在桌上。江秋雲順手拿起，陳炳南馬上大聲呵斥說：這本子屬於保密性質，你不能碰！陳只是個黨校普通幹部，又不掌管國家機密；再說江只是無意識地碰了一下，有什麼大不了的？五十年代的人就這麼認真。

江秋雲對丈夫有意見了，正在氣頭上的她，趕上會議就剩她還沒有鳴放，於是她就發言說，個別黨員態度不好，盛氣凌人。這所謂個別者，她指的就是丈夫陳炳南。這件事現在看來就是個笑話，那時就成了整人的寶貝材料。沒人承認她不點名批評的黨員是陳炳南，批鬥者指控她「惡毒攻擊謾罵共產黨員」。江秋雲性格剛烈，她不僅當場駁斥了那些胡說八道，還針鋒相對地為陳炳南辯護說，他才是堅持真理的真黨員。那時，連同情右派都成了右派，更不用說還敢反駁了。江秋雲因此也被劃了右派，工資全扣，只發月生活費十三元。江秋雲有話說了，她說家裡還有單身老母親靠她生活，十三元怎養活兩個人？經她力爭，給她加到十七元。

就這樣，一家三口人，月生活費三十元來到農場。不久陳炳南的父母都餓死了，一個不足八歲的小妹妹來投靠他們生活。他們的大女兒小桃也出世了，這時全家平均生活費只有六元了。為了爭取生存權，他們多次寫信找領導講道理，終於給孩子爭取到月生活費九元。

三十九元養活一家五口人，只能吃個糠菜半飽。那時，江秋雲的老母親已年過半百半頭白髮了，每天見亮即起身，挖草根、撿樹葉忙個不停。老人家背上又揹著外孫女，手頭還有洗不完的衣服。為了謀生，老人家給農場裡的人洗衣服，一個月收一元錢；而給我們這些很親近的難友洗衣則是免費的。有時她燒一點什麼小秋收的食品，還叫上我們去共用。她是我們難友共同的江媽，在那煉獄一般的日子裡，老人家給了我們親情的溫暖，至今令人懷念。

陳炳南的小妹妹秀蘭，兩歲時患過重病，差點夭折。這時長到八歲了，也和我們一樣，吃的是「低標準，瓜菜代」，整日跟在江媽身後幫忙做事。一家人就這麼在煎熬中生活。江秋雲產後只休息了二十九天，就被叫到豬場繼續勞作。她到場人事科講理說，按規定產假有五十六天。人事科那個沒有人性的幹事王福根，連看也不看她一眼，鼻子裡哼一聲，還撂出一句髒話：「五十六天那是革命幹部，你個屌右派，還想五十六天假，恬不知恥。滾回豬場去好好勞動！」那個氓場長陳殿邦要她每天挑三十擔水，並且派個男勞力監督，不挑完不准回家。一擔水一百多斤，還未挑三擔水，她就下身大出血。產後血崩，生命危在旦夕。

陳炳南清楚，再去找那個幹事必定死路一條。他直接找到作業區主任陶同義，陶主任從工地上調了八個壯勞力，抬起江秋雲直奔幾十里外的縣醫院。陳炳南問陶主任准他幾個小時假？陶主任拍著陳的肩膀說：「不要問假了，什麼時候你愛人病好了，你們就一起回來。」陳炳南總算遇到了一位有人性的好幹部。

到了縣醫院，江秋雲已經奄奄一息，多方搶救保住了命，可是一點奶水都沒有了。陳炳南身無分文，百般無奈，只好給嬰兒吮指頭。這剛出世的小生命餓得哭泣不止，陳束手無策，心想她在錯誤的時間和地點來到人間，大概就要餓死了。多虧好心的護士給了他一點葡萄糖水，難友陳平又送了一些米糊，母子倆算是活了下來。

三、漫漫平反路

那些年代各類「分子」很多，官方註冊的有五類：地、富、反、壞、右。右派大都是國家工作人員，大學生一入學即有了國家幹部編制。即使戴了帽子，許多人還有幹部身分。為什麼原先只說是思想鬥爭，以後突然成為階級敵人？至今我也未搞懂。這一變就掉進了社會底層，為了生存、為了討還公道，每一個基層右派都耗盡心血要恢復一個自由之身。這是一點基本要求，但卻不能達到。

反右派運動在基層，製造了百分之百的錯案。有不想平反的人嗎？一個也沒有。反右之後，幾十萬被定成右派的人，公開或不公開，通過各種途徑向上級機關申訴，要求平反者眾。如此走過漫漫二十餘年，陳炳南可以說是第一個到達終點的人。他們夫婦是幸運的，這個事件也是值得紀念的。可以說，他們的努力成為一個典型案例，《人民日報》用這個案例推動了全國範圍內右派改正的工作。

江秋雲的平反比較早，反右時她不過是對丈夫提了點意見。安徽省委書記曾希聖一貫極左，一九五八年初他有個講話，說安徽反右時對黨團員右派手太軟，要堅決打擊。有他這句話，一大批年輕的黨團員又被補充劃為右派。以後他倒臺了，縣以上的黨員幹部和少數年輕黨團員得到平反，江秋雲就屬於這少數人之一。

陳炳南可就沒那麼幸運了。當時中紀委副書記錢瑛同志來蕪湖檢查工作，據說她還看過陳炳南檔案，明確指示要平反。這也擋不住最高指示一句話，和我們許多人一樣，做好了的平反結論沒用了。

很多人都被這一棍子再次打懵了，認為永無出頭之日。只有像陳炳南這樣為數不多的人，出於對黨和政府的信任，出於改變貧苦生活的迫切願望，依然在爭取平反。雖然他屢戰屢敗，但每提交一次申訴，只要被接受，總會引起相應的一些調查和討論。在這個過程中，反右的真相和危害也暴露出來。這就為以後的右派改正工作，積累了認識基礎。陳炳南的平反路，走了二十多年；他能第一個到達終點，也就在情理之中了。

在爭取平反的過程中，陳炳南也遇到了支持者。陳所在的水產局局長李軒，是一九三八年參加新四軍的老幹部，他品格正直。為了陳案平反，他多次去找地委成海波書記。有一天下大雪他又去了，書記下鄉不在家。保姆說書記晚上會回來。李老局長居然程門立雪，一直在那門前站到深夜十一點多。書記歸來嚇了一跳，連忙請他進屋。這位書記解釋說，上面沒指示精神，右派平反無先例，掌實權的部隊幹部意見不一致；讓他繼續等待時機吧。

說起部隊幹部，陳炳南也感激軍代表靳根源同志。文革中他接到了陳炳南要求平反的材料，也做了一番研究，認定是冤案。開會研究前，他分別找每一個常委協商，大家在會下都同意平反。但到開會時，就沒有一個人敢表態同意。由此可見，運動一個接著一個，為右派平反一直是困難重重。

二十多年來，儘管沒有改變右派身分，但陳炳南對工作極端負責，在各單位都得到好評。這是他本人一貫的態度，也是他爭取平反的行動。每次討論陳炳南平反時，他的工作成績的確很有說服力。

但是，如果是另一個蒙冤者，不是像陳炳南這樣優秀，甚至還有不少缺點，應不應該平反？所謂考察全部工作，適用於個案甄別嗎？符合法治原則嗎？據我所知許多人就是被這樣那樣的小事卡住的。

陳炳南多年來也遇到很多的推諉、冷漠和阻撓。一有風吹草動，他都是活靶子、死老虎，任何人都可以來欺侮他一番，甚至難友中也不乏其人。陳炳南算是心胸比較寬廣的，對個人行為不予計較。三十年後，陳炳南到某市開會，遇到當年陷害他全家的畢同志。這時，陳炳南已擔任燕湖市農委政策研究室主任；畢同志作為市委書記在當地任職。陳炳南已做好內心準備，「相逢一笑泯恩仇」吧。可是同在一個圓桌開會，同在一個餐廳吃飯，作為東道主的畢書記，始終不和陳照面，也不打招呼。他是自慚呢，還是對黨中央右派改正的決定有抵觸？看來只能是後者。

這樣的人也絕非畢姓書記一人，一位當時的黨校副校長，後在某縣擔任縣委書記。他妻子是陳炳南在黨校時的同事，也曾反對遷校，並積極拉人簽署了那封聯名信。鳴放風向一變，她反戈一擊成了左派。對陳炳南的平反問題，有關人員最後一次徵求那位副校長的意見，他說，他不同意平反。來人對他說，你現在改變觀點還來得及；他的回答是：「悉聽尊便」。

這樣的兩位領導依然身居要職，他們不在乎他人的痛苦，也不考慮這對國家的損失。改革開放之後，還能依賴這些思想僵化的人嗎？

當年那位地委書記成海波曾說，等待時機吧！在等待中，一天天、一年年……執掌人們命運的人可曾知道等待何其煎熬？小夥子等白了頭，中老年人含冤離世。記得有一年春節難友小聚，我即席套改了陸遊的兩句詩句：「遺民淚盡等待裡，北望京都又一年」，滿座泫然淚下。

感謝陳炳南大女兒小桃，那朵苦難中綻開的小花；在一家八口人擁擠著的住房裡，她們姊妹仨擠一張床，全家吃了上頓愁下頓。而她人小志大，懂得發憤努力，在文革後恢復高考的第一年就一舉高中。一個曾被開除黨籍的幹部，女兒能夠不受父親的影響而被中國科技大學錄取，這給多少無辜受害的家庭帶來了希望。中國科技大與安徽省招生辦為錄取小桃，使右派陳炳南的平反問題再度得到討論；這正與即將公開的右派全部摘帽的大轉變相呼應。陳炳南信中的激動心情和熱誠感謝，飽含了對公平正義的渴望，這又代表了多少人的心聲啊。

也正是在一九七八年四月八日，中共中央批復了統戰部上報的〈關於全部摘掉右派分子帽子的請示報告〉，緊接著是關於真理標準的大討論。在高層領導中，反對右派改正的保守派勢力消減，右派改正的大局已定；隨後有一系列具體政策出臺。《安徽日報》、《人民日報》刊登的陳炳南來信，預示了這一政治大局的到來，這是值得載入史冊的事情。

二〇〇一年元月於廣州

後記

藉此機會說兩件方德乾教授的軼事，以表達我們對前輩學人的崇敬之情。陳炳南之女小桃在準備一九七八年高考時，數學和外語成績都好，而語文科目是弱項。於是陳炳南帶著孩子，找到中文系的方老師指點迷津。方老師看過小桃的作業，給了她具體意見，然後說，你寫一篇作文給我看看吧。

寫什麼呢？當時葉帥的那首〈攻關〉詩剛發表，全國正熱著呢。方老師說，就以此為題吧。小桃開始寫時未得要領，方老師給她細心評點。小桃也是孺子可教，某晚，小桃新篇脫稿，其父帶著她連夜敲開方老師家的門，再向方老師求教。

哪裡能想到，當年高考時作文考的正是這道題。這本屬巧合，卻使小桃的語文成績拿了高分，各科總分一舉超過她的第一志願中國科技大學的分數線。方老師作為一名大學教授，為一個中學生的作文費心費力；而這個中學生還是一位摘帽右派之女，這在以階級鬥爭為綱的歲月裡實屬難能可貴。他並未想到此舉將關係到一個時代的變革。右派的大規模改正是歷史的必然，不能誇大某一偶然事件的作用；但客觀一點說，陳炳南的女兒考上大學，這也是其中的一個標誌性事件。

方老師還有一善舉：他是夜大學中文系的實際負責人，每屆學生的點名冊都保存在他那裡。

這些東西對大學教授來說，無異於一堆廢紙。好幾次子女都要把它們當垃圾丟了或當廢紙賣了，方老師總是當寶貝一樣攔著他們，弄得孩子們都煩了。

十一屆三中全會之後，各項工作趨於規範，對基層教師的學歷有了要求。這時，畢業文憑開始熱起來。如果無法證明自己在大學接受過正式教育，就可能失去教師資格。

其實很多中學語文教師都曾在夜大中文系深造過，可是文革一來，學校停課，夜大撤牌，以後學校又重組合併，夜大的檔案資料已蕩然無存。此時，那些急需文憑的人們，真是哭訴無門了。

而在這時，方教授拿出精心保存多年的各班點名冊，準確無誤地證明了一大批夜校學生的學歷。根據這份原始資料，學校給讀了三個學期以上的人發給了專科文憑，給讀了三年半以上的人發給了本科文憑。多少人捧著這一紙證書喜極而泣啊，可是他們之中的大多數人，並不知道個中底細，方老師更從未向人提起過此事。

仁者壽，祝方教授長命百歲。

他沾了右派一點「光」——內定右派余華良

余華良晚年生活有幾分滿足了，故土難離，他不僅回到了桑梓之地宣城，而且，老婆孩子戶口的問題都由五七難友幫忙解決了。更重要的是，拖延了二十多年的案子，那個扯不清道不明、未定性難結案的反標案，也隨著大批右派的改正一風吹了。

說起這場噩夢，要不是在舊檔案中查出來，真是沒有盡頭。原來，他確實被內定為右派分子，也屬於落實政策範圍。否則他這口黑鍋不但要揹到棺材裡，還要累及子孫！

離開無為時，余華良對送別他的難友們說，他是沾了一點右派的光了。不知道對那場運動，是該心存感激呢還是該詛咒？

荒唐的事年年有，唯搞運動時期最多。無為縣農業局是反右的重災區，許多人莫名其妙地栽進陷阱，包括三位局長。運動橫掃一切，大字報滿天飛；那時余華良正在農業局所屬的獸醫站工作，單位裡也是一片混亂，很多無中生有、造謠陷害的事情。

余華良也想過要躲一躲風頭，他出生在舊社會，還有一個哥哥在香港經商。雖說他未參加過任何反動組織，工作也很努力，畢竟不屬於革命的主要依靠力量。像現在這樣搞下去，說不定什麼時候就被人編造出幾條反動言論，再上綱上線，那樣他也會被戴上帽子。他知道自己沒有力量去改變運動發展趨勢，唯一能做的也就是謹言慎行，不該說的話不說，該做的事盡力做。不求升職重用，只盼能過個平安日子。

余華良學歷不高，原來只經過短期培訓，從培訓班結業他就上崗了。但他人很聰明，工作又認真；在實際工作中積累了經驗，彌補了理論基礎的不足。五十年代裡基層人才匱乏，余華良很快就成了主要技術骨幹。那時他心裡想，大大小小的右派，基本上是以言獲罪的。所以他既不寫大字報，在政治學習會上也儘量不發言。實在躲不過去了，他就說點與敏感話題不相干的事，躲一天是一天。

他的努力是有成效的，農業系統的右派抓了一批又一批，鬥爭高潮由顛峰狀態，開始出現回落；他平安無事了。獸醫站是個幹實事的單位，全縣幾十萬頭大牲畜，要靠獸醫站來保障安全，而牲畜的存活與健康又直接關係到全縣的農業生產效率。

余華良哪裡會想到，大抓右派時，只是暫時沒有揪到他頭上。運動的掌控者早已備好刀俎了，他的命運也早已確定。正當他心存幾分僥倖時，懸在他頭上的達摩克利斯之劍，終於嘩然落下，差一點就要把他劈成兩半。

難友方君告訴我，余華良在一個冬夜裡突然被公安局銬走，他就是目擊人。現在回想起來，依然不寒而慄。因為深夜被逮捕的也可能是方君自己，就在幾天前，方君已經在煉獄裡走過一遭了。隨時再被扔進去，本是平常的事。

筆者聽完余華良的全部故事後，知道余華良在一九七九年的申訴中，得到了方君的多方幫助。我問方先生，你這麼做，是不是因為感激？當年余華良是在為他人也包括為你受難啊。方先生莞爾一笑：這話真難說，局裡發生大案，一時人人自危。特別是我們這些已被揪出尚未定案的人，更是提心吊膽。

而余華良突然被捕，我們心裡一塊石頭落了地。我們明知余華良絕不會幹這種蠢事，但劍劈了他人，總比劈自己好。方君說，人都有自私的一面，惹你見笑了。我連忙說，不，不，人同此心，心同此理。非常時期，能不栽贓誣陷他人，不落井下石，就是好人了。何況你以後那麼誠心誠意地幫他，好人長壽！

我接著說，不就是那五個字嗎？坑倒、嚇倒了多少人？看看今天的報紙電視上，國共兩黨常來常往，大有第三次合作之勢。可是在政治運動連年不斷的年代，多少人為此家破人亡！

方君說，那天夜裡的事，雖說過去五十年；因為刺激太深，稍一回憶，一切都歷歷在目。

那是一個寒冷的冬夜，快十二點了，我已經休息了。突然兩個人衝進我房間，一個是局整風領導小組的成員杜副局長，另一個是個積極分子。他們把我從被窩裡拖起來，拖到一公共廁所裡。這廁所裡也沒燈，門外不遠處有一盞路燈，借此燈光，廁所內便池坑位依稀可辨。我正納悶，深更半夜的，帶我到廁所裡幹啥？只見他倆突然打開手電筒，照到坑位對面的牆上，冷冷地問我，看到了什麼？

這還能看到什麼！一天幾次來過的地方，不就是一方土牆嗎？他倆見我不開口，惡狠狠地又說，再看看，再看看！念念！邊說邊把手電的光圈對準那方牆上新出現的幾個字上。說是新出現一點不假，當時大家都上公共廁所，牆上有這麼危險的字樣，焉能不見？一定是夜深人靜時，剛寫上去的！

我循著燈光定眼一看，噓！頓時倒抽一口涼氣，兩腿都禁不住打顫了。這時求生的本能告訴我，一定要鎮靜鎮靜再鎮靜，決不能有半絲慌亂。在這樣幾近生死抉擇的嚴重關頭，有半點差池，一生就完了！

於是我強作鎮靜地湊上前去，扮作仔細辨認狀，我看到，那字像是用燒焦的樹枝寫的，有點書法上枯墨的味道。字跡不很清楚，書寫的水平也一般，說不上什麼功力。我瞅了好一會，在他倆一再催逼下，只好一字一頓地低聲念道：國、民、黨，接下來的萬字，簡體的萬那拐彎的一筆寫得不清楚，但能辨出字型。我故意說這個字看不清，他倆疾言厲色地追問，非要我連著後面的字一起念。後面清清楚楚寫著一個「歲」字，連在一起就是「萬歲」二字。五個字一起念，那就是「國民黨萬歲」嘛。

事情到了這一步，我再要遮遮掩掩，反會被認為是做賊心虛！我乾脆坦然念出了那該殺的五個字。我心想，可是你們讓我念的，憑這你們還能認定是我寫的不成？

我話音剛落，他倆連珠炮式地向我發起攻擊說，你反動立場大暴露，休想抵賴，人贓俱獲！坦白從寬抗拒從嚴！

沒完沒了的胡說，全在我意料中的。我怎會受他們的威逼誘騙？我果斷地回答他們，我未寫！

他倆不罷休，還在不停地追問。這時我也惱火了，我說你們鬥我右派問題，我也承認過有些話說錯了。但是你們想把我扯進這樣的政治大案裡，這是絕不可能的。我家世代書香，從無人在國民黨政府裡任過職，我幹嘛要喊它萬歲？你們說是我寫的，有什麼根據？

事後回想，我當時斬釘截鐵的態度還真起了點作用。如果我是心虛膽怯，吞吞吐吐，肯定說話語無倫次；那倒真的可以被他們抓個現行呢。歷次政治運動中，為所謂「反標」案被抓被判，甚至被殺的案例還少嗎？

話雖這麼說，那晚之後很多天，真不是人過的日子。我當時雖年輕，也知道這種無頭案栽到誰身上，那都是百口難辯的。它不像歷史反革命案，有敵偽檔案可查；不像經濟案，可以去對賬；不像所謂生活腐化，有道是捉姦捉雙。這種反標案子，一個人信手胡劃幾個字，轉身就消失了，到哪兒找人去！

可是沒辦法，負責辦案的人，手裡有個反革命的帽子總得找個人頭戴上。戴誰頭上也是冤，也只能聽天由命了！

余華良未銬走之前，據方君說，全域工作人員都彷彿生活在一種無以名狀的惶恐裡。人們平日不再閒談，也不再串門，大家皆是故作正經，若無其事一般。每個人幾乎都在無聲地表白，我沒幹！別找我麻煩！方君想到，那天晚上被召到廁所裡辨認字跡的，絕非只有自己。那麼這把達氏懸劍，最終會落到誰頭上呢？

中招的人是余華良。

其他人都鬆了一口氣。大家都未做這件事，有權利輕鬆，不存在余華良在為誰受過。如果不是余華良，而是別人，余華良也會這樣想。

余華良被帶走時，全局職工都度過了一個不眠之夜。先是警車開來，車燈在濃濃的黑暗中不停地閃爍，打破了冬夜的寂靜。警車在農業局宿舍門前戛然停下，除少數知情人，左鄰右舍皆為怵惕不安了。警察為誰而來呢？大家終於聽到余華良的房門前響起了急促的敲門聲，接著又有鐵銬的嘩嘩聲響。聲音漸行漸遠，余華良就這麼一去二十多年。

農業局劃的右派都作了處理，被框定的右派分子們自顧不暇，誰還顧得上余華良的死活？方君說他平日和余華良私交不錯，業務上來往較多，又都是主要的技術骨幹，所以當他從農場下放回來後，也曾打聽過余華良的下落。可是誰也說不清楚，只知道余華良以現行反革命罪名被判，判了多少年也不清楚。送到哪裡去勞改了？說不准。有人說在南湖，有人說在白湖；也有人說就在對江的白馬山。管那麼多幹啥呢，只知道余華良被逮走後，他的老婆孩子就回老家宣城了。

漸漸地，連余華良的名字也被人們淡忘了。

時間終於走到了一九七九年，文革結束了，中央五十五號文件下達了，給右派大規模改正工作開始了。農業局的右派分子全部改正，包括跳井自殺的內定右派黃啟風。歲月遞嬗，人事流徙，只有局裡的老員工還記得有一個叫余華良的獸醫，也是在非常歲月裡被逮走的。偶爾談到他，人們會說，這也應是個冤案啊。他還活著嗎？現在都在平反冤假錯案，他的案子能不能得到甄別？這是些善良的人們，他們想到余華良，也想起了自己當初因余華良罹禍而感到解脫的輕鬆感，這種以鄰為壑的輕鬆，多少有點不厚道啊。

說起余華良，余華良真的就到了。一天傍晚，一位不速之客，徑直走進方君簡陋的居室。多年不見，方君一時詫異，心說這是誰呢？再看客人，穿得很簡樸，滿臉滄桑，目光陰鬱。他認出來了，這不正是余華良嗎。寒暄一番，兩人直奔主題。當時難友見面，基本上就只有一個話題：誰誰平反了，誰誰改正了，誰誰死了多少年了，誰誰家破人亡了。余華良的命運如何？改正的暖風也會吹到他身上嗎？這種事可是過了這村就沒這店的，誰知道以後風又會颳向哪裡？

余華良對方君說，一個多月前，他就來到了無為。他說了這樣一番話：我一直在為改變命運奔波，希望能夠落實政策，還我一個清白。我想過，我的問題比你們這些言論罪的事要麻煩，但未想到有這麼難。現在我幾乎絕望了，要不是想到我的子孫們還要為我受累，抬不起頭，真想一死了之。

這麼多年我已見過無數死亡了，我能活下來已是幸運。所以，只要還有一口氣，我也要為自己尤其是為子孫掙個清白。本來我想，我的所謂罪行不就是那嚇人的五個字嗎？前後很多年，不知道審問過我多少次；我從未承認過字是我寫的。本來我就未寫，怎麼能承認！

他們也從來未拿出過有力的證據，只想憑逼供結案。但我現在也學了一點法律知識，按無罪推定原則，我的案子應該是疑罪從無的。但是我當時太天真，我以為沒有憑據又沒口供，他們定不了我的案；怎想到他們以反標案嫌疑犯的名義，把我送去勞教。文革期間，又以我拒不認罪為由，判我徒刑。

我現在已經刑滿釋放了，卻好像還是戴罪之身。很多認識我的人，像躲瘟疫一樣躲著我。為了解決我的冤案，我跑過所有落實政策的部門，家家都在扯皮，互相推諉，沒一家幹實事的。我真的絕望了，不知下一步該怎麼辦？現在生活毫無著落，再耗下去，別說養老婆孩子，連自己也養不活。

方君聽罷，只能陪著余華良歎氣，他也想不出高招。兩人無言，枯坐好一陣子。這時方君忽然想起，前不久黃啟風的案子改正了。黃啟風那時被逼投井自殺，死去多年。可是一九七九年右派改正時，局裡查到他屬於內定右派，所以也按照對待右派的政策給他改正了。方君提醒說：你余華良是否也曾被內定為右派呢？而且，處理你的案件時，會不會與反右運動有關聯？

經方君這麼一說，余華良也想起來了。審判他時，判官確實多次指控說：你余華良和右派分子沆瀣一氣，向黨進攻！什麼叫沆瀣一氣？不就是說我余華良同縣農業局裡的右派是一夥的嗎？現在，既然局裡認定的所有右派都是反右擴大化搞出的假案，也都改正了；那麼我余華良是不是被擴大化的一個無辜者？能不能搭上改正右派這班車？

方君真是個大好人，通過重重關係，終於看到了余華良一案的卷宗。據他說，案卷足有一尺多厚，他在這些紙片裡詳細翻找，竟然找到了余華良被內定為右派的記錄。而且，余華良的所謂反標案，全無半點事實依據。這一來，復查啟動了。既然是內定右派，余華良就可以按政策得到改正；所謂反標一案也就不了了之。所以，回到本文開頭，余華良離開無為回故鄉宣城時對難友們說，他真的是沾了一點右派的「光」了。

反右五十年後，方君對我說，當初這要判刑殺頭的五個字，它究竟是誰寫的呢？我們農業局幾個老友，多次談過，會不會就是那些蓄意整人的人，故意做贓害人？那這個孽就做得太大了，此舉比攔路搶劫、殺人越貨還可惡十倍。惟願這種人不得善終，不過，誰知道呢？

二〇〇九年五月十五日初稿
二〇〇九年六月一日改定

一籃雞蛋

「咚！咚！」有人敲門，開門一看是章護士長。奇怪的是，她拎了一籃子雞蛋。怎麼？護士長給我送雞蛋，肯定不是好事！這位胖大姐我可惹不起，大姐快人快語，敢做敢當，一如乃母。乃母一九五七年錯劃右派，受難二十餘年，剛改正就逝世了。其女一點也不接受教訓，還是一張利嘴，好打抱不平，又包攬百事。

這不，又在為誰當說客了？我們一個科室待了幾十年，又多著一九五七年那層關係，找我辦事還得送雞蛋嗎？再說這送雞送蛋的做法也早過時了，現在行情可不是這個。我啥也未說，直盯著那籃雞蛋發笑。她覺察了，哈哈一笑道，你想得美，還未到我給你送東西的時候！走走，到老呂家跑一趟，叫他寬容一點，抬抬手算了。一個快成家的孩子，已經關了好幾天了。還想怎麼樣，積點陰德吧。

這事已經在全院鬧得沸沸揚揚了，呂公與那位姓傅的，一九五七年結下冤仇。不巧分房子又分到一起，還能有好事？

幾天前呂公與傅公子在樓梯口頂撞了幾句，傅公子不知有意還是無意，手一推呂公就栽倒了。這事說小也小，未傷筋動骨，罵他幾句就可以了。說大也真有點事，呂公可是三八式老幹部，又是烈士遺孤。他八歲穿軍裝，跟著部隊生活，後來參加抗美援朝，負傷後丟了半個肺。一九五七年他也被劃了右派，這硬梆梆的革命經歷竟然沒起到一點保護作用。一九六二年不少人被平反，他卻也沒有得到這待遇。文革時再次揪出來挨鬥，被造反派在頭上砸了一棍子；因此造成腦挫傷，在床上躺了三年。他一身是病，要是往病床一躺，冤家對頭，老傅一家可有好戲看了。

這不，他一個電話，傅公子就被治安拘留了。又聽說呂公要起訴，那傅公子迫害老幹部的罪名可不輕。這下子真的是冤冤相報，傅家首先想到的是找人疏通。找誰呢？他未想到一家人在醫院裡工作幾十年，到需要找人時，竟找不到一個合適的。

說來話長，醫院別看就四、五百員工，當年右派抓了近四十名。此外還有未戴右派帽子而劃了所謂中右的，以及因為右派問題受過批判的；這些人數加起來，已經遠遠超過了毛老人家制定的百分之五的指標。醫院老資歷員工中，不是整人的，就是挨整的，相互之間積怨很深。所以醫院裡有個怪現象，很長時間，這兩撥人的子女很少有通婚的。即使是同一類人，彼此之間也鮮有能推心置腹的。你們說老傅這時能找誰？醫院裡為這點小事，鬧得沸沸揚揚，正是幾十年積怨的一次小小爆發。

事情的最後轉機，還是在傅公子身上。這小夥子別看是傅家的，為人還算仗義，不像乃父。他人緣不錯，又臨近婚期，所以章護士長願意為他奔忙。

我決定出面周旋，不為老傅也不為小傅。我總感到這事太荒唐，把那場政治運動庸俗化了。反右已經過去四十年，上輩的仇恨與怨懟，還得遺傳下去嗎？冤冤相報，何時能了呢？我雖然也榮忝右派之末，但不是這個醫院劃的右派，所以和誰也沒有恩怨。我認識呂公更是在四十多年前，那時我在一家大醫院進修，他幾次病危我都在場；和他家阿洪大姐也很熟。我不想呂公為傅家一個小孩子的事，影響自己一家的形象。

「走！我去試試吧，老呂怎可能和一個小孩子過不去呢，這不給人看笑話嗎？不過雞蛋就不要帶了吧，何必小看人呢。」

「帶著！帶著！」護士長又低聲對我說：「籃子底還有個小紅包，是一點心意，千萬請他寬容寬容，放小傅一馬！」

「就不知道呂公給不給我面子了。」

果然，我一敲門呂公就發話了：「老M就你嘴巴大些會說話，走走走，你們把我老呂看成什麼人了。」話雖這麼說，門還是開了，是阿洪大姐開的。呂公躲在房裡不出來，阿洪大姐和我嘮叨：

「別聽外人瞎說，老呂是那種人嗎？老子是老子的事，兒子是兒子的事。老呂都是快散架的人了，經得起他一推嗎？給他治安拘留是依法行事，誰說要算舊賬的？算舊賬，他家能賠得起嗎？」說到這裡阿洪大姐眼紅了。

「洪大姐別說了，你們家的事大家都清楚，這幾十年都難過，這不，總算熬出頭了。」

「大家清楚？清楚什麼？老M，別看我們這麼熟，有一件事我連你也未告訴。老呂文革那年要是一棍子被打死了，我打算到死也不開口的。這事說起來傷心不算，也丟人。再說姓傅的也太狠心了，還說要我們家寬容，真是良心給狗吃了！」

「洪大姐，能不說就不說吧，這幾十年，誰沒有一肚子苦水！」

「不！不！既然醫院裡議論紛紛了，有些話我就得說說清楚。就說反右派吧，我們醫院全搞錯了，全國也百分之九十九點九九都搞錯了。怎麼給反右下最後的結論，那是黨和政府的事；我家老呂革命幾十年了，經過了多少運動，怎麼可能計較個人恩怨？如果一定要說個人責任，拿我們醫院來說，主要還是姓鮑的、姓史的、姓許的、姓黃的作孽，他姓傅的不過是個小夥計。他也未撈到多少油水，但是，老呂和我們全家卻都栽在他手裡了！

「你是知道的，一九六二年曾經搞過一陣子給右派甄別平反。老呂有什麼事呢？不就那麼兩句話嘛！一是他說了四害沒有國界，這是事實嘛。再就是姓傅的檢舉的，他說我家老呂說了，中央也有派系。這話也沒錯，毛主席不是也說了黨內有黨黨外有派嘛。老呂父親的戰友，也是高幹，平日對老呂很好；常常來看望他，也許和他閒聊過什麼，老呂也不過是道聽途說，閒聊而已。他未寫過文章，也未在會上發過言，那有什麼錯呢？我那時正懷小二子，本來不想要的；老呂說，留著吧，這孩子可能給我們家庭帶來轉機。果然，不久就有消息說，老呂已經通過平反，很快就會通知到醫院。

「那時的高興勁喲，真是無法形容。當了那麼多年賤民，一下子和大家一樣了，能不高興嗎？我真想在毛主席像前燒炷香。老呂說，我們共產黨人不迷信，只相信實事求是，真金不怕火來煉。

「誰知道晴空一聲霹靂，上頭搞錯了。獲准平反的是另一位同名同姓同級別的呂公，我家老呂未通過。聽說關鍵就是那句中央也有派系的話。只要檢舉人寫個證明材料，事情還有轉機。老呂為了自己的政治命運，為了家庭，特別是我懷中即將出生的孩子；他硬著頭皮，趁天黑敲開了老傅家的門。怎麼說呢，其實這時，老傅已經知道事情的真相了。老呂一個老革命，又是受人尊敬的外科醫生，還是個副院長，當著老傅的面，玉山傾倒，噗咚一聲跪在老傅面前，低頭求他了。」

說到這裡阿洪大姐已經泣不成聲，我的靈魂也受到猛烈一擊，只感到胸口作悶，不知道如何安慰阿洪大姐。男兒有淚還不輕彈呢，豈能屈膝於人？一個人不是到了絕路，怎會出此下策！

「別說了，這些事畢竟都過去了。」

「為什麼不讓我說？只想聽好聽的，不敢面對現實？我說的都是千真萬確的事實。你猜姓傅的怎麼樣了？老呂都跪下了，他居然不伸手拉一下，頭一掉就走了。證明材料當然未寫，老呂又多戴了十七年帽子。我那小二子生下來就送了人，一是我們養不起，二是不想叫他當黑五類，一輩子受人欺侮。

「老呂那年被造反派一棍子砸癱了，許多人來看過他，包括那些整過他的人。我都一個個表示感謝，可是姓傅的依然和我們作對到底。他還好意思說什麼寬容，什麼抬抬手！」

我無言以對。一個醫院共事幾十年的人，本不至於關係惡劣。再說老傅一輩子也只是個普通業務人員，連個副科長也未當過。他業務水準還可以，其他個人品質也說得過去。如果不是運動驅使，他何至於要對老呂趕盡殺絕啊。

阿洪大姐見我愣在那裡，臉色平和地說：「這些事說過也就算了，這種日子也應該是一去不返了吧！老呂這幾天很煩，小傅本來要拘留十四天的，老呂聽說他要辦婚事了，已經給派出所打了電話，叫他們放人算了。外人也太看輕老呂了，他會和一個小孩子過不去嗎？」

說著她看了看地上的籃子，正色對我說：「這些雞蛋是金子做的我也不收，不然的話，我對得起我那送走的小二子嗎？」

二〇〇一年五月三日於廣州

天譴

這家醫院住院部環境很漂亮，幾幢大樓之間是個大花圃，花圃之中有個大噴水池，水池中央是三位護士小姐的塑像。泉水噴發時滾珠濺玉，玉女們晶瑩剔透，煞是美觀。不過噴泉只在貴賓到訪或是節日來臨時才噴一次，平日是靜靜的。傍晚時刻，水池邊總有來自各科的病員，三三兩兩地休息閒聊。這兒是個休身養性的好去處。

有一段時間，每天傍晚你都可以見到，在水池邊枯坐著一個老人。老人也許年齡並不很老，但頭髮全白了。他的面容枯瘦，臉色灰暗，目光呆滯像散了神，看不出他是若有所思，感時傷懷，還是憤憤不平。很多天來，老人都是一個人在那兒枯坐，看不到有親屬探望陪伴。老人總是沉默著，他甚至也不和病友們交談。醫護人員從他身邊走過，也沒人和他搭訕，甚至沒人看他一眼。不熟悉他的人，可能會以為，這是遠道而來的病人，因為不善言詞，所以顯得這麼孤獨。

然而，時間倒退幾十年，他可是這家醫院炙手可熱的風雲人物呢，他和很多人都有很深的瓜葛。就是從這家醫院，他一路攀升到衛生局，成為醫院主管部門的負責人之一。你要奇怪了，既如此，晚年怎會受到冷遇？再說他老婆孩子呢？怎麼也不來看看他？

說來話長。解放初期這裡是個小醫院，屬於軍區的後勤部門。這裡的學員都是短期醫訓班、護訓班培訓結業的。再後來為接收志願軍傷病員，醫院又招收了一批男女學員。院領導根據他們的文化程度，讓他們分別去搞業務和做行政。兩批人還是同學戰友，都穿軍裝嘛。年輕人單純，相互之間或有親疏之別，談不上什麼大矛盾，和階級仇恨更不沾邊。

誰能相信，這批革命戰友，到了反右鬥爭時分裂了，一批人死整另一批人，終於有一天，整人者自己也眾叛親離。

我到這家醫院工作時已是上世紀六十年代中期，反右的戰火硝煙都已消散。但它在人們心中依然留有很深的印記。人與人之間彼此戒備，對往事諱莫如深。

在醫院裡，幾經科室調動，我認識的人也多起來。尤其人們知道我也是個無辜的受害者，對我就少了些提防。漸漸地我也知道了一些與我同命運者的往事。

一位姓陳的外科醫生被為劃右派，下放到和縣。文革風雲初起，醫院竟然派人追到和縣，逼他交代問題。第二天，陳醫生自殺身亡。

某護士長的丈夫劃右後，被送去勞動教養，解除勞教後留場就業。護士長帶著三歲小女兒，改嫁前夫的一位同學。他倆都是好人，我知道他們待女孩是很好的。可是小女孩得知生父是蒙冤劃右後，對繼父很抵觸。她先是跟外婆和小姨一起生活，小姨出嫁時，她不能接受。接著外婆病逝，她失去感情依靠，精神上幾乎崩潰。十幾歲起就患上肺結核，此後長期住院。護士長一家儘管也很困難，依然多方關照她。可是女孩精神憂鬱，治療效果很差。

右派改正後，女孩很激動。她堅持要去江北某地去看望生父，護士長夫婦滿足了她的要求。再也未想到，她回來之後精神全垮了；終日不發一言，吃得更少，病情每況愈下。不久就鬱鬱離開人世，那時她才不過二十六歲。臨終前，她對護士長夫婦和三位弟妹泣不成聲地說，請他們原諒她。也是在這時，她第一次喊了繼父一聲：「爸爸」。

事後很久，人們才知道女孩尋父之行的結果。孩子小時候曾聽說，生父年輕有為，精明能幹，還是醫院裡的一枝筆。父親被送走那年她才三歲，一點印象也沒有；但對父親的思念，歷久彌新。這關乎血緣，也關乎自已的身世。

右派改正後，她更想知道父親的狀況。有時她甚至想到，父親經過多年磨難，說不定筆鋒正健，能寫出〈重放的鮮花〉那樣的作品。她不明白，醫院許多受到錯誤處理的人都回來了，父親為什麼沒有回來，而且連信也沒有一封。難道父親不想念她嗎？這究竟是怎麼回事呢？她決定要親自去問個明白。

她萬萬沒有想到，她日夜思念的父親，會是另一副面貌。父親的右派問題改正了，但他已在農村成家，所以無法回到原來工作的城市大醫院。根據就地安排的政策，他現在成了供銷社的職工。他每月不過幾十元工資，卻要養活一家人。這家人還住在農村的草屋裡，他們有一個兒子要結婚，因此父母就把略大一點的正屋讓了出來，老夫妻倆擠在一間黑洞洞的廈屋裡，白天也要開燈。那燈泡不過三W，陰森森的，別說看書，連人臉也分不清。家徒四壁，除了供銷社偶爾發的政治學習資料，連張報紙也沒有。她的親生父親佝僂著身子，不停地咳嗽，還不停地吸著劣質捲煙。

父親見到她，臉上的表情幾乎有幾分興奮。他背著她和老伴嘰咕半天，老伴遞給他一點錢，他說要到鎮上去買點菜就走了。

父親一出門，那老太婆就向她又表功又訴苦。她說老頭子當年在勞教農場，一次開山挖石砸傷了腰，農場不要他了，是她收留了他。她還說他是個「分子」，經常挨鬥。虧得老太婆成分好，才沒有把他鬥垮。這些年要不是她護著，他早下土了。說著說著老太婆又扯到兒子結婚事情上來，說老頭子一點用也沒有，全靠她張羅，欠了很多債。她問女孩在哪兒上班，拿多少錢一個月，希望能幫他們一把……

女孩瞠目結舌，不知道該說什麼。她就一直愣愣地站著，父親回來了，飯菜端上桌子，她一口也吃不下。

勉強住了一晚上，女孩第二天就要回城。父親弓著傷病的腰，一直送她到車站。父親在路上對她說，他和她的母親、她的繼父過去是同學，三人處得很好。和她母親離婚及要她改嫁，都是他的主張。他說，這主要就是為了你。他一再說，你的繼父是個好人，你更不要責怪媽媽，都不是他們的錯。他又說，自己目前的處境是這樣，他談不上滿足，也無法抱怨。反正都是快下土的人了，還能指望什麼呢？他只有一點遺憾，那就是未看到害人的人遭到報應……

女孩不知道怎樣表達自己的感情，她只是把身上的錢都掏出來，除了路費之外，全留給了父親。女孩本來就有病，又一路顛簸勞累，回來就病倒了。她不知道自已該愛誰恨誰，也弄不清誰應對這一切負責。在巨大的失落和迷惘中，她就這樣匆匆走了。

醫院裡還有一對姐妹，人稱大竇小竇，甚至還有人說她們是什麼右派之家。其實大竇不是右派，她是連襟夫婦四人中唯一的倖免者。

我認識大竇還是在反右前的一九五六年，我們是同科臨床醫生。她技術好，辦事公正，待人也熱誠。她的丈夫俞醫生被劃了極右送去勞教，此時俞醫生的母親還癱瘓在床，兩個孩子都小。她自已的父母親也年老多病，弟妹都在讀書。兩家人的擔子，她一肩挑了起來。

小竇的丈夫是董醫生，他也是先被打倒的。反右鬥爭結束一年多以後，一九五九年又來了一個反右傾。小竇不知道得罪了哪一位頭兒，領導把她報上去，作為右傾機會主義分子。蕪湖地委比醫院更高明，批了一個右派分子下來。

醫院領導納悶了，這是不是搞錯了？有人打個哈哈，管它呢，右傾右派都是右。小竇就這麼稀里糊塗地當上了醫院裡最後一個右派。若是醫生出了錯，那叫把生命當兒戲；這些醫院和地委的頭兒們，是把什麼當兒戲呢？

小竇醫生以後也和我長期同一科室，她是個單純樸實的好醫生，根本也不關心政治，恐怕都不知道省長市長是誰。右派改正不久，小竇醫生病逝，年僅四十九歲。

再說說我的左鄰右舍吧。

左鄰孔先生令字輩，不知屬於衍聖公哪一旁系；是一個喜歡讀一點書的普通幹部。他平凡的一生只有一件事出了名，那就是當上了蕪湖地直單位裡可能是唯一的「啞吧」右派。他當然不是啞吧，而且說話不乏風趣，還帶點小評論，其實說的都是些極其平常的事。他十幾歲就穿軍裝，在革命隊伍裡長大，能說些什麼呢？整風學習提意見，他確實一句不恭之詞也沒有，也沒人揭發他說了什麼「反動」話，就這也照劃你右派。有道是：沒有言論你還能沒有思想？打倒這麼多你熟悉的人，你能沒有想法？你的想法醫院頭兒們可以猜出來，一定是「反動」的！古人說的腹誹罪，大概就是這麼回事了。中華民族真是歷史悠久，什麼樣的寶貝都會傳下來。

孔令兄雖然沒有「反動」言論，「待遇」可不低，也劃了個極右。因為有個老母親要贍養，照顧他每月發生活費二十五元，沒有讓他下放去農場，而是留在醫院花房當工人。孔兄是個孝子，總是讓母親先吃飽，自己長年累月一天吃兩頓。就這樣，文革時還有人幫他算賬說，二十五元兩人過日子還用不完。不知算賬的人自己一個月用多少錢。

據說孔兄改正時還有點麻煩，地委問醫院：這個一句右派言論也沒有的人，當初怎麼報的右派？話說回來，地委怎麼不問你們的前任，當初又是怎麼批的呢？彼此彼此吧。

和孔兄「啞吧」右派齊名的，還有五官科的史醫生，他是「出差」右派。

張矩兄當時是工人，中央有明文規定，工人中不劃右派，他也被照劃不誤。當權者「吃」透了政策，都知道左比右好。多劃右派可以升官，少劃了有什麼好處？過去的事實和以後幾十年的事實，都說明這些人押寶押到點子上了。

他們再也未想到，也會有看走了眼押錯了寶的時候，否則就不會有文章開始時的場景和以後的故事了。

說罷左鄰，再說說右舍。右舍住著辛醫生，辛醫生和前妻小吳，就是我前面說過的那一批同學戰友。反右時他們已經有了三個孩子，大的才五六歲。辛醫生是個農家孩子，家境貧苦，好不容易在城裡找了工作，又討了個有工資的老婆，他已經很滿足了。結果，被戰友們揭發鬥爭後，劃為極右，開除公職，回農村監督勞動。妻子小吳只是一個初級化驗員，她的工資怎能養活三個孩子？不得已，兩人離婚，兩個大點的孩子跟著小吳，辛醫生自己帶上一個小的。小吳忍痛改嫁，嫁給了省體委一位姓王的工農幹部。

辛醫生帶著一個三四歲的孩子回農村，父子倆相依為命。辛醫生下地幹活帶不了孩子，只好用一根草繩子一頭繫住兒子的腰，另一頭繫在樹上。孩子在樹蔭下玩了睡，常常滾得一身尿屎。辛醫生收工回來，只好半邊肩膀挑著糞桶，一隻手臂挾著兒子回家。到家後，他還得自燒自煮自洗自補……有時晚上開他的批鬥會，更是苦不堪言。

一九七九年右派改正工作開始後，醫院裡也將所有錯劃右派者的名單上報。沒想到的是，報上去的材料被退回來，批復是維持原結論，不予改正。再報一次再退一次，接連退了三次。

地區衛生局黨組成員兼政工組長姓黃，他是分管這項工作的主要領導；黃某發話說：地區醫院的右派都是鐵案，休想翻天！真是冤家對頭，地區醫院當年反右錯劃了幾十名右派，黃某確實是立了大功的，不然他也不會從一個小幹事冒升到局領導。不過黃某人有點誇大了自己的戰功，你的頭上不還是有姓史的、姓鮑的、姓許的？他們比你位高權重，至於誰更心狠手辣，你們自己去比吧。

右派改正，你黃某人本可以趁此機會，說上幾句官話套話，哪怕言不由衷，挨整多年的人也會感激的。可是，你竟然又一次賭上左比右好，結果，這次你輸了。

黃某對抗中央右派改正的決定，被撤銷了黨組成員資格，調出衛生局。這家醫院的全部錯劃右派都得到了改正。

辛醫生改正後回到醫院，孩子還留在農村。辛醫生離開臨床久了，只能在保健室開開藥了。就這他也整天樂呵呵的，分到新房子之後我們是鄰居。我發現他是個非常好處的人，只是年過半百了孓然一身，未免晚景淒涼。未想到不久，辛醫生又結婚了，女方還是一位大學的體育老師。我真為辛醫生高興。

我還沒高興多久，卻出現了新情況。事情是這樣的：早年他們這批學員中有位姓陳的，是位機靈鬼、熱鬧人，他和辛醫生及其前妻小吳都很熟。小吳改嫁後不久就調到了省會城市合肥。陳同學有一天到合肥出差，他便去看小吳，又對她說，辛醫生已經改正回到醫院，現在他要自己的老婆孩子。

其實姓陳的是假傳聖旨，開個玩笑；也有點為辛醫生打抱不平的意思。這小吳此時也是年過半百的老吳了，一聽這話，當著陳同學的面號啕大哭起來。她說：這能怪我嗎？我一個初級化驗員，怎麼養活五口之家？再說做右派家屬，孩子一輩子都抬不起頭！她又說，要是對辛醫生沒感情，我那時還會和他見面嗎？他都戴上右派帽子了，在醫院裡勞動；每逢我在化驗室值夜班，下半夜都喊他來團聚。

她邊說邊哭，連聲問道：你叫我怎麼辦？我和老王又生了兩個孩子，我該怎麼做？陳同學慌了，連聲說辛醫生啥也未說，他是在開玩笑對不起對不起！說著說著，吳現在的丈夫老王同志也過來了。他先是陪他們一起傷心，又一再表示了對辛醫生的同情；還連聲說這個問題要解決。怎麼解決？難道再拆散一個家庭，把老婆還給別人？這老王同志又不是第三者，他是在小吳和辛醫生離婚後才娶的小吳。

可是老王還是想到，他要對辛醫生多負一些責任。說到做到，他四方打聽，找到了這位喪夫不久的體育老師，力促她與辛醫生喜結連理。

辛醫生重新成家了，但他不久被發現患了肺癌。患病期間直到辭世，這位再婚妻子一直悉心照顧他，可以說他是未帶多少遺憾走的。

曾經飛揚跋扈的黃某人，晚年可就風光不再了。他先是被抹掉了黨組成員，免去政工科長，調到一個科級單位。

免官不久，家裡出了大事。他唯一的兒子，馬上就要結婚成家的人了，突遭不幸，在工作中落水淹死。那時我住在愛人單位裡，黃正是在她們單位任副職。有一次單位職工為分房子爭吵，不知為什麼和黃吵起來。那人當著眾人的面劈頭蓋臉地罵他：你這個傢伙一生害人太多，惡有惡報，連唯一的兒子都給你害死了，你還在害人！

要我說，他兒子發生意外與單位分房，倒是不相干的兩碼事。就分房這件事來看，黃也並沒有錯。別人乘機發難，罵他現世報，這真是罵得太重太重了。

多行不義必自斃，黃某人大概就是這樣，我是看著他一天天垮下去的。不久他就退休，而報應似乎還未完結。緊接著傳來新的噩耗，他老伴出了車禍，被火車撞死；遺體還被當作無名屍送進了火葬場。

事情是這樣的，獨子意外落水死後，他老伴的精神就有些不正常了。老太太整天帶著個手電筒找兒子，一找幾天不歸家。時間長了，姓黃的和鄰居們就習以為常了。還是鄰居聽人說，火葬場有一無名女屍，是位老年人，她唯一的遺物就一隻手電筒；這才真相大白。

姓黃的現在真正是家破人亡了。你們說，他又到這家醫院來住院，會有誰來看望他呢？醫院的老人們早已領教過他的凶悍，誰又還會來和他敘舊？

公平地說，黃的兒子因公殉職，他的死與父親的所作所為是沒關係的。他老伴愛子心切，母子情深，死於非命也應該得到同情。我們覺得黃某整人可惡，不能遷怒於他們。

但我又為什麼用「天譴」二字作為這篇文章的題目，這需要說說清楚。

幾十年的政治運動，造成同事之間、同學之間甚至家庭之間的混戰，傷害是很深的。儘管這裡面的情況也很複雜，不能一概而論；但不能不承認這一現實：以階級鬥爭為綱的政治教育確實造就了一批人才，他們以整人為升官捷徑，藉政治運動之機撈取個人資本。他們開始時也可能只是盲目追隨權力意志，一旦嘗到了甜頭，獲得了超值的利益，就抱著寧左勿右的通靈寶玉，再也不肯放手了。

直至政治風向發生了根本的轉變，黃某才終於被拋棄出局。人們說惡有惡報，與其說是對宿命論的聯想，不如說是以此宣洩內心的積怨。什麼是天？天就是老百姓啊。所謂天怒人怨，自食其果；正是偶然中的必然，是被不幸而言中的報應。

最後順便說一說，在這家醫院，整人的急先鋒們除了姓黃的以外，不還有姓史的、姓鮑的、姓許的嗎？有人告訴我說，這些人都沒有好下場啊。有一家也是兒子死了，老婆精神失常了。另有一家，媳婦與孫子煤氣中毒死了。還有一家在報上被點名又降了職……

也許，這些不詳的消息也會傳過來，傳到那位孤獨老者的耳裡吧。黃姓老人在水池邊枯坐良久時，會不會想到從前的囂張，而心生一點懺悔之意呢？

二〇〇一年三月六日於廣州

為了正義——女右派盛明華的堅持

我曾在另一篇文章中說過：右派苦難深，婦女在最底層。就我所在的那家農場而言，女右派所受的苦難與凌辱，四十多年後回想起來，依然令我感到沉重和哀傷。人人都有父母和姐妹，為何某些人掌握了一點權力之後，就可以任意踐踏別的女性？全不想想如果是自己的母親和姐妹又當如何。這些衣冠禽獸，理應永遠釘在歷史的恥辱柱上，以儆效尤。

門口塘農場豬場場長陳殿邦就是這樣的人渣，他壓根兒也未想到，有人敢起來抗爭。他更沒有想到，二十來年後，他的罪惡依然受到討伐。為伸張正義，當年的一位女右派拍案而起，全力阻止了平反過程中可能發生的失誤。

這個和陳殿邦抗爭到底的人，就是女右派盛明華同志。

盛明華何許人也？在那個非常時期，她怎敢和場長抗爭？

盛明華只是個出身農村的普通女子。她的幾個哥哥姐姐都因老法接生夭折了，所以父母對她很是寵愛。這也使她的個性不受壓抑地發展，遇事不輕易屈服。解放前夕她還在城裡讀初中，懷著對革命的嚮往之情，她也沒有告訴父母，就毅然離開學校，參加了皖南游擊隊。解放後她重新回到故鄉，母親曾為她焦慮擔心，而這時出現在母親面前的，已經是一位穿軍裝的文工團女戰士了。

她雖然沒有多少藝術細胞，未能成為藝術方面的專門人才，卻也是一位活潑天真的革命老幹部。

問題就出在嘴上，她心直口快，有啥說啥。那時安徽省的高官有這麼件奇聞軼事，那位有著霸王名聲的頭頭，突然看上了一位漂亮的女演員。這姑娘比他兒子還年輕許多，霸王頭竟要娶她為妻。可這位女演員已有了男朋友，即將舉行婚禮。就這樣那位霸王也不鬆口，要她要定了。不過，為了補償，霸王（暫稱男甲）答應女演員的男友（暫稱男乙），說你可以在文工團內挑一個人，除了那個女演員（暫稱為頭牌吧）以外，任何女人都行。這個霸王位高權重，又以凶狠著名，男乙面對他，能說半個不字嗎？美人要緊，前途命運更要緊，他只好忍痛割愛。

男乙當然不甘心，他也是個小官員。頭牌被搶走了，他就憑男甲的勢力點二牌。他明知二牌也有男友（暫稱男丙），那也不管了。他心想男丙你也別怪我，要怪你就怪男甲那個霸主吧。同理，面對權勢的欺壓，男丙也只好拱手相讓。

結果，男甲如願以償，男乙一半無奈一半慶幸，男丙只能向隅而泣了。不過泣過之後，男丙也學乖了，他不也是個小頭頭嗎？有權不用過期作廢，文工團裡有的是美女。果然，他不斷製造緋聞，也不斷給自己招來麻煩。情場得意官場失意，稀里糊塗過了一生。

這場由霸王男甲始作俑的鬧劇，在安徽省內曾沸沸揚揚，不過人們也只敢背後議論。霸王的厲害，安徽人是深深領教過的，誰敢在太歲頭上動土？然而，要想人不知，除非己莫為，你能做別人還不能說嗎？

果然有不畏強暴敢說真話的人，盛明華就是其中一個。她不止一次在大家面前公開批評，譴責這種以權勢凌人的霸權行為。其實私下說這件事的人很多，看法也差不多；反右開始後，很多人都知道這是個禁區，都不敢說話了。只有盛明華堅持自己的意見，而且到了批鬥會上還據理力爭。後果當然是可以想見的，戴上右派帽子，送農場！

盛明華到農場後也未學乖，後果是不斷挨鬥。她先被分在生產隊，和男勞力一樣幹重活。盛明華雖然生長在農村，可一天農活也未幹過。那也得幹，這叫先改造筋骨，再改造靈魂。

盛明華頂下來了，但要改造她的個性是不可能的。

我在寫江秋雲、丁祖傑醫生的故事時，都曾寫過那個豬場場長陳殿邦。此人土匪出身，又當了幾年國民黨兵痞，在被解放軍消滅前夕投誠，依然一身惡習。不知道在原機關是貪汙嫖賭哪件事犯了案，也發配到了這家農場來。他自恃所謂生活錯誤，比我們右派政治上犯錯誤，身分要高貴。場裡居然就派他來「管教」我們這些人。

他在豬場的當務之急就是要拔掉女右派中的兩個釘子，一個是盛明華，一個是江秋雲。這兩個人都出身好，參加革命早，而且一直不肯低頭認「罪」。陳殿邦為整盛明華，連日召開批鬥會，逼著盛明華自己承認是右派。其實帽子已經戴到頭上了，承認與否已無意義。就這，盛明華硬是堅決不承認，她和陳殿邦頂著幹。陳殿邦便罰她去幹重活，上山下塘打豬草，按規定數量完成任務。

陳殿邦美名其曰階級鬥爭一抓就靈，靈什麼？豬場照樣每天一批批死豬。所以死一次豬鬥一次人，豬死得越多，女右派們挨鬥挨得越凶。只是因為盛明華的丈夫是現役軍人，她才未受到進一步的迫害。

豬怎麼可能不死？上級號召要建萬頭豬場，可又不給飼料。說是豬吃百樣草，把女右派趕到滿山遍野去打豬草。一九六〇年大饑荒時，山野間草根樹皮都給人吃光了，哪裡能找到給豬吃的東西。再說豬只吃草能活下來嗎？什麼豬多肥多肥多糧多，完全是烏托邦唯意志論。誰都知道，只有糧多了，才能豬多，豬多才能肥多；單吃草的豬糞連臭氣都沒有，哪裡還有肥效。

飢餓和勞役折磨下，女右派們已經是飽受壓榨，心力交瘁。然而，陳殿邦這條色狼，無日不在打他的下流主意。他覺得自己不僅精神上淩駕於這些女性之上，而且，她們都應該成為他的欲望對象。在這裡，沒有什麼紀律法規可以約束他了。

為此他也真是煞費苦心，先是高壓，接著是各個擊破。先找誰呢？第一位被選中的，是個帶著孩子的孀婦。他以照顧為名，為她們母女安排了單人房間；又在勞動上照顧她，分配她幹輕活。然後，他就開始到她那裡去鬼混了。這種事，女人們看在眼裡，議論紛紛。陳殿邦卻毫無顧忌，他以開會為名，公然帶著她外出遊玩。歸來後，她的日子也確實好起來。這樣，她「東宮」的名份也就算正式確定了。

幾十年過去，當時受難的女右派們，依然不願原諒她。不僅同居一市互不來往，而且還十分鄙視，甚至有說她助紂為虐的。那時我在總場衛生所，和豬場毗鄰，對此略知一二。女人是有一些責任，但我認為，她首先還是受難者。丈夫屈死，孤兒寡母度日維艱。她也不過是為了生存，一時屈從而已。至於說她參與迫害其他女右派，我認為沒有多少事實依據。當然她只幹輕活，別人就得多幹些重活；然而所有罪過都應該記在陳殿邦頭上。

「東宮」事件之後，緊接著陳殿邦又有了「西宮」。後一位女性是無為鄉村小學的一位老師，很忠厚老實的農家子女。她和前夫我都很熟，如果不是為反思這段歷史，我絕不願往事重提，以免傷害她，尤其是使她早殤的前夫靈魂不安。

他們夫妻倆雙雙罹難，一齊發配到這家農場。來場僅幾個月，男的就被送去勞教，不久後死在了勞教農場。這對妻子來說真是致命一擊，流氓陳殿邦就在這時乘人之危，霸占了她。她家裡還有幾個很小的孩子，孩子們已經失去了爸爸；母親必須活下去。她實在是沒有辦法反抗，為了孩子才忍辱偷生。

多行不義必自斃，陳殿邦某夜直撲到一位女同胞的小屋，遭到反抗。接著，這位女性的丈夫，當時是下放幹部，他一張狀紙遞進法院。陳殿邦終於被依法逮捕，到了他早就該去的地方。

一九七九年，中央五十五號文件下達，基層右派的問題得到改正；其他的歷史遺留問題也有很多得到甄別平反。這是胡耀邦同志主政期間，平反冤假錯案，深得民心，也是耀邦同志最大的功勛政績。但和所有變革時期一樣，總會有魚龍混雜泥沙俱下的情況。一些貨真價實的罪犯，也企圖鑽空子來逃脫法律懲罰，或改變自己的身分。

陳殿邦就是這樣，他當年強姦多名女性而受到懲處，這本是法理昭彰的事。未想到這一時期，一些握有實權的領導幹部，居然為他來開脫罪名了。

一天，我在蕪湖市一條路上遇見盛明華，只見她行色匆匆，有股急不可待的神情。我忙問她，忙什麼呢？她說告訴你一件急事，陳殿邦在鬧平反，材料已經報到地區來了，省裡還有人在為他說話。

我一聽也懵了，這樣的惡棍斃了他也不冤，怎麼可能平反？那公理何在？道義何在？我連說，這決不可能。盛明華笑我說，你別書生氣了，司法部門也不是生活在真空裡，什麼怪事都會出的。她說，要不是她這個政法委祕書寫信給當時的省委書記張勁夫同志，說不定陳殿邦的平反結論都批下去了。

我忙說，那你可得抓緊啊！那些死了的、活著的、受過陳殿邦侮辱的右派們，都會感謝你的。

盛明華說，這不是什麼感謝不感謝的問題，而是要維護國家法律的尊嚴。必須打擊犯罪分子，保護公民的正當權益。她還說，司法程序你不懂，陳殿邦的問題已經弄到這一步了，要阻止它同樣是很困難的。

她沒時間和我說閒話了，辦正事要緊，說罷就匆匆走了。

幾個月後，我再見到盛明華。她興奮地告訴我說，陳殿邦復查的結論下來了，維持原判！然後她向我詳細地介紹了和陳殿邦及其保護傘鬥爭的經過，雖說不上驚心動魄，也是衝破阻撓幾經反覆的。

情況果然比我們想像的複雜得多，地區法院已經開始審核陳殿邦的案件，首先要使這個討論暫停，不然平反結論一做出，想改變就難了。怎樣才能中止整個過程？盛明華只是個小科長，沒有這麼大的權力。但是她有責任向各位領導反映陳殿邦案件的真實情況。陳殿邦這次鬧平反的能量很大，連省裡也有人打了招呼。他的申訴書寫得振振有辭，說他只是酒後一次強姦未遂；在當時極左路線指導下，判得太重，冤枉坐了很多年牢了。至於和一些女右派有不正當關係，那是雙方自覺自願的，大不了只是生活作風問題，女方未告就不構成犯法。

聽聽這些話，不也蠻有道理的嗎？說那一次強姦未遂是事實，被侮辱的女右派未控告也是事實。那時錯判了許多案件，也是事實。所以政法部門的主要領導之間，對此案的平反就有人支持，聽說還出現過三對三的僵持局面。

盛明華堅持要說服他們，這些領導都是懂法的，他們強調，要以事實為依據，以法律為準繩。而問題在於，陳殿邦的檔案材料上，最缺乏的就是那些受辱女右派的控告材料。

二十多年過去了，當年遭受陳殿邦侮辱和迫害的女性分散在各地，有的已不在人世。即使能找到她們，難道還要挑起那塵封了二十多年的的傷痛嗎？那對她們本人和家庭又是一次新的傷害啊。盛明華挺身而出，一次接著一次在這些領導面前陳述真相：什麼叫生活作風問題？那指的是普通人之間的感情越軌。陳殿邦是場長，他掌握著權力，那是以權欺人。那些女性還不是被錯劃右派後，勢單力薄抬不起頭，才會被這個流氓侮辱！能把這種仗勢欺人的案子，開脫為生活作風問題嗎？如此，法律的尊嚴何在？公理正義何在？怎麼談得上保障婦女的尊嚴和權益？

不僅是盛明華堅持反駁陳殿邦的平反訴求，其他當年的見證者如江秋雲等也通過不同管道反映陳殿邦的惡行。虧得當時中院院長也是被錯劃的右派，他瞭解當時的情況，這樣，審理陳殿邦平反的事暫時停下。

盛明華知道問題還未了結，因為政法委只是擱置討論。這期間，他們還未收到地方上原判決法院上報過來的材料。萬一原判法院做出平反結論再報上來，阻止陳殿邦的平反就更難了。為此，盛明華專程去了原來審理陳殿邦案的廣德縣法院。果然，法院領導正在討論這事，是不是省裡那位領導也打了招呼？看來地方法院傾向於給陳殿邦做出平反結論。盛明華急了，她三番五次找到縣法院各位領導，向他們介紹了陳殿邦豬場作惡的劣跡。好在門口塘農場就在廣德縣境內，瞭解實情的人還比較多。縣法院經過調查，終於停止了對陳殿邦案件的復查。

按說這事到此應該結束了，未想到麻煩還未完。盛明華為受辱女右派伸張正義時，惡人陳殿邦也未歇著。他四方奔波，竭力為自己開脫，甚至倒打一耙。果然，省裡那位身居高位的人發話了，他要地區有關部門掌握好大方向，不要因個別當事人的個人意氣而受到干擾。此領導「頗有感情」地說，陳殿邦那時在當場長，他負有改造右派的責任。他對盛明華等右派可能嚴厲了些，但主觀願望還是希望她們早日改造好嘛。這些右派們不能為當時受了苦，現在公報私仇。至於生活作風問題，那也是一個巴掌拍不響。領導說，不能脫離當時的實際環境看問題。一句話，他在施壓地區政法委，支持為陳殿邦平反。

盛明華這下可氣壞了，什麼叫公報私仇？什麼叫一個巴掌拍不響？究竟誰在干擾正常的司法秩序？盛明華再次發揮了她的倔勁，她立即趕到省裡，決心挫敗陳殿邦。到了省裡找誰呢？她想到了省高級人民法院齊副院長。這位幹部聲望較好，人們認為他辦事公正，善聽群眾呼聲。在齊副院長面前，盛明華對支持陳殿邦的意見做出了逐條反駁。她說，不錯，那些受害者當時確實是右派，不像現在才改正，才被看做正常公民。退一步說，即使她們都未改正，仍然是右派；再退一步，即使她們真的是貨真價實的犯罪分子，他陳殿邦有權肆意凌辱她們嗎？什麼叫公報私仇？豬場受害最深的，是無為縣鄉村女教師們，盛明華和她們既不同鄉也不同行，過去不認識現在也極少來往，怎麼就是報私仇了？就算是本人那時受到了陳殿邦的非人虐待，現在控訴他也完全有這個權利，也不能說是報私仇。再說，身為政法部門的幹部，對熟悉的案例向有關負責人介紹情況表明態度，這是一個司法幹部應盡的責任。怎麼叫干擾大方向了？倒是那位省級大幹部，他也不是司法系統的，卻為了和陳殿邦的私人關係，到處插手，輕易表態；這是徇私情還是在撈好處？

那位齊副院長果然是位名副其實的好法官，他聽取了盛明華的分析，親自調取了陳殿邦的案卷，由省高級法院經過認真研究；結論是完全同意盛明華的意見。至此，陳殿邦翻案的鬧劇終於收場。

據說，陳殿邦在碰得頭破血流之後，無可奈何地嘆道，他到底還是栽在一個女右派手裡了。作惡多端者，這本來是他應有的下場，然而，如果不是盛明華的堅持，那些女右派的屈辱怎能浮出水面？正義又何以壓倒邪惡？

二〇〇一年五月九日於廣州

二〇〇一年六月八日二稿

難友張忠雲和她的〈憶往事〉

張忠雲女士出生於一九三三年，她和她的丈夫梁榮慶都是一九五三年鳳陽農業專科學校的畢業生，在校期間主修林業，是黃山地區林業部門急需的技術人才。不幸才工作了四年就經歷反右運動，她們夫妻一九五八年雙雙被劃為右派。當年五月，張忠雲從屯溪被發配到門口塘農場監督勞動，我們因此成為難友。

在肆虐安徽的大饑荒劫難中，張忠雲父親於一九六〇年在家鄉餓死；張忠雲困在農場，連送葬也不可能。她也曾在養豬場和其他女右派一起養豬，就是在那裡，張忠雲頭部受傷，留下終身殘疾。其夫梁榮慶受到的懲罰更為嚴厲，他被停發工資，遣送到黟縣深山裡的生產隊勞動改造，每月僅得生活費十二元。

一對苦命夫妻，從一九五八年開始分居兩地，將近二十年。兩個女兒隨母親顛沛流離，丈夫獨自忍受磨難，在文革中幾近喪命。張忠雲忍辱負重，挺過了這一切；卻沒想到，歷盡二十年折磨，夫妻團聚在即，梁榮慶突遭車禍，因公殉職。他那無辜者的血，永遠地留在了黃山主峰西南部的黟縣山溝裡了。

我與張忠雲自農場一別，再未謀面。難友陳炳南君平反後在農委工作，曾數次去屯溪市看望過她，我因此得知她們夫妻的不幸遭遇。

張忠雲晚年抱病殘之軀，完成長文〈憶往事〉，並將此稿贈予我們幾位難友。我曾和她聯繫，並計劃前去探望她；卻沒想到她已於二〇一九年十月八日仙逝，終年八十六歲。

張忠雲的〈憶往事〉從未發表過，我將之公開之前，理應徵求張忠雲的女兒們的同意。但我打過幾次電話，暫時未能聯繫上。擔心以後遺稿散失，不能傳諸後世，而且我自己也已是風燭殘年，所以在整理拙著時，我還是決定將此文收入。我相信張忠雲能理解我的心意，為世人留下這份遺言，避免悲劇重演，是我們作為倖存者共同的歷史責任。而從我個人來說，也以此方式，寄託我對亡友深深的懷念。

茆家昇謹識

二〇二一年十月四日

憶往事

張忠雲

一

一九三三年秋，我出生在淮北的一個偏僻鄉村，那裡交通不便，土壤貧瘠，雨多即澇，少雨即早。家中雖不至於缺吃少穿，但也並不富裕。祖母過世早，父親兄妹四人，祖父和父親均不管家事；家中一切事情都是二叔和我母親主管。二叔主外，母親主內。我兄妹五人，哥哥老大我居二，還有妹妹弟弟三人。

我們兄妹三人先是由母親帶到我外婆家，跟教私塾的舅舅上學；那時還沒有小妹和小弟。大約是一九四三年，外婆家附近辦起了學堂，我們才轉入學堂上學。

抗戰勝利後的第二年，母親又找人在縣城租到房子，這時已有了小妹。母親帶我們兄妹四人，還有原在縣城親戚家借讀的姑媽，一起在縣城讀書。一九四七年我小學畢業，考入縣城一所女中。一九四八年縣城解放，租的房子被炸毀，母親帶我們又回到鄉下。時局未定，我們就暫住鄉下，我有時和村姑們一起下地剜野菜，拾柴禾。

到了一九五〇年，母親想讓我們繼續讀書，但縣城房子難找，姑媽就帶著我和大妹住在她同學家院裡的一間空房子中。這時哥哥已經去南京石城中學讀高中，姑媽也早初中畢業。待姑媽找到工作後，我和妹妹只有住進學校簡陋的集體宿舍。暑假我初中畢業，家中生活緊張，繼續上高中有困難，母親也一再考慮並和我商量，讓我報考中專，便於及早出來工作，減輕家中負擔。

當時母親的意見是叫我報醫專，但我怕當醫生。剛好這時省農業廳在鳳陽縣辦一所農業高級中專。有同學來勸我一起報考，說入學後享受公費，吃飯不要錢。我那時看到蘇聯電影中的集體農莊，女拖拉機手開著大型聯合收割機，在一望無際的金色田野作業，很是威風，這該是多麼自豪的事啊。所以，我就決定報考這所學校。

二

考進鳳農後的第一學年是學普通課程，二年級時才分選專業。省農業廳根據國家需要，要設立農業、林業和畜牧三個專業，農科五個班，林科兩個班，畜牧一個班。

當時大家都選報了農業，沒選林、牧專業。校方多次動員，大幅標語貼到各班教室門邊，號召黨團員帶頭。我所在四班是學校的模範班，我雖不是團員，但正在申請入團。結果我們班上百分之九十以上都放棄了農業專科而報了林科，我也就學了林科專業。

學校是在華東煙廠的舊址上改建而成，只有幾排新蓋的教室，緊靠津浦鐵路的門臺子站。每逢火車經過，都影響到我們上課。不但環境差，生活也很艱苦，一些男同學甚至都吃不飽。校方就發動大家開荒種菜，生產自救。

後來，學校又搬遷到明代皇帝朱元璋做和尚時的龍興寺新址。雖然環境有所改善，但學校也仍然在擴建中。高二的暑假我就沒有回家，在學校為蓋大禮堂的工程挑磚搬瓦，肩膀都被壓腫但始終堅持著，一來省下了回家的路費，二來那時也崇尚勞動光榮。

記得還有一件難忘的事，就是在開設兩班林科專業班後，因教室少不夠用，我們這兩個班就暫時借用了一個林場裡的空房。我們共有十多個女生，大家都住在一小間空房裡，打地鋪睡覺。有一天夜裡，一位同學李百松感覺臉上有東西爬，下意識地用手一打。第二天起床後發現，鼻子破了一點；她這才恍然大悟，可能是昨夜一隻老鼠爬到臉上咬的。她是我的同鄉，現已經去世了。

三

一九五三年暑假畢業，國家極需要各方面人才，我連回家看看都沒來得及，就打起背包奔赴皖南山區。我們十七位畢業生，由同班同學梁榮慶帶隊。一九五四年，我和梁榮慶結為夫妻。

我們來到當時的皖南行署（現在的黃山市）所在地屯溪，報到後由行署人事科分配，有的同學到其他縣工作，我和另外三位同學留在屯溪，分別在森工局和森工採購站工作。

一九五四年各縣要求成立林業行政機構，行署就把在森工部門工作的林業技術幹部全部調到各縣政府。我開始被留在行署建設科，梁榮慶調到黟縣林業科。後因工作需要，我也被調到黟縣。

我們在黟縣，梁榮慶負責搞林業調查，籌備建立林業工作站和苗圃等，我在科裡經辦各項工作。直到一九五五年，科裡才配備了一批急需的工作人員（會計、護林員等），一位剛從部隊轉業的幹部當科長。後來，林業科改建為林業局。

一九五五年秋，各鄉、公社的植樹造林活動開展得轟轟烈烈。當時的口號是「向荒山進軍，消滅荒山荒地，造福後代」。我們非常繁忙，除綠化荒山外，還要做好現有的封山育林工作。有時半夜聽說山林發生火災，我們立即穿衣起床，直到撲滅林火才回。

那時我還是《徽州報》、《安徽林業》、《中國林業》等刊物的通訊員，業餘時間寫了一些有關林業生產、綠化進程等小文章。

四

大約在一九五七年夏季某日（記不得哪天了），我起床後把門打開，感到很吃驚：不知道什麼時候，房門外、門上、窗上和牆上都貼滿了大字報，說我對社會主義不滿，反領導反黨。

真是莫名其妙，幾天前我還得到邀請，參加黨的整風會議。我是團支部委員，又是黨的培養對象，在會上我提了點意見和建議，怎麼就成了反黨反領導了呢？

後來我才知道，縣裡打右派達不到百分之五的既定要求，又加上省委書記曾希聖提出，誰反對「三改」就是反領導，反領導也就是反黨，因為領導是黨派來的。這樣一來，幫助黨整風的運動演變成全國浩大的反右鬥爭。

記得有一次接到母親來信，她說現在要辦農業高級社，家中農具、耕畜都要入社等。在閒談中我和同事們說，辦什麼高級社？現在不是很好嗎？農作物收成不錯，大家的日子過得也蠻好。還聽說旱地要改水田，我們家鄉都是旱地，又沒水，怎麼好改水田？缺水稻子能長出來嗎？

哪知這些隨意閒談竟成為反對「三改」、反對「三面紅旗」的罪證。在那個年代，一夜之間變成壞人、反革命，真是再簡單不過了。因此，我也成為了不折不扣的右派分子。一九五八年的三月宣布對右派分子的處理，我被撤職、降級，開除團籍，送農場勞動改造。五月初，我被送往廣德縣的門口塘幹部農場，這算處理較輕的。我愛人梁榮慶也被劃為右派，他處理較重，只給十二元生活費，和一批「右派分子」被送往深山裡的公社，在貧下中農的監督下勞動改造。

當時不准帶孩子，我的大女兒還不到兩歲，她是一九五六年七月出生的。在我的要求下，領導同意將孩子送往合肥我愛人家中，由我婆婆照料。去合肥的時候，只准把孩子送回家，卻不准我回家住。我也是被人押送去的，住是在訂好的飯店裡。當晚，我向押送人員請了兩次假，前往家中看望孩子。因她太小，一下離不開我，肯定會哭鬧的。第二次回家時我看到，奶奶已把她哄睡了；我又含著淚慢慢離開家回到飯店。

第二天一早就乘車趕往廣德，廣德縣到農場還有三十里路。那時不通車，只有步行，走到農場已是下午。押解員把我交給農場，辦完一切手續便離開了。我把隨身帶的一點東西放下，還不知住什麼地方，馬上就有一人帶我到附近一個生產隊裡去勞動。記得一個女的狠狠地扔給我一把鋤頭，我就跟著她幹。天已經黑下來，還下起了小雨。我跟著人們高一腳低一腳地趕回隊部，拿到自己的東西，換上乾衣。晚飯後，他們又把我帶到一位農民家中。我和來自蕪湖、和縣的兩位下放女幹部一同，住在很破舊的一間房子裡。蕪湖來的那位是護士，就在場部門診所工作。

在生產隊勞動了一段時間，總場把我調到場部生產辦公室。因門口塘有的地方屬於丘陵地段，種農作物易造成水土流失，栽果樹比較適合。他們從我的檔案中得知我學過果樹園藝，就把我調去勘察土地，做種植果樹的規劃。到一九六一年底離開農場時，我們栽下的桃樹已開花結實。

我在農場也養過豬，記得是一九六〇年二月底的一個晚上，有幾個種豬要產豬仔，我們幾個飼養員誰也不敢馬虎。有頭母豬產仔不順，我一直待在它身邊，等小豬生下後把老豬餵好，給小豬洗好已是第二天早上了。自己洗漱好後，隨便吃了點東西，我又把體弱的小豬用枕巾包好，帶上床休息。一覺醒來，我發現自己左邊的手不能動了，起先還以為是做夢，可是再用力也抬不起來。我用右手使勁才把左手臂拉到身上，這讓我驚恐萬分，便大聲哭叫起來。大家為我叫來場部的兩位醫生，做了初步檢查，給我開了點藥，叫我安靜地休息。

一年一度的「三八節」到了，場總部召開婦女大會，我也不能參加。只覺得左臂更難活動，連左腿都有點不聽使喚了。無奈只有慢慢移步到離豬場不遠的家屬宿舍，那都是草編的泥巴房；我進了老馬家。老馬是當塗縣下放的，她媽媽是位慈祥又熱情的老人家。她見到我很驚訝地問我怎麼了，我就像見到親人一樣痛哭不止。當晚，她老人家留我住在她家裡，由她們母女倆照顧我吃喝拉撒睡。幾天後，還是不見好轉。老馬把我的情況又向場部領導反映，他們馬上派人到老馬家告訴我，決定送我到安徽醫學院第二附屬醫院神經科住院治療。住了幾個月，做了各種檢查，情況雖有好轉，但沒查出是什麼病。最後診斷書上寫的是腦蛛網膜炎，出院時我已可站起來，扶著東西慢慢移步。

那時的醫療條件不像現在，無法做CT檢查，只有老式的方法。如做氣腦，就是把空氣打進腦子裡。另一種檢查是腦血管造影，就是把藥水打進腦血管裡。兩種檢查都要我用力搖晃頭再拍片子，這在當時有很大風險，而且也很痛苦。由於醫生技術不過關，藥水總是打不進去，而我已經感到吃不消了。無奈，醫生在我頸部開一小口打藥水，依然是很痛苦，我想電刑也不過如此了。到現在，我的頸部仍留有一小刀疤。從片子上可看到，我的右腦部有個芝麻大小的粒狀物（至今仍存在），就是它使我半身不遂。當時我沒能得到及時治療，再一方面，也許是那種政治空氣極左的年代，介紹信上都要注明病人是右派，院方不敢為我很好地治療（我猜想）。做那種危險的檢查也只不過拿我這個右派做試驗而已（猜想），就是死了也沒有多大關係。

我曾告訴醫生，在農場養豬時，因身挑一百多斤重的豬食擔子，進豬倉時不小心，頭碰到低矮豬倉的門頂框上。當時頭很暈，三四天後就發生左半邊身體行動不便的情況。也許右腦的那個小顆粒就是頭部撞傷的一點淤血，可醫生始終沒有提起此事。

住院期間，我還睡在床上，生活不能自理。有一天，我的小妹——霞妹背著自小有殘疾的民弟來看我。她告訴我說收到家鄉同學來信，說我們的父親已餓死在床上。死後無法下葬，村裡還走得動的人做好事，用母親陪嫁的衣櫃把父親裝入埋下。母親一九五九年去世，弟妹跟大妹住在合肥。得知噩耗，我們姐弟只有痛哭一場，沒有任何辦法來祭奠父母。沒能為父母盡孝，這是我們姐弟最心酸、最痛苦、最難忘的大事。

大約是一九六〇年的八、九月份，我出院後回到農場。休息了幾個月後，生活基本可以自理，也能參加一些力所能及的勞動。場裡安排我在飼養場養兔子。

一九六一年摘去右派帽子，同年底，我和另外幾個一起去農場的摘帽人員回到徽州地區，我被分到剛成立的工業品站（現市百貨公司）做財務工作。我原來連算盤都不會打，一切從頭學起，每月工資二十九元。一九六二年我得到平反，恢復了原有的職務、級別、團籍和名譽，每月工資定為四十四·五元。

五

這時，我愛人梁榮慶的右派帽子還未摘去。他仍在深山裡的生產隊勞動改造，每月只發點生活費。後來他也摘帽了，回到林場工作。

我改行後，開始記賬處理的是針織品和五金兩類商品，這其中又有幾千個品種。我不熟悉業務，所以比其他人付出得更多。我只有白天黑夜地加班加點，待逐漸熟悉後，做起來也就簡便多了。

沒想到的是，到了一九六六年，又開展了什麼文化大革命。經歷過「反右」，我仍心有餘悸；所以我雖參加過多數派，但從不和別的派別爭鬥什麼。就是單位內揪出所謂牛鬼蛇神，我也只是隨波逐流地批評幾句。每天上班，我都是全身心投入工作，從不敢和人多言多語，就怕又有禍事從天而降。

有一天我在單位門口值班，大女兒匆匆跑下來在我耳邊小聲說：「媽媽，樓上有人貼你的大字報」，即刻我的心就忐忑不安地狂跳起來。我裝著到樓上拿東西，去會議室看了一下。原來是我隨大流貼別人的大字報，別人寫的大字報又接著我寫的繼續貼；猛一看我的名字就在別人大字報的上面。才上小學四年級的女兒看到我的名字，就以為是別人貼我的大字報。這真是有驚無險。在那個時代，不懂事的孩子也生怕父母出現什麼不幸的事情。當我把事情說清後，她才一改驚恐的表情，臉上露出了笑容。

六

這一災難性的運動我總算熬過去了，到一九六九年相互揪鬥算告一段落。接著又是清理階級隊伍，精簡機構，幹部下放勞動等。這時我心裡又不平靜了，儘管最高指示也闡明，老弱病殘不在下放之列；而且，我在農場病後左手仍不靈活，腿也不大聽使喚；但根據我的家庭和個人情況——愛人梁榮慶仍被關在群眾專政指揮部裡——單位在極左思潮影響下是不會放過我的。

當時，商業部門五大公司合併，成立生活資料站，多餘人員下放農村。果然我也在下放之列，而且不符合下放條件也要下放的不止我一人。有的人胃下垂，聽說單位特別派人到外地給他買胃托，戴上胃托也得下放。有的人曾經胃切除，也被下放。誰敢吱聲？心中再明白也只有服從。

有一天中午，我下班回家，剛出大門口不遠碰到黟縣林場一位工人。他很驚恐地把我拉到無人的地方，告訴我說：「老梁跑了，造反派到處抓他，你要小心。也不知道他到哪裡去了，他怎麼活下去？」他也不敢多說，就含著淚走了。

這時我的心跳得都要掉下來了，不知又將發生什麼事情。我不敢吱聲，也不敢告訴孩子。每天上班在批鬥別人的大會上，我還要隨大流，大聲地批判別人。在集體唱革命歌曲時，我也要放開喉嚨高唱。但每晚下班回來，把孩子們安頓睡著了，我在床上翻來覆去睡不著。我想到我的愛人不知在哪裡，也不知是死是活。聽人說，他是從關他的會議室砸窗逃走的。他身上只穿了一件汗衫、一條褲頭。

一天我在老街針織品批發部值夜班，晚飯是從食堂打回來，和孩子在辦公室吃的。我出門倒洗碗水，忽然看到一個人影閃過。這人有點像榮慶，我的心又跳起來，生怕孩子看見。原來真的是榮慶，他看到左右無人，便小聲對我說：「我已經兩天沒有吃東西了。」我叫他快走，我說待我晚上九點下班回家後，到洗衣河邊上的小巷子裡，我給你搞點吃的。

下晚班後回到家中，我用小炭爐煮了點爛飯（怕他吃乾飯不消化）和六隻雞蛋，還包了一小包鹽和茶葉。我將食物放在一個小水桶中，上面放著我們回來洗澡的衣服、肥皂和棒槌。臨下河時，我還在街邊的小攤上買了兩片西瓜。到了河邊，我看到他站在黑黑的小巷口。這時已經是十一點多鐘，四周沒什麼人。我叫他到河邊黑的地方，趕緊把吃的東西給他。

他只吃了兩片西瓜，其他東西他吃不下。我又叫他先抹抹澡，換上我帶給他的換洗衣服。他把他身上僅有的一隻手錶給我，並說不想活了也不能活了；抓回去也會被打死，特冒險來看看我和孩子，死了就算了，實在是受不了。他叫我把這隻錶賣了，還可補貼一點家用。

我當時勸他說，千萬不能死，總有一天會弄清楚的。好人就是好人，壞人就是壞人。不清不白地死了永遠做個屈死鬼，你能瞑目嗎？還有近八十歲的老媽和兩個孩子，你就這樣輕易地離我們而去，能忍心嗎？我又給他六元錢，叫他今晚千萬別回家，他們早就布下崗哨監視著呢。我說，近來屯溪的風聲很緊，你繞道走林間小道出了徽州地區，去合肥看看老媽，就到鄉下姐姐們家去，不要出來。你等等看時局究竟如何，我想不會長久這樣下去的。我把錶還給他叫他放心，急用時把錶賣掉，步行累時也可搭乘一下車。我說希望你能快點到合肥，我就催他快走。我洗完衣服剛上床不久，就聽到對面的居委會裡和老大橋上人聲嘈雜，還有緊急的腳步聲。我的心又狂跳起來，就怕是榮慶被捉了。可是第二天我也不敢打聽，別人也不告訴我。我心中很不安，卻還要若無其事地去上班。

兩三天後，單位裡造反派開會，在會上單位群眾專政組有人說：「我們單位裡有人暗藏反革命，如果再不交代，就以包庇反革命論處。」我想，這等於是不點名的點名嘛。散會後我即去群專組，我說剛才有人在會上說我們單位有人包庇反革命，這件事我要向組織上問清楚也講清楚。聽傳言我愛人被專政後關在房子裡逃走了，如果有人看到我把他藏在家中，為什麼當時不向組織上彙報？請這位同志現在站出來說好了。我心想，反正他沒有到家裡來。我理直氣壯的話語一出，他們反而以和氣的口吻說，也不一定說你的，沒有那就更好嘛。他們也沒有再追問下去，但我心裡有數，榮慶的確是沒有到家裡來。如果有人說看到我在河邊和他說過話，他也沒什麼證據，我死也不會承認。

到一九七一年，全國形勢有所好轉。革命委員會成立了，被專政的人也慢慢得到解放，安排工作。我愛人仍回林場，這時他才有了回家來看望我們的機會；也才把他被揪鬥的整個情況告訴了我。

那大約是在一九六七年，他曾帶一位工人的兒子來屯溪；那孩子是個啞巴，他帶過來找外地來屯溪的軍醫，當時說是用針灸可以治好啞病。他們在家住了一段時間，治療沒什麼效果就回去了。就在他回去的當天，剛下車到林場，就被林場的造反派抓住，把他綁在樹上，叫他交代問題。繩子綁得他全身發麻，他還沒反應過來是怎麼回事，人就昏過去了。從此就像坐牢一樣，一切行動都有人監視，吃、喝、拉、撒、睡都要報告；還被不斷批鬥。

有一次批鬥，叫他跪在玻璃渣上，雙膝出血才允許他站起來。又有一次用細繩子把他吊起來，有時是捆著兩個大拇指，也直到痛得昏過去才放下來。夏天熱，林場蚊子又多，不讓洗澡，不給蚊帳，一直關在會議室裡。他感到生不如死，實在受不了，半夜從窗子上逃了出去。

當時他被剃了陰陽頭，就是頭髮被剃掉半邊，渾身又髒又臭。他偷偷到那位有個啞巴孩子的工人家中，求他們幫忙。那工人知道他不是壞人，但當時誰又敢為專政對象幫忙呢？看他那樣實在可憐，就給了他一頂舊草帽、一套舊衣服、十塊錢，讓他趁黑趕快走。他哪敢停留，在黑暗中踏上無目的的路程，碰到便車也搭一段。那時誰看到這樣的人，心裡也明白，知道不一定是壞人。

就這樣，他一直逃到江西景德鎮。在那裡找了一家小理髮店，裡面人不多，他才把另一邊頭髮剃掉。白天他躲到一個公園的深處，晚上出來買點東西充饑。幾天後身上分文都沒有了，挨餓的味道是難過的，他便到一些小街道幫別人搬西瓜。他不要錢，只討兩片西瓜吃。有一次在街上，看地上有別人不慎掉下的包子；他很想撿起來吃，卻還是不好意思。

這時我才搞清楚他為什麼逃走，為什麼回屯溪，為什麼不想活了。

七

一九六九年下放時我向單位領導反映說，我不能去黟縣，因為我的愛人關在那裡。人要臉樹要皮嘛，我如去黟縣，人們知道了我就是那個「反革命」老梁的愛人，而且手腿都還有點殘疾，就知道你們為什麼下放我了。我還帶著四歲的孩子，把大女兒丟在屯溪，去到那裡我不可能安心勞動，我也不屬於下放對象。他們考慮我說得有道理，後來改派我去東關生產大隊。那裡屬屯溪郊區，公社離屯溪較近。

大女兒剛上初中，我下放的地方還沒有中學。她一直在我身邊長大，忽然一下離開母親，生活各方面都要自理，她很不習慣又很想我，所以常常回家。我問她，不是星期天怎麼回來了？她不是說老師學習就是說老師開會。我怕她的學習受影響，總是罵她不要常回來，要在學校裡好好讀書。有一次下午她回來，我又說她不該回來，哪知到吃晚飯時到處叫不到她。鄰居老太太幫忙也找不到，老人對我說：太晚了路上常有狼出現，你說女兒做什麼？回來就回來唄。這時我心裡非常不安，晚上也難以入眠，只有淚水滾滾，心裡也後悔。我也知道孤獨、想家的味道是不好受的。第三天下午是星期六，她終於回來了。我真是悲喜交加，淚水不禁又流了下來。從這以後，只有星期天她才回來，我也得到不少安慰。

可後來有人告訴我，上課的時候曾在街上看到她。她的學習成績也逐漸下降，而小學時她一直都是「三好學生」。大約是一九六五年，越南胡志明主席來我國訪問，曾來過黃山，還到她們所在小學參觀。她和一位同學一起給胡志明主席獻過花，現在有的功課竟然不及格，我很氣憤，也很心酸。

那時政治活動多，孩子馬馬虎虎混到了畢業。雖然考取了高中，由於初中基礎差，成績就是上不去。同時高中又改制為兩年，混到一九七五年就算畢業了。當時我被評上屯溪市下放幹部先進個人，身體又不好；組織為了照顧我，沒讓女兒下放到生產隊去，而是留在了附近的種豬場。那時下放農村是與農民一樣記工分，而下放在農場就是拿工資。這是一般人想去而去不了的。

一九六九年十月份，單位裡敲鑼打鼓把我送到新潭公社的東關大隊。我當時還帶著四歲的小女兒，每天到貧下中農家吃飯，交錢和糧票。社員都發現我一隻手有殘疾，拿不住東西。他們也知道毛主席說過，老弱病殘不下放嘛。我只好說接受貧下中農再教育，人人有份唄。後來，他們沒有讓我和農民一樣去下田，而是叫我到村裡一個供銷點上，幫忙整頓改進。那裡原有一殘疾社員，據說老是虧損。我去後不久，小店轉為略有盈餘。而且我有工資，不需要當地付什麼報酬，等於是無償服務。

為了方便群眾，我就住在店裡，那裡也只能鋪下一張床。不管多早和多晚，我都是隨叫隨到。因此，農民、生產隊、公社對我都很滿意；我被評為下放幹部先進個人受到表彰。

還記得下放期間，我差點命喪黃泉。一九七一年秋天，乘社員下田勞動，我抽空去菜地澆水，不慎掉下水塘。四周無人，幸虧我那只好手抓住了一棵小樹發出的樹根，才慢慢爬了上來。天已經快黑了，我挑著糞桶，上衣都溼了一半，感覺身上很冷。回到店裡，已有社員在等我買東西了。我放下糞桶，給社員買好東西才去換衣服。聽社員說那口塘很深，到塘底有三丈多，掉下去很難撈上來。這時我才覺得好怕，至今想起來都心有餘悸。當時兩個女兒還小，愛人仍在勞動改造，真的那樣死了，怎麼閉眼啊！

八

一九七二年黨的政策又有所變化，下放插隊的知青勞動表現好的，可推薦去上大學，也可被招工回城。下放幹部也有的回原單位，或調到其他單位工作。一九七三年，我調回屯溪城裡，分配到屯溪市新成立的一個單位當會計。我愛人梁榮慶這時也回到單位參加業務工作，一切總算都安定下來。

我愛人申請平反，可不知為什麼平反工作忽然停了下來。我管他平不平反，只是想到，如果他不能調出來，以後還有運動，那他會死在那裡的。我就趁假期或出差的機會，到黟縣市里找領導。我申明自己身體不好，還有兩個孩子，分居兩地生活多有不便，家鄉還有近八十歲的老媽媽（婆婆）要我們撫養，經濟上也有困難。我說屯溪和地區林業部門也需要技術人員，請求組織上給予照顧。經我多次懇求，他們終於答應了。

調令已到黟縣，我又多次去黟縣找林業局領導，讓他們早點放榮慶回屯溪。他們答應說，等這次的機械採伐工程完成後，即叫他回去。我們全家人都在等待，希望這個喜訊早日變成現實。

一九七七年的七月七日，榮慶還到屯溪來出差，辦理工程結束後的事。他要做錦旗，買贈品，感謝當地公社大隊協助他們完成工程任務。十二日，他把東西帶回黟縣。七月十四日，黟縣林業局來電話給我單位領導，說我愛人得了急病。當時我從銀行辦事回來，領導告訴我馬上準備去黟縣。我聽後很驚訝而且還很奇怪，他剛從屯溪回去三天，走時好好的，怎麼會得什麼急病呢？

我正準備出發時，他們又來電話，叫我不要去了。他們說，馬上送他到地區醫院來。單位派人把我送到地區醫院時，我看到黟縣的大貨車上有不少人，另外還有一救護車。有人從車上抬下兩個血頭血臉的人來，也不知哪個是我愛人。這時我幾乎要暈過去了，正是中午下班時間，傷者傷得又重，沒人採取搶救措施，只說馬上轉往績溪雄路的上海後方醫院。趕到醫院時已近下午五點，當即送往急救室，經過幾日搶救終告無效。

梁榮慶於一九七七年七月十九日去世，年僅四十五歲。好好的一個人就這樣離開了我們，而且又是那樣慘不忍睹，叫人怎不萬分悲痛呢！

聽黟縣領導給我說，他是十二日回到縣裡；十四日陪林場書記去山裡工區開會，並給社、隊送贈品。因那些地方不通車，他們是坐場裡的拖拉機去的。在山勢最高的方家嶺下來時，拖拉機翻車了。拖拉機手和車上三個人一起跌下山，機手和一位年輕人得以逃生；林場書記和我愛人隨拖拉機翻到深山七十多米的溝裡。書記抓住一樹根，沒有跌到底，傷得雖重卻還沒致命。我愛人隨拖拉機翻滾，頭部和身體都造成了致命的重傷，等救上來送到黟縣醫院時已很危險。黟縣無法搶救，這才派醫生護士隨救護車送到屯溪來。地區醫院也無條件醫治，決定轉到瑞金醫院，結果沒能搶救過來，以身殉職。

他名義上是因公而死，但那時沒有什麼賠償。單位只開了一個隆重的追悼會，還準備用最好的棺木土葬。那時人們一般都不願意火葬，而我則要求火葬。我想，以前我就怕他死在那個不該死的地方，現在就算死了我也要把他從黟縣帶回家。不然他不會瞑目，我也不會心安。

就這樣，都快走出來了還是死在那裡。直到一九八二年，我才把他的骨灰從屯溪家中送回他的故鄉肥東撮鎮，葬在了他父母的身邊。

九

愛人的突然去世，對我打擊很大。本來我就多病，加上在醫院幾天幾晚吃不下，睡不著，身體就更差了。休息了幾個月後，我帶病上班了。然而在一九七八年，大女兒因婚姻問題離家出走，在我悲痛的心上又撒了一把鹽；我只有帶著小女兒苦度日月。

當時單位是新成立的，連自來水都沒有，每日要挑水吃。小女兒倩兒心疼我，要自己挑水。她才十三歲，看她挑一擔水還要爬幾個臺階才能到家，我的眼淚就忍不住。有一天她上學的時候給我一個小紙條，上面寫著幾句話：「我最高興和最不高興的時候：我最高興的是媽媽哼著小曲和開懷大笑，最不高興的時候是看到媽媽流淚」。看後我心中真不知是什麼滋味，酸甜苦辣湧上心頭，淚水流個不停。我想，這是倩兒對我的勸慰和期盼，是心疼我也是一片孝心使然。她希望我快樂地活著，她離不開我；她沒有父愛，不能再失去母愛了。從此我就慢慢振作起來，和倩兒相依為命，身體也逐漸好轉。

但內心的悲痛總是難以擺脫，於是我向屯溪人事局請求調出農機公司。組織上也很同情和理解，同意將我調往外單位。這時地區百貨公司又從五大公司中分離出來，恢復了原單位。領導聽說我要調出農機公司就直接找到我家，希望我仍回去做財會工作。同時，屯溪人事局也告訴我說，打算調我去剛成立的稅務局會計科。

而我在省裡的同學和我妹妹總想把我搞到合肥去，而且正在多方聯繫。如能搞成，我當然首選回合肥；我愛人的家也在合肥。屯溪這邊催我，我答應說，哪個的調令先到就去哪個單位。結果地區的調令先到，我又回到地區的百貨公司。

一九八五年的十月份，我去上班的路上被後面來的自行車撞倒，造成左腳踝骨骨折。十二月份單位要搞年終決算，我帶著還未痊癒的腳傷去上班。不久覺得傷口處疼痛而且腫脹，經復查傷口是痊癒了，就做其他治療。

一九八六年的三、四月份，感覺行動不便，全身都腫痛還發低燒，我住進了地區醫院。經多次檢查，診斷為類風溼關節炎。中醫稱是外傷後，風寒進入經脈所致；那時我們住的房子的確也是潮溼而陰冷的。醫院用多種藥物來控制炎症，我終日吃不下睡不著，導致嚴重貧血，身體極度虛弱，站都站不起來了。後來我又轉到巢湖半湯療養院，療養了一段時間，病情有所控制並逐漸好轉。但我無法堅持工作，就按制度規定退休了。

一九八六年我辦完退休手續，每月有九十二元的養老金；數額雖是不多，但可以維持平淡的生活。

十

退休後在家休養，身體慢慢得到些康復。在此之前的一九八一年，我和屯溪隆阜中學地理教師晉覺生組建了新家庭。退休後我們一塊兒到外地探親旅遊，我也繼續治療類風溼，到過北京、西安、武漢、貴州等地。我們的生活還算愉快幸福，誰又能料到依然有意外發生。

二〇〇一年，老伴發現便血，多次檢查都診斷為痔瘡。二〇〇二年一月份，他開始發燒，便血，去腫瘤醫院進一步檢查，診斷為直腸癌，馬上住院手術。他高齡八十二了，術後沒進行化療，只用藥物控制；終因醫治無效，於二〇〇二年九月份逝世。

現在，我年近八十，女兒們都還孝順；但她們有自己的工作和生活，也不可能長期陪我。我只有一個人單住，由書報、電視和收音機陪我了此一生。我的這一輩子可以用下面這首詩來概括：

人生征途有美夢，路途險峻奈若何。
坎坷艱辛雖已過，年老病痛受折磨。
少無夫妻老無伴，風燭殘年更無盼。
父母慘死最為憾，憶起往事就心酸。
人間冷暖應自知，依靠他人不現實。
人到古稀殘年後，一切自理是幸福。

二〇一〇年十月草於屯溪

附照片說明（略）

編者注：原文較長，收入本書時刪減了部分文字。

代後記　反右何以深入到基層

——在紀念反右運動五十周年座談會上的發言

二〇〇七年是反右派運動發生五十周年，儘管境內仍視反右題材為禁區，有關方面還在竭力封鎖各類資訊，妄想淡化它遺忘它；但是，這場曠古奇冤，這一導致數十萬人受害、上百萬家庭受株連的大慘案，豈能是說掩蓋就蓋住了？那只能是欲蓋彌彰。

右派分子全稱是資產階級右派分子，一九四九年得鼎後的執政者，自稱是無產階級先鋒隊，兩者似乎是一對天生的矛盾。無產階級要統領天下，就要批判和消滅資產階級。執政者策劃於密室，點火於基層；媒體大肆宣傳鼓動，上級不停下發各種紅頭文件；仗的就是這個理。在一九五〇年代，勉強可稱屬知識分子的人大約五百多萬，新政權的統領者將之全看作顯在的或隱蔽的敵人。

可惜，他們犯了一個常識性錯誤。五百萬知識分子是資產階級嗎？從物質上看，當然不是。他們是以知識為生的，基本屬於工薪階層，完全不占有生產資料。說他們是資產階級，豈非天方夜談？

沒有物質財富，那麼知識分子賴以生存的知識，是否稱得上是資產階級的呢？同樣荒謬絕倫。知識既無國界也無階級性，執政者不可能一點不懂。那麼他們為何要一再整治知識分子？說白了也很簡單，一言以蔽之，是推行與鞏固極權政治的需要！

一九四九年後，執政者忙於經濟所有制的改變。毛澤東發起五大運動和三大改造，前者包括土改、抗美援朝、肅清反革命、三反五反和思想改造運動，後者指的是對農業、手工業和資本主義工商業的「社會主義改造」。其目標很明確，那就是消滅私有制，實行一切生產資料的集體化和國有化。所謂集體化依然是執政者掌控，比如農村政社合一的人民公社化就是如此。

剝奪私有者財產，將私有制轉化為公有制，這是一場社會大變革，涉及到幾乎全國所有老百姓的切身利益。執政者肯定想到了，這一定會遇到抵制和反抗。首先，會有知識分子的不合作和反對。如果聽任他們自由表達，必定會得到有產者包括有土地支配權的數以億計農民的認同。那將是一股非常強大的反對力量，足以使集體化運動夭折，這是執政者最不願看到的結果。

所以，一九四九年之後，與經濟的集體化與國有化同步進行的，就是政治思想的一元化。思想改造的重點是知識分子，尤其是他們中間心懷異志的人。我們看到名目繁多的政治運動不斷展開，一批又一批的所謂思想敵人被打倒；運動的目標就是要讓所有的知識分子俯首貼耳，再也不敢亂說亂動，直到甘心做執政者的馴服工具。他們中間那些高度工具化的人士還可以吸納到執政集團裡，再利用他們來打壓知識分子。這些運動中，最具典型意義的莫過於反右派運動了。被打倒的又豈止是戴了帽子的右派，可以說，反右之後，整個知識界都是萬馬齊喑的局面了。

認清了這個大背景，對這些政治運動的發生和結果，就有了一點整體的領略。比如反右，它既不是開始，也不是終結；只是其中一個環節而已。至於它所採用的是陰謀還是陽謀，或者它如何「引蛇出洞，聚而殲之」……是什麼方式並不重要。

大權在握，五大運動三大改造已見成效；執政者想怎麼整就怎麼整。所謂人為刀俎，我為魚肉。就拿我個人來說，反右時我已經在當醫生了，如果是現在，可以自謀職業自謀生路，我還會老老實實挨批挨鬥，低頭認罪嗎？但當一切逃遁之路都被堵死之後，在尋死和受辱之間，只有一條路可走時，我們這個受三綱五常教化了幾千年的民族，其中絕大部分人，只有後一個選擇了。

這種狀況在經濟領域也是一樣，有鋪天蓋地的輿論控制，有權力部門的強力推行，所有的私產盡入執政者囊中。各行各界從業者，只能在所屬的單位中討一杯羹。

就農民而言，集體化、特別是公社化以及大辦食堂之後，在政社合一的強權統治下，農民不但失去了土地和生產資料支配權，連生活資料支配權也失去了。過去，貧雇農向地主租地是有合約的，如三七、四六或五五分成；貧雇農總還有權支配個人所得的那一部分。

而政社合一的公社化後，農民的勞動成果，皆為國家和集體所有。國家貫徹統購統銷的政策，公社和生產隊交足公糧後，決定著每家每戶的糧食分配權。農民只能憑工分，向政府機構討要自己的勞動所得。食堂化之後，農民微薄的自留地又被收走，家有存糧即是非法。如此，社員只能靠食堂度命。哪一天食堂關門，農民只有餓死一途！這就是所謂三年困難時期，幾千萬百姓主要是農民餓死的真相；也是我們思考反右前因後果的社會背景。

沒有以消滅私有制為目的大規模社會改造，是很難展開各項政治運動的。即使搞起來，也不會有那麼大的規模和殺傷力，因為人們還有逃遁的空間。用王若水的話來說，是有一個市民的空間。同理，沒有一系列的政治運動和強大的輿論攻勢，經濟體制變革也不會畢其功於一役，所謂一蹴而就，跑步進入了共產主義。

所以說，反右派運動是執政者完成經濟改造和政治改造的必經之路，也是他們從這兩個方面合力展開、強制推行的結果。忽略了哪一方面，都難看清問題的本質。

反右運動深入到基層，正是毛澤東的重大戰略部署，基層小右派並非是池魚之殃。

反右運動是整知識分子的，人們對此已有共識。當年的整風組長鄧小平總書記在歷次報告中都說，反右鬥爭是一場政治思想陣線上的大搏鬥，是兩個階級兩條路線的大決戰。簡單點說吧，右派分子都是在知識分子成堆的地方鬥出來的。

五十年前反右時這麼說，二十多年前大批右派改正時，還是這麼說。五十年後多數的研究文章，依然這麼說。應該說，這的確也是言之有據的。不過我認為，這主要是就一九五七年夏季以來的形勢而言。

到了一九五八年之後，情況就有了改變，隨著反右運動向縱深發展，再抓的右派，特別是和右派同等對待的什麼反社會主義分子，主要都不是知識分子了。鬥爭對象已變得極為龐雜，除基層的中小學教師仍可視為知識分子之外，還有大量的小公務員、辦事員、營業員、保管員等勤雜人員，還有更多的不夠資格劃右派，只能劃成反社會主義分子的更低層人員；這其中就有大量的農民和工人市民。舉例來說，據《當代四川簡史》記載：四川全省在反右運動中受到處理的知識分子和黨政幹部共六四七二四人，其中有五〇二七九人被劃為資產階級右派分子。此外，還有四十餘萬群眾被錯誤地戴上「反社會主義分子」等政治帽子受到處理（見李才義著《風蕭蕭路漫漫》一書封底，海珠出版社，二〇〇一年一月第一版）。

反右鬥爭究竟打了多少右派？如果不開放檔案以及進行獨立調查，可能永遠是一筆糊塗賬。同時罹難的反社會主義分子等所謂雜牌軍數字有多少，這就更加說不清了。如果參照《當代四川簡史》資料推算，戴反社會主義分子等帽子的人，應該在三百萬到四百萬之間。而且，這三、四百萬應該都是小人物。所以說，要認清反右的災難，只看到知識分子所受到的傷害是遠遠不夠的。忽略數百萬蒙冤的無辜人群，忽略了同樣受到打擊迫害的基層老百姓，那就叫做只見樹木不見森林。

問題還在於，一場整肅知識分子的運動，為何要傷及廣大的非知識人群？究竟是基層執行者過左，傷及無辜，還是決策者的目的就是如此？具體說吧，是毛澤東本人要把運動像這樣來引向縱深嗎？是他希望在基層推行政治思想一元化，或曰實行興無滅資？長期以來，我和許多人一樣，一直認為反右鬥爭畢竟是整知識分子的，只有知識分子才會和執政者發生分歧，事涉思想路線和方針政策；而基層百姓只知道柴米油鹽，怎會關心到國家層面的大政方針呢？但是，隨著歷史真相不斷被披露，我發現我們都錯了。

反右運動向基層尤其是向鄉村發展，這正是毛澤東的戰略部署。早在一九五八年十月召開的中共八屆三中全會上，毛澤東就表明了自己的觀點。他依然拿經濟體制變革說事，他說全國人口大約有十分之一，即六千萬人包括地主、富農、部分富裕中農、民族資產階級、資產階級知識分子、上層小資產階級、甚至個別工人和貧下中農是「不贊成和反對社會主義的」。毛還認為，全國人口中的極右派、反革命分子和破壞者占了百分之二，即一千二百萬人。這六千萬和一千二百萬，就是革命的主要對象。目標已定，具體數字都定下了，抓你五十五萬右派和三、四百萬反社會主義分子，多嗎？不多，還遠遠不夠呢。

毛澤東說這些話時，反右鬥爭還在進行，主要戰場已在或正在轉向基層。毛說一九五七年只是一個洪峰。整風，以後「大體上一年要搞一次」。「也許那個時候，又要來一次洪峰」，至少「後年要搞一次的」。果然，一九五九年就發生了反右傾運動。這次運動雖說是黨內鬥爭，但矛盾的焦點依然是農業政策，是圍繞著農村如何實行社會主義運動展開的。

有研究者說，反右是因，大躍進大饑荒是果。實際上反右也好，推行總路線、大躍進和人民公社這所謂的三面紅旗政策也好，這樣事關全黨全國的重大決策，都不能看作是毛澤東們一時的信口開河。這些都是毛的重大戰略部署。中國的資產階級力量弱小，屬於小資產階級的工商業和手工業都是以農業為基礎的，控制了農村就控制了全中國，從精神到物質都是這樣的。別看那時農村窮，但基數龐大，一個微小的數字用億來乘一下，就十分龐大。即使是最困難時期，出口換外匯，靠的主要還是農副產品，其中很大一部分是農民度命的口糧。那高達幾萬億人民幣，這實施現代化建設的啟動基金，也主要來自工農業產品價格的剪刀差，是從農村獲得的。

知識分子們也包括我們這些右派，大家看到和談到的，基本是知識界受傷害的話題。這些問題當然要談，而且談得很不夠。但是，更應該看到一九四九年之後，在執政者經濟、政治改造雙重強力的推進下，受傷害最重的還是基層，主要是農民。

從一九五八年到一九六二年的四年裡，中國究竟餓死了多少人？有說兩千多萬的，有說三千多萬的，有說達四千萬的。每一個人的生命價值都是同等的，沒有高低貴賤之分。對人的生命，我們要有敬畏。一場人禍，使數以千萬計百姓被餓死，超過了抗日戰爭的死亡人數。餓殍遍地，屍橫遍野，這是怎樣一幅淒慘的畫面，難道我們能無動於衷嗎？事實能被掩蓋嗎？原因能不追查嗎？禍首能不受懲罰嗎？那天理何在？道義何在？人命真的不值錢，萬物都是芻狗嗎？

今天是紀念反右鬥爭五十周年座談會，反右一役打倒了數以百萬計的各類分子，受到傷害的家庭以千萬計；主要責任人當然是毛澤東。然而，還有一個人不能不提，他就是鄧小平。人稱其反右副帥，這是名至實歸的。鄧當時既是握有實權的總書記，又是整風反右領導小組的組長，當然難辭其咎。儘管如此，我們還是不能把鄧和毛相提並論。毛當時自稱是「大權獨攬，小權分散」，他的地位是至高無上的。無論是鄧當組長還是別人當組長，反右的基本態勢，都不會有大變化。

鄧小平作為反右副帥，是歷史罪人。但他主政後改革開放，支持胡耀邦平反冤假錯案，改正右派，為四類分子摘帽，這些應予肯定，功過要分清。

*本文為二〇〇七年十二月八日作者茆家昇在香港參加由亞太學者學人聯合會和民主中國（香港）聯合召開的反右運動五十周年座談會上的即席發言。

二〇〇七年十二月至二〇〇八年元月整理補充
二〇二〇年十一月再改

基層反右的政治脈絡——與《卷地風來》相關的閱讀筆記

艾曉明

在《卷地風來——右派小人物紀事》一書中，作者茆家昇當年反覆追問過一個問題：這場運動是怎麼了？抓右派怎麼會抓到這麼多基層的老百姓甚至文盲或半文盲頭上？把他們送到農場裡勞改，這對國家有什麼好處？

我在閱讀時也希望找到答案，但我很快意識到，不能僅從受害者的經驗裡來考慮這些問題。因為書中的小人物完全是被動地捲入了這場政治風暴。無論他們當時說了什麼，甚至根本也沒說什麼，他們的命運是事先被設定的，在毫無準備的情況下，他們被指定進入了階級敵人的位置。反右運動五十年之後，茆先生給出了明確的答案：反右運動深入到基層，正是毛澤東的重大戰略部署。

時至今日，已經有很多史料被披露和整理出來，尤其是由美國學者宋永毅團隊整理出版的中國政治運動資料庫等。二〇一五年，宋永毅編輯的十二卷叢書《反右絕密文件》出版了電子版，其中收入了由中共中央辦公廳編輯下發的《情況簡報（整風專輯）彙編》的全部內容（下文簡稱

《情況簡報》），這為我們研究這一時期反右運動的指導方針和發展過程，提供了前所未有的史料基礎。

根據主編宋永毅的說明，《情況簡報》來自美國圖書館的特藏部門，篇幅接近三百萬字：

> 自一九五七年六月三十日到一九五八年四月二十九日，這一簡報共出了六十五輯。每一輯多者達十五萬字，少則也有四千至五千字。在時間上，它們幾乎已經構成了反右整風運動的一部時間順序上的「編年史」。此外，在空間地域上它還涵蓋了全國各主要省市和中央各部，又不乏有全景式的「大事紀」的功用。最後，因為它很大一部分內容是各省市、部委黨組織向中央所做的運動總結報告。其中不僅包含了對運動過程的比較真實的描述，還常常有不少對今天的歷史研究很珍貴的統計數字——如被迫害致死的人數等等。[1]

為瞭解安徽基層反右的起因，我嘗試從這套《情況簡報》中找到一些線索來回應茆先生的結論，即為什麼說基層反右並不是黨內反右或者是幹部反右的延伸，也不是擴大化到了基層，而是由毛澤東直接策劃、由執政黨指揮和推進的必然結果。

我之所以要這樣做，原因之一是在於，茆先生提出的論點，值得擴展開來探討。基層小右派的生命故事，只有聯繫到當時的政治背景才能理解其重要性。可是，當時代的列車碾壓過去以後，構成右派受害者的絕大多數平凡的小人物，因其地位不彰，沒有在反右敘事中形成聲勢，他們的形象和命運並非廣為人知。更悲慘的是，他們中的許多人根本沒有活到一九七九年右派改正，而他們的兒女被剝奪了受教育機會，以至於都沒有能力來保留證言，長輩的受難經歷因此都被湮沒了。

當然，還有另一方面的原因；反右研究在此地仍有限制和出版禁忌，對平民右派和基層反右雖然已有一些研究成果，[2]但還遠遠不夠。

然而，正如作者所說，看不到基層右派——右派群體中最大多數人的苦難，我們又怎能理解反右運動的罪惡之深。而且，我還認為，我們必須考慮到，它將政治賤民的身分推及到如此廣泛的社會底層，因此也重鑄了基層社會。從思想到行動，從語言到文化心理，基層反右極大地鞏固了極權統治對於全社會的管控能力。

一、反右狂風如何席捲到基層

所謂基層，一直到現在依然是一個常見的概念。它通常是指縣級及以下黨政機關、國有企事業單位、村（社區）組織及其他經濟和社會組織。反右之初，很明顯的一個現象是，報紙上披露出來的都是所謂大右派，他們在中央、省、市級大機關工作，是知名教授、學者或民主黨派的負責人，並非是基層的一般人員。那麼這股狂風是怎麼捲到了基層甚至最底層來的呢？

宋永毅談到這一點，他說：

在反右肇始之際，中共確有文件規定在一般的工人、農民中不劃分「右派分子」。這在很長的時間內造成了一種錯覺，即反右運動就局限在知識界。其實，反右運動是一場觸及中國社會所有階層的政治迫害運動。儘管在農村中它不叫「反右」，但仍然有其他形式的運動和知識界的反右鬥爭同步。在工人、農民中不劃分「右派」，不等於不劃分和打擊其他的「反革命分子」和「反社會主義分子」。[3]

宋永毅這段話裡，涉及了三個問題，第一，從在知識分子、民主黨派中抓右派到在普通民眾中搞反右，經歷了一個過程。第二，從一九五七年六月到一九五八年四月，不到一年的時間裡，在中國其實是接連展開了幾場運動；運動的名目不同，但與反右是互相補充和強化的。第三，這些運動的結果即是產生了若干類別的敵人：「右派」、「反革命分子」、「反社會主義分子」。用當時的話來說，被標記為這類人物的做法叫做「戴帽子」。概括言之，反右必須落實到基層，這本來就在主導反右的領袖毛澤東戰略部署裡。

眾所周知，一九五七年五月十五日，毛澤東即寫出〈事情正在起變化〉[4]一文，當時只是發給黨內高級幹部閱讀，普通人是一無所知的。文章說：「最近這個時期，在民主黨派中和高等學校中，右派表現得最堅決最猖狂。」「我們還要讓他們猖狂一個時期，讓他們走到頂點。」他指出：「右派的企圖，先爭局部，後爭全部。先爭新聞界、教育界、文藝界、科技界的領導權」。黨內高層醞釀了三周以後，才在六月八日由《人民日報》發表社論〈這是為什麼〉，反右鬥爭正式登場。當時，反右的鋒芒確實是指向民主黨派、高等學校和知識界的。中共中央〈關於組織力量準備反擊右派分子進攻的指示〉也是下發給省市級機關、高等學校和各級黨報的。這個階段的輿論攻勢確實給了人們一個普遍印象：反右主要在高層知識界開展，而非要將基層社會捲入。

然而在一九五七年的七月中下旬，全社會都要開展反右的部署已經明確。七月十七日至二十一日，中共中央在青島召開省市委書記會議，毛澤東會議期間寫了〈一九五七年夏季的形勢〉，[5]印發給與會高級幹部參閱。毛澤東在這篇文章裡提出幾點：

第一，他定義了右派是反動派、反革命派，這個矛盾的性質是敵我矛盾。

第二，他說明了整風要推向全社會，包括基層。他是這麼說的：

> 中央、省市兩級，在整風、批判右派和爭取中間群眾這三個任務方面，取得了經驗，是一件大事。有了這個經驗，事情就好辦了。今後幾個月內的任務是教會地縣兩級取得經驗。從現在起，到今冬明春，是逐步教會區鄉兩級取得經驗。城市是教會區級、工礦基層和街道居民委員會取得經驗。

第三，他把整風的過程確定為四個階段，分別為：

> 大鳴大放階段（邊整邊改），反擊右派階段（邊整邊改），著重整改階段（繼續鳴放），每人研究文件、批評反省、提高自己階段，這是中央、省市、地、縣四級整風的四個必經階段。還有城鄉基層整風。這樣整一次，全黨和全國人民的面目必將煥然一新。

由此可見，基層反右就是整個反右的必要組成部分。青島會議之後，各省都緊跟這一部署進行了安排，反右也獲得新的動力。以河南為例，從七月底到八月中旬，右派大為增多。「八月初以來，由於傳達、貫徹了主席關於〈一九五七年夏季的形勢〉一文的精神，」……「一部分單位在七月下旬曾一度產生的疲塌、厭倦情緒已迅速扭轉過來，全省反右派鬥爭出現了新的高潮。」[6]它取得的成績如下：

> 經過對右派分子的深入揭發，右派分子的數目增多了。目前全省有右派分子一千六百八十七人，較七月二十五日所統計的九百二十五人增加了百分之八十二點三八。有右派分子的單位也增多了，如省直屬機關有右派分子的單位由三十三個增加到四十九個，目前只有六個小單位沒有右派分子。右派小集團的數目也增多了，幕後人物也越來越多地被揭發出來。現在全省有右派小集團一百零二個，較七月二十五日統計的四十一個增加了百分之一百四十八點七八。

當時的安徽也不例外，通過中央辦公廳的幾次統計數字，可以看到右派人數的明顯增長：第一個數字來自中共中央辦公廳在一九五七年截至八月一日的統計，據十九個省、市委（缺上海、山西、江蘇、廣西、甘肅、貴州、雲南、內蒙、新疆）先後在電話彙報中所報的不完全數字，全國共有右派分子一三六一一人。[8]

其中市一級地區人數較多者一為直轄市北京：二五〇八人，二為重慶：一〇二八人。各省裡安徽報了八二九人，與安徽交界的江蘇省未報數，河南省為九一一人。

第二個統計是在八月十九日，青島會議結束還不到一個月，依然是不完全統計，各省所報數字和右派的總人數已經成倍增長：截至當年八月十九日，全國共有一般右派分子三三一五五人，右派骨幹分子七七三六人，再加上中央級黨政系統和軍隊系統的人數，合計為四四二九四人。[9]其中最高的是北京市，為七五一一人，安徽由八二九人升至一五五三人，略低於臨近省江蘇（一八五四人）與河南（一六八七人），而與邊遠省遼寧接近（一五〇三人）。

八月，與反右同時推進的是一個相輔相成的運動：農村和基層企業的社教。

八月八日，中共中央發出〈關於向全體農村人口進行一次大規模的社會主義教育的指示〉，要求在農村中就合作社優越性等問題舉行大辯論，以便批判富裕中農的資本主義思想。九月，整風和社教在農村和基層企業同時展開。九月十二日，中共中央又發出〈關於在企業中進行整風和社會主義教育運動的指示〉，要求各企業在經過群眾大鳴大放和邊整邊改的一定段落之後，組織職工就一些大是大非問題進行討論和辯論。

這些指示，表面上看略有不同，實質上貫穿了同一宗旨，那就是在各行各業、全體國民中展開鳴放和辯論，而且，這時鳴放的目的就是暴露右派言論。所謂大辯論，並不是辯出是非來，是非標準早已定好。而且，企業整風、農村社教和反右的領導機構也相同，都由各省整風辦公室負責。

在安徽，農村從八月上旬開始以糧食為中心的社會主義大辯論，中等學校教職員於八月中、下旬先後開始集中鳴放，縣級機關九月份開始整風。

農村的鳴放動員包括所有農民，它是「以生產隊為單位，吸收全體居民（包括地主、富農、被管制分子和單位農民）參加鳴放」，[10]而先前被劃為地富反壞的四類分子受到重點打擊：

> 據全省八月中旬不完全統計，共逮捕了五百九十人，其中：地、富分子四十人，反革命分子五十五人，其他壞分子四百九十五人；共鬥爭和批判了一千三百四十七人，其中：鬥爭地、富分子四百五十人，反革命分子九十二人，其他壞分子八百零五人。此外，各地還對一百一十七個富裕中農進行了說理批判。[11]

從全國範圍來看，到當年的九月二十日，右派分子的總數已攀升到六二四六七人，[12]這比八月十九日所統計的四四二九四人，增加了一八一七三人。其中，安徽的右派分子人數較之八月十九日的一五五三，增加了三一〇人，總數為一八六三人。與福建（一九九〇）、湖南（一八六六一）、和貴州（一八一七）的人數接近，略低於江蘇（二〇八六）的人數。[13]

即使如此，我們知道，這時的六萬多人的總數與後來公布出來五十五萬人這個總數，還有巨大的差距。那麼，後面代表著右派人數激增的這個數字是怎麼產生的呢？

二、生產右派：有計劃、泛罪化、反智

一九五七年的反右運動，和一九四九年以後開展的各項政治運動有關聯，也有其特殊性。關聯在於，它都是以「階級鬥爭為綱」，虛擬出潛藏的敵人，然後劃出一大批「犯罪」人群，剝奪其權利和尊嚴。而反右的特殊性又在於，它一開始並不以剝奪財產和人身自由為目的，而是在前所未有的大範圍內以言治罪，從而消除異聲，鞏固思想專制。

以言治罪，即表達了某種意見而受到司法制裁。姑且不論當時還沒有刑法和刑事訴訟法，而是以黨代法；問題還在於，無數案例表明，很多人的言論，根本和反黨沒有關係，怎麼就被劃成右派了呢？正如茆家昇在書中所寫的情景，有的人連「黨天下」的意思也沒搞明白，僅僅是劃錯了一個符號，這就被認為是擁護「黨天下」。如此反右，不就是故意陷害嗎？

何為「陽謀」，此之謂也。中共中央在一九五七年十月十五日下發了《劃分右派分子的標準》，共有六條，它的第一句話就是：「凡言論、行動屬於下列性質者，應劃為右派分子」。[14]這就把四個月以來的反右鬥爭以類似法條的形式固定下來了，言論就可以成為確定犯罪與否的

依據。

這裡的六條標準，一方面非常抽象，同時又無所不包。正如杜光先生所指出的：「既沒有質的明確性，也沒有量的規定性，只要稍加引申，任何言行都可以被曲解為反黨反社會主義。」[15]只要你對一九四九年以來執政黨的大政方針或具體政策有過任何議論，都可以扯出來，加以聯想引申，視為反黨。然而所有人都是生活在政治掛帥的現實中，在各個基層單位，有專門的政治學習時間，人們的思想言論要想脫離黨的政策路線的話題，根本就沒有可能。就此而言，無論黨發動什麼樣的政治運動，一定能整出一大批「敵人」。

這也是反右運動和其他思想改造運動的第一個特點，它是泛罪化的，它的前提是有罪推定。這種有罪推定它也不區分動機和結果、言論和行為；因而事實是無須認定的，言論就是罪惡，思想就是行為。很多例子表明，罪與非罪的界限含混，罪行可以無所不包。無事不成罪，所以我說這是一種泛罪化。然而問題又來了：這種廣泛推衍的有罪認定，怎麼能夠在全國這麼大的範圍內實施呢？

首先我們可以看到，它是由毛澤東親自指揮和部署的，代表了黨國最高權力的領袖認定右派有罪。整風才開始兩周，五月十五日，毛澤東即起草了黨內指示〈事情正在起變化〉，斷言所謂右派分子「想要在中國這塊土地上刮起一陣害禾稼、毀房屋的七級以上的颱風。」[16]

從《情況簡報》裡可以看到，這種思路由高層一直貫徹下來。反右是在中央的督導和各省、市、地區、縣四級行政機構的配合下，有組織地進行的。

今天的讀者也許會問，反右開始後，報紙上已經大張旗鼓地展開了批判，毛澤東已經將反右派的策略概括為「陽謀」了。那麼，為什麼基層還有那麼多人缺乏警覺，會掉進這個陷阱？站在普通人的立場上，回答不了這個問題；必須考慮的是國家的強力介入以及權力關係的不對等。運動的發起者和推手是一級級政府部門，參與鳴放者只是一般群眾，他們對由上至下的政治動員，即使不願意發言，也並沒有能置身事外的可能。

還有，一九四九年後接踵而來的政治運動，已經對整個社會進行了規訓。在土改、鎮反、肅反……中受到迫害的群體和個人，他們都被銷聲匿跡了。人們的政治想像中沒有陰謀陷害，他們滿懷對黨的信任，自然會嚮應號召投入鳴放。

何況，發動鳴放者「引蛇出洞」的險惡用心和精心策劃，普通人怎能知曉？要到六十多年之後，我們才看到相關史料，從而瞭解到高層的計劃部署。

從安徽來看，在基層整風開始之前，一九五七年八月十五日，安徽省委就召集了四級幹部會議，為之做了準備。

參加者有省委委員、候補委員，地、市、縣委第一書記、專員、市長、縣長、農村工作部長、宣傳部長，區委書記，淮委、鐵委書記，省屬農場和拖拉機站黨委書記，大專學校黨委書記，地、市、縣委共青團書記，省委各部正副部長，省直黨組正副書記等共一千二百一十一人。[17]

這個會議長達二十天之久，其中心內容就是學習毛澤東〈一九五七年夏季的形勢〉和中央有關指示，討論如何進一步貫徹整風，開展社教。會上討論交流了農村進行全民大辯論的情況和作法，包括各地、縣委的試點、派出幹部人數等工作。

在大會上，安徽省委也對劃分右派作出了指示。

這裡要補充說明說一下的是有關劃分右派標準的出臺情形。前面說過，中央有六條標準，那是在一九五七年十月十五日下發的。根據現在的解釋：「《通知》的原意是要控制劃分右派分子的範圍，防止放寬標準，右派劃得過多。但是，因為許多地方右派已經劃完，此《通知》並沒有普遍傳達。」[18]

真的沒有普遍傳達嗎？安徽的情況肯定不是這樣，根據安徽省一九五八年一月九日的彙報，據安徽省內六十八個縣、市的不完全統計，已經確定有三八五六個右派分子。「在排隊工作方面，各縣普遍學習了中央關於劃分右派分子標準的通知，並根據這一標準的精神採取領導和群眾相結合的辦法，對原來劃定的右派分子進行了審查與研究。經過多次的認真審查與排隊以後，更正確地校正了過去對右派分子的劃分偏寬和漏劃的現象。」[19]

如前所述，劃右派的工作早已開始；起初各地的做法不一。如天津市委提出對工程技術人員要放寬標準，對極右分子批倒批臭，戴上反黨反社會主義的帽子；對於一般的右派分子，讓他們低頭認錯，一般可不戴右派帽子。[20]

較早定出了劃右標準的是上海，七月十一日，上海初步擬出七條標準，[21]主要根據是毛澤東在一九五七年六月十九日《人民日報》提出的劃分香花毒草的六條標準。八月開始，陸續有些省份也擬出自己的標準。八月三日，江西省委整風領導小組提出七項標準。九月十二日，廣東省委整風領導小組擬訂了八項標準（草案）。同日，解放軍總政治部制定了《關於劃分右派分子的標準的規定》（七條標準），[22]廣東和安徽都說明參照了上海市委的七條標準，爾後，安徽在上海基礎上，制定出八條標準。[23]

總的說來，各項標準沒有原則差異，與上海比較，安徽標準在措辭方面更嚴厲也更誇張一些。上海和安徽的第一條標準中都包括「醜化黨團員和積極分子」，僅這一條就能將所有對本單位領導提出批評的人套進來。而上海擬出的以下三條，安徽都予採納了。根據這三條也能看出，大網已經張開。所謂反右的擴大化，并非無心之過；而是有意為之。就算某人不發言，就算某人參與了批判右派，也能找到將之劃為右派的理由（*我加了下劃線以方便閱讀。）：

(5)歷史上的反革命分子及其他壞分子，或親屬被鎮壓、鬥爭，一直對黨仇恨，平時表現很壞，在這次運動中雖無明顯反動言行，但或明或暗地同情或支持右派分子的，也應劃為右派分子。如果他們已經真正放棄反動立場或已經和反動親屬劃清界限，在這次運動中表現又較老實，並無反動言行的，則不應劃為右派分子。（*同上海標準五）

(7)過去的老右派（一向是右傾機會主義分子），在這次運動中表面上也批判過右派分子，但卻不連繫自己的問題作深刻的批判，這種人仍算右派分子。但如果在這次運動中能夠深刻檢討自己，揭發別人，那就不算右派分子。（*同上海標準六）

(8)在這次運動中有明顯的反動言行，如寫反動文章，發表反動言論，帶頭張貼煽動性的大字報，或本人雖無明顯的反動言行，但積極支持右派分子，為右派分子的反動言行作宣傳辯護的，應劃為右派分子。（*同上海標準四）

過了兩周，九月十八日，安徽向中央提交了〈安徽省前一階段反右派鬥爭的初步總結〉。其中，列為反右派經驗的第一條便是：必須大膽的「放」，深入的「挖」，多方面「引」，爭取「起義」。[24]

所謂「挖」的做法包括：「對已出來而沒有排上的右派分子，通過認真地整理和分析鳴放中的小組記錄和大字報等來挖掘。對暴露不明顯的右派分子，把已暴露的謬論，向群眾公布，組織群眾批判揭發，使其進一步暴露出來。對沒有公開放，但背地裡進行陰謀活動的，組織收集其幕後活動和平時的反動言行來挖掘」。[25]

而多方面的「引」是怎麼引呢？那就要出題目討論，讓他們暴露，「有意識地引導大家對合作化、肅反、糧食問題等問題進行討論漫談」。有的人這時還是一言不發，那就發動辯論；如在合肥市有的中學：「有的右派分子被群眾質問激怒，進行反撲，結果暴露了自己，該市中等學校在八月下旬三天內即新暴露出右派分子二十七人」。引的方法還包括討論其他單位右派的言論，以此來暴露本單位的右派分子。[26]

考慮到上述深挖右派、「引蛇出洞」的布局，普通人豈不是被預先設置、必然進入有如《第二十二條軍規》那樣荒誕的處境嗎？如果你響應號召，必然要參加鳴放；如果你不發言，那就揪住你辯論；如果你反駁，就是自我暴露，自然也就成為了右派。

在每個單位，都由領導組織專人暗中分類，收集被排查為右派者的言論，包括對其人進行盯梢等監控措施。各地的反右經驗，每天都在由下及上地彙報到中央辦公廳，並通過《情況簡報》和地方的整風文件進行著內部交流和推廣。

在這些經驗裡，我們還可以看到，除了公開的發言，個人私下的記錄也成為罪證，個人生活與公共生活的界限完全不存在。每一個人都被鼓勵、引誘或強制去做自我審查並審查他人言行。人與人之間不能保有隱私，日記書信概不例外。

利用私人書信來檢舉揭發的做法從反胡風運動時就已開始，如果要再往前追究，應該說在一九四二年延安整風時期就開始了。但在言論治罪的一九五七年，對個人隱私的全面剝奪，成為一個普遍的政治運動經驗。

例如，在反右期間，從知名大學生右派林希翎到無名的小人物，都被迫交出書信或日記。根據其中記錄的人際交往，組織上進一步擴大追查範圍，得到更多揭發材料，循環往返，右派越抓越多。

在河北省委的彙報裡，一位年僅二十三歲的電廠統計員張佩瑚，被批判鬥爭後，被迫認罪，於七月四日交出他近一年來所寫的「反黨反社會主義的材料」（約三十萬字，肅反前一段的材料已在肅反時燒掉）。這些材料包括書信、日記、祭文、詩歌、小說、漫畫、講稿等等。[27]

今天看來似乎可笑，這位年輕人即使有這麼多記錄，何至於全是在反黨？但通過有罪推定，再發揮自由聯想，就無事不成罪了。更有甚者，重慶，一位二十歲的醫學院學生為父親的屈死申訴，他的家信內容也被彙報到中央辦公廳，繼而在全國各省市反右的中樞領導機構傳閱，成為右派分子醜惡面目的例證。[28]

而《卷地風來》的作者，本來就不認同在中專學生中搞「空塘捉魚」那種子虛烏有的肅反，因為他的年輕和口無遮攔的性格，還因為他與右派市長的日常交往，「順理成章」地當上了右派。這裡的所謂道理和章法也同樣是以上所說的泛罪化。一個人不可以保有自己的觀察，不可能擺脫與其他人政治命運的牽連。尤其是一旦成為眾矢之的，他的生活的所有細節，都可以被誇張和放大，被汙名化。

這種汙名化的批判方式，貫穿了毛時代的各種政治運動。一個被批判的人，之所以百辭莫辯，就在於批判者可以將政治敵意強加於任何人，再對其生活中的所有言行進行以反黨為宗旨的自由聯想。上有各級領導的精心策劃，下有基層單位的積極行動，階級敵人可不就被批量地創造出來了嗎？它貫穿了反智的精神，既仇視知識分子的理性思考，又與事實和常識為敵。如此橫蠻又聲勢浩大的反右，將這種反智的精神狀態推向極致。

排查右派的方法之一就是查檔案，查社會關係（包括祖輩父輩家庭成員、親戚關係人）中是否有被殺、關、管、鬥之仇。如果有，即被認定為一貫對現實不滿，註定想在鳴放中來申冤報仇。按照安徽標準的第五條，就可以劃右派了。

例如在《卷地風來》中，縣血防站的一位醫生，沒發言，沒鳴放，沒有任何工作差錯，而縣裡的一個部長卻如此推測：你是地主子女，怎麼會不反對土改呢？「假定你家有一匹馬被分掉了」……這匹空穴來風的馬，就將熊醫生的命運鎖定了。他被劃為右派，全家都受到牽連。

這裡有一個似是而非的前提值得探究：敵對階級的政治立場必然通過血緣關係繼承下來。在某種程度上，似乎也不無道理；土改、肅反錯殺無辜，造成無數家庭家破人亡，它對受害人子女的傷害，在傳統文化中是要用「不共戴天」這個成語來形容的。而對肅反的不滿被當做右派言論的重要標誌，在很多省市的彙報中都有反映。如青海在給中央的彙報裡舉例，「稅局霍永發說：『我的父母被群眾亂石打死，死得很慘，我永遠是忘不了的。』」[29]但作為罪證的這一句話，它其中的人性感受被抽空，推論為這種家庭的子女註定反黨，搞階級報復。可悲劇卻是在於，這位父母慘死的後代，未必是深懷與黨不共戴天之仇者，而恰恰是將黨想像為正義的化身，希望通過向黨申訴來洗雪父母冤情。他對黨的信任卻被扭曲，坐實了右派報仇的罪名。

說這個血統論的推理前提似是而非，理由還在於，所謂地主，就一定該被亂石打死的嗎？地主是反革命、剝削階級，這個定義是從階級鬥爭理論裡推導出來的，是意識形態再造現實的產物。它又通過革命文藝的宣傳獲得權威性，從而被廣泛用於演繹普通人的階級屬性。

茆家昇書中寫過的難友、詩人黃顯炯，在其回憶錄《往事》中如此記錄了批鬥會上的一出鬧劇：

> 電影上看到地主用槍來殺害農民，你家有多少槍，殺了我們多少農民兄弟，交代！一個姓周的統計員順杆子爬，他不滿於交代多少槍，還要問炮：槍炮，槍炮，有槍就有炮，你家肯定還有炮。這一下真靈，會場下嘰嘰喳喳：乖乖，他家還有炮啊！地主家有三房四妾，你家一個男人有幾個老婆，交代！你姓黃，黃世仁也姓黃，你們是什麼關係？是不是一家？交代！[30]

在茆家昇的人物故事裡，這樣的例子不勝枚舉。只不過，很多小人物被打成右派、反社會主義分子，其罪行更為含混不清，更加隨意。一種以小見大、無限上綱的做法成為思維定式，那麼省委的所謂八條標準也好，中央的六條標準也好，所有文本上表述周全的說辭（例如「如果他們已經真正放棄反動立場或已經和反動親屬劃清界限，在這次運動中表現又較老實，並無反動言行的，則不應劃為右派分子」）全都是一種話術，說是騙術也行。因為上級要求深挖右派，批判所謂「溫情主義」、保守主義，黨報上的批判文章同樣是抓其一點，不及其餘，人們被引誘著公開鳴放，又被強迫著交出隱私，還要被追溯血緣關係；宣傳輿論每天都在做出示範，基層的效仿只會是有過之無不及。

一個小鎮的布店商人，因為對糧食定量吃多少斤的標準提了一個小問題，就成了反對統購統銷。一個銀行小職員，被外調者查出多年前收到過胡風一首小詩稿，就被《人民日報》點了名。確實也有人提了點改進工作的意見，還有的人啥也沒說，乾脆就是領導需要應付上級而劃右……理由五花八門，實情只是滿足政治需要。

如果我們回到全國反右的一盤大棋，就更能看清政治需要和基層右派命運的關係。前面說過，反右之初，首當其衝者的確是民主黨派和知識精英；而省市機關整風不可避免地將黨內幹部牽扯進來，於是又有一大批黨的高級幹部包括省級領導人等，被打成右派以及各種反黨集團成員。再後來，從一九五七年八月到一九五八年春，全國從工廠、農村到街道居民，遠至少數民族地區的農牧民，還包括代表各個不同信仰的宗教界人士，全部捲入了社教和整風。反右之初所謂在工人農民中不打右派的設限不復存在了，只是依據職工級別，標籤略有分別；在基層社會，擔任一個公私合營單位的小組長就夠格被劃成右派，而大字不識的普通員工則被安上「反社會主義」分子或者壞分子的帽子。無數無辜者，成為右派統計表上急速攀升的數字記錄（其中絕大多數地區的統計還不包括「反社會主義」分子或者壞分子）。

依然以安徽為例，前面我們比較過三個統計數字，在時間上相距不遠，分別如下：

一九五七年八月一日，全國右派總數：一三六一一人，安徽右派總數：八二九人。

一九五七年八月十九日，全國右派總數：四四二九四人，安徽右派總數：一五五三人。

一九五七年九月三十日，全國右派總數：六二四六七人，安徽右派總數：一八六三人。

而到一九五八年一月九日，安徽右派總數已經翻番，上升為三八五六人，[31] 這還遠遠未到頂。反右在一九五八年春進入尾聲，《情況簡報（整風專輯）》在一九五八年四月二十九日出了最後一期。之前毛澤東計劃的四個階段，鳴放、反右這兩個階段各地都已完成；整改和提高這兩個階段，沒有明確的時間要求。與整改並行的是又一場運動，口號是反浪費，反保守，即所謂雙反運動。一九五八年五月以後，全國掀起大躍進高潮，八月，大煉鋼鐵和農村人民公社化運動登場。

右派和各類壞分子們在一九五八年初陸續受到組織處理，這個處理過程還伴隨著一九五八年的精簡機構和幹部下放農村。除送勞教、勞改的右派之外，一般右派多數都要離開機關或者單位，下鄉或者到農場接受監督改造。到第二年，一九五九年十二月三十日，在〈中央組織部、統戰部關於右派分子摘帽子工作的報告〉附表裡，有一個相對完整的全國右派統計數字。[32]

這份表格是各省、市、自治區右派分子總數及第一批摘掉右派分子帽子的人數統計，統計時間是一九五九年十二月十八日。其中，全國的右派總數為四三九三〇五，安徽的右派總數為二五三六四。

此處右派分子總數接近四十四萬，也還不是一個完全準確的數字，例如有的省份統計標準就不一致。從該表的注釋可以看出：「右派總數中，一般地區都不包括反、壞處理，只有山東包括反、壞分子；另外，雲南右派分子中，不包括開除公職的右派分子。西藏未作統計。」

而有一點確實無疑，大體來說，安徽右派總數中的絕大多數——二三五〇一人，與基層反右的推進有直接關係。與一九五七年九月三十日所統計的一八六三這個數字相比，在此時間點之後被劃為右派的人數，占到了一九五九年末統計總數的百分之九十二點六。而就全國範圍而言，就算右派總人數是二十一年後定下來的五十五萬而不是更多，[33]也可以說，這其中至少有接近四十九萬右派，是在一九五七年十月以後定下來的。從社會階層來看，這些人主要是在基層工作的幹部群眾；從兩年翻了三十多倍的人數來看，這正是精心部署追求擴大化的必然結果。

三、「跪到塵埃，舉起雙手」

反右以後，中國原有的階級敵人類別裡，多了一類分子。原來的四類，現在變成五類。所謂四類分子，指的是之前被劃為地主、富農、反革命和壞分子的四類人，一九五七年之後新增的第五類人就是右派分子，也是書中人物「方老五」故事裡的所謂「老四」和「老五」。

回看反右時期的輿論場，對右派的羞辱和語言暴力比比皆是。安徽省委在一九五七年七月一日部署反右，有關「鬥到什麼程度」，省委認為：要「鬥到敵人投降，『跪到塵埃，舉起雙手』」，「在多大範圍內有影響，就在多大範圍內搞臭。」[34]這種粗鄙的、侮辱性的語言也出現在其他省市的彙報裡，湖南省委要求：「必須繼續澈底打垮右派分子，不僅要把它的反動言論澈底駁倒，還要把它的神經中樞打爛。」[35]重慶市委表示：「總的要求是打得狠，打斷他們的脊骨」，「須要脫褲子的要及時脫褲子，使其無法混過關」。[36]

這種語言風格也催生了批鬥會上直接針對右派的暴力，一九五七年九月開始的安徽縣級機關整風中，「如廣德縣公安局衛生院等單位，罰右派分子跪倒，並要用繩子捆。巢縣中學給右派分子曹一誠戴紙帽子，準備拖到外面遊街。」[37]

同年八、九月份，在安徽全省三〇七所中學的一萬二千多教職員中進行整風，到當年底，已初定右派分子八九〇人。[38]這些右派是怎麼揪出來的呢？從一九五八年一月十日安徽省委向中央的書面彙報中可見一斑：

> 據去年十一月份以來蚌埠專區、合肥市兩地反映，共發生打、推、拉、綁、罰站、罰跪、抓頭髮的行為十餘起（均已通報糾正）。如樅陽初師在鬥爭右派分子李忠安時，吸收小學教師和當地群眾參加，會上高喊「打到右派分子李忠安」的口號，並不許李與教師一起吃飯，還在李的房內貼上了挽聯、桌上擺了個草紮的狐狸，採取這種辦法對李進行硬壓，同時對他又未加防範，結果李自縊身死。另如泗縣中學鬥爭右派分子馮秀媛（女）時，黨員副校長指定積極分子在鬥爭會上唱快板，打馮手心，群眾把馮東推西拉，一個右派疑似分子蔡培童並把馮按倒在地。合肥十中對右派分子蔡永錄拉、推、打、踢並抓頭髮，搞的他唇破血流。[39]

還有，濉溪縣在小學教師中進行整風時，「個別地方未經排隊，也未經縣委批准，就隨便決定鬥爭對象，甚至在鬥爭大會上隨時點名來鬥，有的更在鬥爭中追歷史、追腐化。據地委彙報：

該縣去年十二月份就打了六人，罰跪六人，罰站二十九人。」[40]

從反右一開始，各地都出現了不堪迫害、拒絕認罪而自殺身亡的案例，有跳江的、服毒的，甚至有先殺死孩子夫妻一起赴死者。這些情況也出現在給中央的電話或書面彙報裡，但並沒有帶來對反右本身的質疑，而僅僅是用來說明「鬥爭方式簡單粗暴」而已。安徽最早向中央報告的自殺案例是省民革常委、組織處長呂蔭南（文史館員）之死，他是在《安徽日報》上刊出家鄉農民的揭發信次日服安眠藥自殺身亡的。而報告首先陳述的是「呂蔭南歷史罪惡」，接著是他在鳴放中的惡劣表現；並概括了呂蔭南死後所繼續的對他的揭發批判。[41]八月下旬，安徽在彙報中學整風情況時提到：「右派分子歐陽琪即畏罪自殺。」[42]當時，絕大多數這類非正常死亡都是以「畏罪自殺」來定性的。

與此同時，在農村開展大辯論的過程中，安徽省採取了更激烈的手段：「據全省八月中旬不完全統計，共逮捕了五百九十人，其中：地、富分子四十人，反革命分子五十五人，其他壞分子四百九十五人；共鬥爭和批判了一千三百四十七人，其中：鬥爭地、富分子四百五十人，反革命分子九十二人，其他壞分子八百零五人。此外，各地還對一百一十七個富裕中農進行了說理批判。」[43]

在這種肅殺恐怖的政治氣氛中，沒有走上絕路的右派分子，就算內心有天大的冤屈，也只能是「跪到塵埃，舉起雙手」。茆家昇在書中寫到黨校幹部也是他門口塘難友陳炳良的故事，陳炳良在自己的回憶錄《赤子吟》中寫到，領導宣布對他開除黨籍、撤銷職務和工資級別待遇並送監督勞動時，頓時大腦一片空白：「黨呵，我親愛的母親，怎能把緊緊追隨你的苦命孩子如此狠心地拋掉，並在他赤子之心上殘酷地插上一刀？」[44]

儘管右派們寫了檢討，違心地認罪，可是並沒有得到寬恕。正如反右研究的先行者丁抒所說，反右運動結束了，右派的苦難才剛開始。

四、政治賤民：個人命運與社會後果

右派分子，作為一個政治賤民的身分標識，從一九五七年開始一直延續到一九七九年右派改正。《卷地風來》中記敘了一部分基層小人物此後的命運，他們被減薪降職，流放到農場，在大饑荒中陷入滅頂之災；即使存活下來，有幸回到原單位，右派這頂帽子依然壓制著他們，在文革風暴中又因此再度歷劫。

書中寫到的門口塘農場，我曾隨茆先生造訪過。那裡不像四川的很多勞教農場那樣地處偏遠山區，也不似甘肅的夾邊溝農場那樣荒涼。作為改造右派的場所，這裡的右派受到的處分也不是最嚴厲的。他們不屬於勞教人員，名義上都是來勞動鍛鍊的；陳炳南回憶中寫到，這種處分叫「監督勞動」。儘管如此，他們同樣沒有人身自由，行動受到嚴格限制。

這些所謂右派分子、「壞分子」、「反社會主義分子」，雖非高級知識分子，也有很多是有文化的人。而管理他們的人卻是些文盲、半文盲甚至流氓式的人物。書中所寫的趙家崗作業區主任趙德隆、養豬場場長陳殿邦等就是如此。

掩卷沉思，我無法忘記這樣的場景，這個趙主任對右派出口成髒，肆意辱罵；在大饑荒餓死人的年代，他竟想出了驗大便這個絕招，每天去查看茅坑裡的人們的大便是否有山芋的痕跡。也正是他，抓住一位撿了點山芋充饑的小學老師，在批鬥會上拳腳交加，幾下將他踢死。這個場景並非發生在勞改或者勞教農場裡，也就更令人深省，因為它所包含的意義，既是現實的，也是象徵性的。

首先，它代表了專制的權力與被專制人群的關係。看上去是好像是工頭管控農工不許偷盜，實際這群饑寒交迫的被改造者，處於近乎農奴的境地。它表明，即使逃脫了被送勞改勞教的命運，即使表面上還屬於公職人員，有工資（一般右派）或生活費（極右分子）以及口糧供應；但在管控者那裡，他們都是政治上的敵人，這就是他們必須接受專制的理由。如果違反了掌權者的規則（無論這個規則多麼反人道），致人死命都可以不負責任。

第二，作為難友橫死的目擊者，在場的人如待宰羔羊，只能忍辱，無法發聲。每個被流放者都是原子化的存在，他們彼此不能產生連接。還有的人是全家在此（如陳炳南，母親已經在家鄉餓死，妻子也被打成右派），哪怕是流放之地，生存機會也高於鄉村；他們不能放棄這最後的生存機會。茆家昇在後記中已經指出了這一點，計劃經濟體制同時將人套牢，人們沒有流動和擇業自由。彼此孤立的原子化狀態、體制指派的生存處境和低賤的政治地位，讓人們無力抗爭，這反過來又更縱容了管制者的暴力，使之肆意橫行。

第三，作為右派分子，早已斯文掃地；卻還要被人檢查糞便來驗證清白，這種管控包含了多少對知識和知識人的侮辱？它對於人之為人的尊嚴、對於人的道德教化，又是多麼大的諷刺呢？在〈糞殤〉這個故事中，一位數學老師在拾糞路上倒地不起，幾十年後才有親人前來重拾屍骨。年輕時的作者，要在拾糞的難友中扮裝斯文，從而蒙混到礦工行列買幾個饅頭……食物和糞便的文化意味都被顛倒了，人生存的基本需求糞土不如，而農場為了獲得糞土卻不惜犧牲人的生命。一個時代到了如此不堪的地步，難道不是文明之殤嗎？

我們也會像當年的作者那樣發問了：這樣做，究竟對國家有什麼好處？是的，國家得到了成本最低的勞動力，得以假改造之名行奴役之實。

但這又顯然不是最主要的，國家並非因為缺乏勞動力或者要節約糧食才反右。常常有人概括說，經過反右，中國知識分子的脊樑骨被打斷了。如此，國家得以清除障礙，在大躍進的烏托邦中狂熱加速，再也沒有人能夠阻止這輛即將脫軌的列車。

但這也還不能完全解釋基層右派何以無辜受戮，以至於他們成為了五十五萬（姑且用這個通行的數字）右派中人數最多的基底人群。因為我們都瞭解，情況正如茆家昇在書中所呈現的，基層人員並沒有充分行使過民主權利，他們怎麼能影響國家的大政方針或者決策呢？

回首一九五七，我覺得，有一個想法會導向誤區。如果認為基層的人們並不瞭解國家的大政方針，他們也並沒有參與時政討論；因此，把他們打成右派是不對的。看起來也許是這樣，其實不然。因為，問題並不在於他們沒有表達過類似「政治設計院」的意見，或者僅僅是在「黨天下」這道是非題上劃錯了符號，問題恰恰在於，他們中間的很多人對基層尤其是本單位的問題是有發言權的。還有，基層民眾也是變革的親歷者，土改、鎮反、肅反、合作化以及統購統銷，都直接影響到普通人的生活，他們又怎麼可能置身事外或者無動於衷？僅以茆家昇書中所寫到的例子來說，他們的具體意見根本沒錯，如黃顯炯對反胡風鬥爭的質疑、陳炳南對黨校遷校的反對，再如布店商人對公私合營弊端的看法、張忠雲有關缺水地區旱地不必改為水田以及作者本人對肅反的意見等等……

從當時各省反映到中央的鳴放意見也能看到，在基層，的確也醞釀著巨大的不滿，特別是在糧食問題以及統購統銷等大政方針上。安徽彙報過四所縣一級學校教師的右派言論，就能說明這一點：

他們的攻擊是多方面的，特別是對黨對農村和對學校的領導工作方面。在農村方面是集中攻擊合作化和統購統銷，故意誇大缺點，抹煞成績。第一初中譚尚功（教員，家庭是上中農）說：「合作社有什麼優越性呢？合作化了反而減產了。」巢縣中學教員何春野說：「統購統銷把老百姓搞得沒有飯吃。」又說：「不退社不行了，糧食不夠吃了。」[45]

有關學校管理，這些教師同樣提出要「民主治校」，校長民選，教育工會自己做主，並支持成立平反委員會。在縣一級鳴放中，還有的地方幹部直接批評了反右運動，認為它本身就「與

『言者無罪』的精神不符」。[46]

在這一時期，安徽省委也向中央彙報了高層右派如葛佩琦、儲安平等言論在基層農村的影響，彙報中說農村的反革命分子和地主富農乘機破壞，人們傳閱黨報，議論著「全國都在向毛主席、周總理提意見」。[47]除了各種社會不安的傳聞，還有社員要求退社，「鬧口糧」，成立「反動組織」。[48]

且看糧食問題與社教的關係：在全省各地農業社展開了糧食問題為中心的社會主義大辯論後，安徽彙報說，夏糧徵購才得以超額完成。光反瞞產一項，僅「阜陽縣委召開的區、鄉、社三級擴幹會議上，有五十九個鄉二百八十一個社的幹部報出了四百萬斤瞞產糧。」[49]

然而，如此多報多交糧食的後果，兩年後就顯現出來，仍以阜陽為例，其中，「牛寨大隊是當時阜陽縣行流公社（今阜陽市潁泉區行流鎮）下轄的十個大隊之一，一九六〇年年初，大隊總人口四〇六二，但到一九六〇年年底，只剩下三一三二人。死了將近四分之一。」[50]一九五七年秋以及此後逐年的反瞞產，正是造成安徽省餓死幾百萬人的一個原因。

因此我認為，茆家昇在全書結尾文章裡提出的觀點是非常重要的，它應該成為拓展反右研究的新路徑，那就是重新思考反右與消滅私有制、實施經濟基礎變革的關係。我希望補充的是，還必須考察它對基層民主意識的徹底摧毀。有關這一點，英國政治經濟學家哈耶克早已有過深刻的闡述，經過了毛澤東時代社會動盪的中國人，對此有更深的體會。在《通往奴役之路》中，哈耶克指出，私有制是自由的最重要的保障。當一個社會為某種集體主義信條所支配時，民主將不可避免地自行消滅。可悲的是，毛澤東時代從政治到經濟的變革恰恰證明瞭哈耶克的預見性。而在這裡，集體主義並非天然地為人們所擁戴，國家暴力起到了壓倒性的作用。民主最初也不是自行消滅的，從撲滅民主的萌芽到剝奪所有人的民主權利，經過了一系列精密的、組織化的運作。

我們前面說過，各省都執行了劃分右派的幾項標準，但這些標準，無不是把「黨」、「社會主義」、「人民」這些觀念絕對化、偶像化了。這些說辭，要求人們對觀念上的「黨」和「社會主義道路」的絕對服從；並且以暴力手段推行領袖崇拜。如果我們看不到這一點，而以基層人群文化低，並沒有能力對國家政治說長道短，那是一個誤區。因為所謂基層，還包括很多不同的層次，從縣城到鄉村，從受過高等教育而在基層工作的幹部、技術員、中小學教師到一般單位的小職員，其中有相當多的差異性，值得進一步分辨和討論。但無論如何，覺得小人物並沒有能力去介入國家大政，無形中會落入話術的陷阱。看起來，他們中很多人完全沒有反黨的意思，因此卻被錯劃為右派。然而事實正如杜光先生所說，不存在什麼劃錯不劃錯，錯也不在擴大化，這整個運動都是錯的。

以上種種，已經超過了一篇讀書筆記所能探討的篇幅；姑且打住。現在我們就可以來回答這個問題了：在基層懲處了那麼多右派，國家究竟得到了什麼？

國家得到了完全不受制約的權力，領袖和執政黨建立了絕對權威，而個人只是黨的政治工具。基層反右摧毀了普通人對民主的嚮往，任何個人的政治主張都成為一種原罪。人們不能對與自己利益息息相關的政治、政策有非議，更不用說主張政治權利。國家又得到對全民人格和心理的再造。當人們主動起來揭發檢舉，歌功頌德和認罪悔罪時，一個普遍的服從型心理範式建立起來，一種彼此揭發、互相監控的人際關係成為生活常態。右派作為一個被懲戒的群體，成為禍從口出的標本，又在其後的政治運動中淪為靶子。在這種環境裡，人人自危，由此，極權政治對全社會的威懾作用有效地達成。

五、倖存者的責任

讀《卷地風來》，我也想到義大利作家普利莫・萊維。他把寫出在奧斯維辛的經歷作為一種道德責任，也視之為反法西斯鬥爭的繼續。他在《被淹沒和被拯救的》一書開頭寫道：「面對著如此窮兇極惡的殘忍，如此錯綜複雜的動機，如此罪大惡極的罪行，人們往往難以相信它們的真實性。」他引用了一位作家作品中的話，其中，在結尾處，納粹黨衛軍軍官喜歡用嘲笑的口吻訓誡囚犯：

> 不管這場戰爭如何結束，我們都已經贏得了對你們的戰爭。你們沒人能活下來作證，就算有人能倖存，世界也不會相信他的話。歷史學家們可能會懷疑、討論和研究這些問題，但他們無法定論，因為我們會毀掉所有證據，連同你們一起。即使留下一些證據，即使你們有人能活下來，人們也會說，你們講述的事情太可怕了，讓人無法相信——他們會說這是

盟軍的誇大宣傳。他們會相信我們。而我們會否認一切，包括你們。集中營的歷史將由我們來書寫。

我從這段話裡想到的是，如果說人對邪惡缺乏想像力，那並不是一種先天的認知缺陷；而是對惡的毀滅性力量的言說太少。之所以太少，因為死者無言，而倖存者的呼聲還沒有被公眾聽見，更沒有變成知識傳授下來，形成社會共識。萊維引述的這段話，代表了大屠殺的罪犯們賴以免責的心理優勢，他們就是這樣認為的。那意思是，如果倖存者的敘述微不足道，證詞就無足輕重，如此，殺戮就等於沒有發生過。由此可見，殺人者的依靠是遺忘，是受害者的靜默；而作為親歷者，萊維選擇持續不斷地講述。他運用敘事的藝術，將自己的證言轉變成了有力的武器。

時至今日，在此地，反右、大饑荒的真實歷史，也還遠遠沒有進入公共教育的知識體系；一九五七年倖存下來的老人，在有生之年幾乎也看不到國家賠償的可能。

幸運的是，也有如茆家昇先生這樣的前輩，他從來沒有忘記同時代那些無辜的難友，從一九七九年右派改正以後到如今，四十多年了；他不負初心，承擔了為歷史存證的道德義務。耄耋之年，他還在親臨實地回訪難友，收集個人回憶，寫出他們的遭遇。通過他的自傳回憶、難友訪談和人物故事，我們看見了這麼多栩栩如生的個人，瞭解到他們被時代拋出正軌後的坎坷遭遇。

青少年時期愛好文學，身為醫生的敏感觀察和多年的鄉村生活經歷，再加上之後不倦的寫作積累，茆先生的這本紀實確實是厚積薄發的成果。書名《卷地風來》取自宋代詩人蘇軾詩句「卷地風來忽吹散，望湖樓下水如天」，這個書名，透露出作者通過時間的稜鏡來審視過去的角度。在故事場景和講述方式上，他有自己獨特的選擇。他在構思人物故事時，往往聚焦於一個戲劇性的場景，這或者是通向往事的心理衝突，或者是一個蓄勢待發的危機時刻。我能看出文革後傷痕文學的一些影響，好在作者沒有被文學化手法過度吸引，從而稀釋了苦難本身的沉重分量。他的筆調是平實的，也是直率和尖銳的。從他的自傳中，我們看到一個熱誠向上的少年在政治風暴中不斷折翼，連婚姻愛情的權利都被剝奪。但逆境卻激發了他的正義感，也養成他的堅毅性格。他不接受對生命的虐待，且一直在內心追問這是為什麼。也正是在這樣的良知使他關注小人物，與普通人的悲歡息息相通。他也寫出了處在在道德的灰色地帶，人們之間的委屈、傷痛和糾結。看似波瀾不驚的生老病死，內裡都有政治運動烙下的創傷記憶。敘事者有時彷彿置身事外，語帶譏誚，而他的反諷依然是有溫度的；這是出於對小人物缺陷的理解和包容。他的自我解剖也是真誠感人的……可以說，在中國右派的苦難敘事中，這本《卷地風來》以一個普通醫生的證言，豐富了安徽卷的記錄。

我是在網路上讀到茆先生研究大饑荒的文章而認識他的，爾後我又在蕪湖訪問了這位至今筆耕不輟的民間研究者。與茆先生相處，完全感覺不到歲月蒼老。他思維敏捷，語速很快，尤其是強聞博記，又樂於助人。我們曾一起在鄉村走訪，一起在大饑荒饑民逃難的江堤上尋找當年的蹤跡。茆先生對這段歷史早有研究，他對此地的風土人情、文化掌故又諳熟於心，有這樣一位良師益友給我指點和幫助，令我深感幸運。

感謝茆先生的信任，他把新完成的文稿《少年右派》和《卷地風來》的修訂稿全部交給我統一編輯，並容我對章節標題、人物故事的順序做了調整。我也通校了全書文字，並按照出版社編輯的建議壓縮了篇幅。茆先生囑我寫序，我想到，初版有邵燕祥先生序文，位於全書之首已經很好，我也特別認同邵燕祥對於倖存者寫作的觀點：在其自傳《我死過，我倖存，我作證》開篇，邵燕祥寫道，親歷苦難者中，「千百萬人已經不在，他們沒有能夠活到今天。歷經憂患的生還者也都逐漸老去，這就是我為什麼如此急切地寫出來，獻給健在者和一切敢於直面歷史的同時代人」。茆先生的努力正是在這同一方向上，因此這本新書依然保留邵燕祥先生原序；這也寄託了我們共同的對這位已故作家的懷念。

考慮到過去的時代對如今的讀者已很陌生，所以我寫了這篇擴展閱讀，提供背景知識，也回應茆先生的洞識。我深知，對造成幾千萬人死亡的極權時代，我們尚未進行澈底的審判，甚至可以說它也並未走遠；但追溯歷史真相會使我們接近這個目標，並且堅固我們對民主和社會公正的信念。如果說還能有什麼可以告慰亡靈，那也莫過於此了。

二〇二二年三月二十八日清明節前

注釋：

1 宋永毅：〈中共絕密文件中的反右整風運動〉，見宋永毅主編：《反右絕密文件》第一卷，國史出版社，二〇一五年第一版（電子版，這套叢書共計十二卷，以下不另注書名，只注明卷數）第十頁。

2 有關近年來基層反右的研究，可見孫玉傑〈錯劃、規訓、改正與落實：一個縣的基層反右派運動——基於右派分子個體底層視域的考察〉，見《當代中國研究期刊》，第八輯，第一期，二〇二一年四月，第三七—三八頁。

3 同1，第十一頁。

4 http://www.ce.cn/xwzx/gnsz/szyw/200706/04/t20070604_11596072.shtml

5 https://www.marxists.org/chinese/maozedong/marxist.org-chinese-mao-195707.htm

6 一九五七年八月十七日，河南省委整風辦公室馮登紫彙報，第三卷，第二二二頁。

7 同上，第二二二—二二三頁。

8 一九五七年八月一日〈十九個省、市的右派分子統計〉，第三卷，第一〇八頁。

9 一九五七年八月十九日〈全國右派分子統計〉，第三卷，第二六〇—二六三頁。

10 一九五七年九月十三日，〈安徽省委關於繼續開展整風運動和進行大鳴大放的部署〉，第五卷，第二一六頁。

11 安徽省委整風辦公室：〈安徽省各地農業社開展以糧食問題為中心的社會主義大辯論情況〉，第五卷，第二五一頁。

12 一九五七年九月三十日〈全國右派分子統計（一）〉，第五卷，第二〇六頁。

13 一九五七年九月三十日〈全國右派分子統計（三）〉，第五卷，第二〇七頁。

14 http://www.yxjedu.com/li_shi_shun_jian/fan_you_zhuan_ji/yp_biao_zhun.html

15 杜光：〈「錯劃」略辨〉，https://www.aisixiang.com/data/9923.html

16 http://cpc.people.com.cn/GB/64162/64164/4416036.html

17 一九五七年八月三十日，安徽省委整風辦公室許健生彙報，第四卷，一二八頁。

18 中共中央黨史研究室編：〈中國共產黨大事記　一九五七年〉http://cpc.people.com.cn/GB/64107/65708/65722/4444744.html

19 一九五八年一月九日，安徽省委整風辦公室書面彙報〈安徽省縣級機關反右派鬥爭情況〉，第十卷，一〇三頁。

20 一九五七年八月八日，天津市委整風辦公室王輝彙報：〈天津：工程技術人員中反右派鬥爭的情況〉，第三卷，一三一頁。

21 一九五七年七月十一日，上海市委辦公室主任戴新民彙報：「市委對劃分右派分子的具體標準，擬了如下七條」，詳見第一卷，第二六八頁。

22 盛平：〈胡耀邦與右派改正（之一）〉http://www.hybsl.cn/ybsxyj/shengpingyusixiang/2021-09-29/73999.html

23 一九五七年八月三十一日，安徽省委整風辦公室許健生彙報：「省委以上海市委提出的幾條標準為基礎，結合我省具體情況提出以下八條」，詳見第四卷，一二八頁。

24 一九五七年九月十八日，安徽省委整風辦公室書面彙報，第五卷，一九七頁。

25 同上，第一九九頁。

26 同上，第二〇〇頁。

27 一九五七年七月二十三日，河北省委整風辦公室劉力平彙報：〈河北在反右派鬥爭中比較突出的三點情況〉，第二卷，一三一頁。

28 一九五七年七月二十七日，重慶市委辦公廳徐雄彙報，第二卷，二〇二頁。

29 一九五七年八月一日，青海省委整風辦公室張裕民彙報，第三卷，第五一頁。

30 黃顯炯：《往事（三）大牆內外（四）》https://www.chinesepen.org/blog/archives/166504

31 同19，一〇二頁。

32 一九五九年十二月三十日，〈中央組織部、統戰部關於右派分子摘帽子工作的報告〉，見馬吉衛〈老五族軼事〉的附件一〈關於右派的相關文件〉。http://mjlsh.usc.cuhk.edu.hk/book.aspx?cid=2&tid=174&pid=1698

33 有關右派總數為五十五萬的來歷，當時在中央五部『摘帽辦』工作的中央統戰部幹部局副局長胡治安寫有回憶文章：〈四十年前的今天——中央批准全部摘掉右派分子帽子〉，其中說到：「一九八一年六月報送中共中央的〈關於處理反右派鬥爭遺留問題工作的總結報告〉中記載，全國右派人數為五五三，四三四人」。但他也寫到，這個數字是排除了其他相關因素的。五十五萬是這樣定下來的：「上世紀八〇年代初，胡喬木為了寫一篇文章，打電話問我：到底劃了多少右派？我如實報告，右派分子五十五萬，其他如『中右分子』二一・六萬人、『反社會主義分子』十九萬人。此外，各地還有名目不同的『地方主義分子』、『民族主義分子』、『孬分子』……他打斷我說：我問的是右派，不要拖泥帶水。我說，那就是五十五萬。他說，以後對外一律說五十五萬，統一口徑。」http://www.hxzq.net/aspshow/showarticle.asp?id=10222

34 一九五七年七月一日，安徽省委安徽省委整風辦公室許健生彙報，第一卷，第二〇二頁。

35 一九五七年七月十一日，湖南省委整風辦公室張瑞潔彙報：〈湖南關於高等院校反右派鬥爭的情況〉，第一卷，二六六頁。

36 一九五七年七月二十三日，重慶市委辦公廳徐匯彙報有關重慶大專院校的反右情況。市委部署中有這樣的表述：「對右派骨幹分子，總的要求是打得狠，打斷他們的脊骨，使他們在群眾中澈底孤立」，「對避重就輕，企圖以假檢討來欺騙群眾，蒙混過關的，要及時揭穿其陰謀活動。須要脫褲子的要及時脫褲子，使其無法混過關」，詳見第二卷，第一四一頁。

37 一九五七年九月二十八日，〈安徽省縣級機關右派分子活動的特點和運動中存在的問題〉，摘自安徽省委整風辦公室書面彙報，第六卷，第七五頁。

38 一九五八年一月十日，安徽省委書面彙報：〈安徽省中、小學整風和反右派鬥爭情況〉，第十一卷，第二四頁。

39 同上，第二五頁。

40 同上，第二六頁。

41 一九五七年七月十七日，安徽省委整風辦公室許健生彙報：「安徽省民革常委、組織處長呂蔭南（文史館員），於七月十二日夜服安眠藥自殺身死」，見第二卷，第六一頁。

42 一九五七年九月，〈安徽省中等學校整風運動的情況〉，摘自九月二十日安徽省整風辦公室書面彙報，第六卷，第三六頁。

43 一九五七年九月三日，〈安徽省各地農業社開展以糧食問題為中心的社會主義大辯論情況〉，來自安徽省委整風辦公室〈內部資料〉，見第五卷，第一五一頁。

44 陳炳南：《赤子吟》，中國文學藝術出版社，二〇〇四年三月，第八十頁。

45 一九五七年八月二十一日，安徽省委整風辦公室許健生彙報：「據安徽巢縣中學、黃麓師範學校和巢縣第一、第二初中等四個學校的調查，教職員在鳴放以來的情況」，見第四卷，三一頁。

46 同上，第三二頁。

47 一九五七年八月七日，安徽省委整風辦公室許健生彙報：「安徽在反右派鬥爭中，農村的反革命分子和地主、富農乘機進行破壞活動。」第三卷，第一一六頁。

48 一九五七年八月二十四日，安徽省委整風辦公室許健生彙報：「安徽在反右派鬥爭前後共破獲了現行反革命活動七起」，第四卷，第五八頁。

49 同43，第一五〇頁。

50 劉洋碩：〈牛寨大隊的一九六〇〉，http://mjlsh.usc.cuhk.edu.hk/book.aspx?cid=6&tid=158&pid=4242

51 （義大利）普利莫．萊維：〈序言〉，《被淹沒與被拯救的》，楊晨光譯，中信出版社，二〇一七年十月，第三頁。

52 邵燕祥：〈作者的話〉，《我死過，我倖存，我作證》，作家出版社，二〇一六年七月，第一頁。

血歷史236　PC1075

新銳文創
INDEPENDENT & UNIQUE

卷地風來
——右派小人物紀事

作　　者	茆家昇
責任編輯	楊岱晴、鄭伊庭、邱意珺
圖文排版	黃莉珊
封面設計	王嵩賀

出版策劃	新銳文創
發 行 人	宋政坤
法律顧問	毛國樑　律師
製作發行	秀威資訊科技股份有限公司 114 台北市內湖區瑞光路76巷65號1樓 電話：+886-2-2796-3638　傳真：+886-2-2796-1377 服務信箱：service@showwe.com.tw http://www.showwe.com.tw
郵政劃撥	19563868　戶名：秀威資訊科技股份有限公司
展售門市	國家書店【松江門市】 104 台北市中山區松江路209號1樓 電話：+886-2-2518-0207　傳真：+886-2-2518-0778
網路訂購	秀威網路書店：https://store.showwe.tw 國家網路書店：https://www.govbooks.com.tw

出版日期	2024年2月　BOD一版
定　　價	590元

讀者回函卡

Printed in Taiwan

國家圖書館出版品預行編目

卷地風來：右派小人物紀事 / 茆家昇著. -- 一版. -- 臺北市：新銳文創, 2024.02
面； 公分. -- (血歷史；236)
BOD版
ISBN 978-626-7326-16-9(平裝)

1.CST: 茆家昇 2.CST: 傳記

782.887 112022710